CONVENÇÕES PROCESSUAIS PROBATÓRIAS E PODERES INSTRUTÓRIOS DO JUIZ

Coleção
Eduardo Espínola

Behlua Maffessoni

CONVENÇÕES PROCESSUAIS PROBATÓRIAS E PODERES INSTRUTÓRIOS DO JUIZ

Prefácio: Érico Andrade

2021

EDITORA
JusPODIVM
www.editorajuspodivm.com.br

EDITORA JusPODIVM
www.editorajuspodivm.com.br

Rua Território Rio Branco, 87 – Pituba – CEP: 41830-530 – Salvador – Bahia
Tel: (71) 3045.9051
• Contato: https://www.editorajuspodivm.com.br/sac

Capa: Ana Caquetti

C766 Convenções Processuais Probatórias e Poderes Instrutórios do Juiz / Behlua Maffessoni – Salvador: Editora Juspodivm, 2021.
192 p. (Eduardo Espínola / coordenador Fredie Didier Jr.)

Inclui bibliografia
ISBN 978-65-5680-180-3

1. Provas. 2. Direito Processual Civil. I. Maffessoni, Behlua Ina Amaral. II. Didier Jr., Fredie. II. Título.

CDD 341.464

“Naquele tempo sem tempo
a verdade parecia estar nos livros:
ali calavam as respostas
e moravam os silêncios.

Quanto mais procurei,
mais me enredei
na ramagem das indagações:
as respostas não vinham,
a verdade era miragem,
a busca era melhor que a
descoberta,
e nunca se chegava.

(Viver era mesmo sentir
aquela fome)”

Lya Luft, O tempo é um rio que corre.

Para Verônica (em memória).

Na tentativa de chegar aos pés de sua competência, fiz o meu melhor.

AGRADECIMENTOS

Onde nascem os sonhos?

Será que nascem quando a gente consegue vê-los; quando se tornam palpáveis? Ou nascem muito antes de sermos capazes de sonhá-los?

O sonho que realizo agora, sem dúvida, começou muito antes de eu poder imaginá-lo. Começou no dia em que uma mulher extremamente forte e sonhadora deixou a cidade do interior do Rio Grande do Sul para trás, carregando algumas roupas e a filha de três anos a tiracolo. Alugou um quarto em um cortiço, no qual havia um fogareiro, uma rede posta no chão e um armário antigo. Para aquela mulher, no entanto, havia muito mais: havia sonhos; havia liberdade. Logo ajeitou sua companheira de aventuras dentro do armário, cobrindo-a com suas roupas e dormiu na rede que estava ali. O que ela não sabia era que, mesmo dentro daquele armário, a pequena Behlua já podia começar a sonhar mais alto. Se não fosse aquela decisão, certamente o sonho que agora realizo não teria sido sequer sonhado.

Por isso, o primeiro agradecimento sempre será para ela: Mãezinha, muito obrigada por ter tido coragem por nós duas, por me mostrar ao que devemos dar valor e por ter me ensinado que é preciso ter manha, graça e sonhos. Sempre.

Em que momento os sonhos começam a se materializar?

Os anos passaram e, em 2011, formei em direito na Universidade Federal de Ouro Preto. Logo me apaixonei pela advocacia, tendo a absoluta certeza de que este seria o único caminho possível. Atribuo tal paixão aos essenciais anos de aprendizado no escritório Procópio de Carvalho, ao qual agradeço imensamente.

Mas a vida logo tratou de me instigar a voar um pouco mais alto.

Eu estava quase finalizando um LL.M. na FGV, quando Flávia Coelho, minha amiga *coach*, teve a ideia completamente maluca de me incentivar a fazer uma prova para professor substituto na UFOP

– mesmo sem que eu tivesse dado uma única aula na vida. "Você não tem nada a perder", ela disse. E eu realmente não tinha. Fui aprovada em um dos primeiros lugares do concurso que, de acordo com uma mensagem enviada pelo então chefe do departamento de Direito da UFOP, Bruno Camilloto, teria sido um dos concursos mais difíceis que ele havia presenciado. Naquela mesma mensagem – que guardo até hoje –, ele sugeriu que eu pensasse em fazer um mestrado em processo civil. Duas sementinhas foram plantadas e depois se tornariam as raízes desse sonho. Muito obrigada, Flávia e Bruno, por serem fonte de entusiasmo.

Com essa pequena pulga atrás da orelha e com a recente entrada em vigor do CPC/15, comecei a frequentar diversos congressos de processo civil e, para um deles, convidei Verônica, minha então colega de trabalho. Ao encontrá-la após uma palestra que não pude assistir, ela estava visivelmente empolgada com um tema muito novo: negócios jurídicos processuais. Passou dias falando sobre as possibilidades que se abriam aos advogados, imaginou diversas situações e, posteriormente, me sugeriu a temática como objeto de estudo de mestrado.

Neste momento já me ponho a agradecer, emocionada, por toda a confiança que a Verônica depositou em mim nos anos que trabalhamos juntas. Ela me passava as tarefas mais impossíveis e não aceitava nada que não fosse tecnicamente perfeito. Com ela aprendi não só a amar a advocacia e o processo civil, mas a agir com ética – qualidade rara em tempos sombrios. Mas muito além da técnica e da ética, Verônica redigia como ninguém. Usando letras garrafais no *Word* e um caderninho onde anotava suas melhores frases, elaborava petições impecáveis, artesanais, daquelas que dava prazer de ler. Em algum momento, Deus deve ter precisado de uma advogada e, compreensivelmente, escolheu a melhor para ter ao seu lado. Sorte a dele. Saudade a nossa.

Como o destino não deixa brechas, em um curso ministrado pelo IDPro no escritório, conheci Leroy, Délio e Victor. Perguntei sobre a prova do mestrado da UFMG e eles, solícitos, não só me incentivaram, como me mostraram o caminho das pedras. Meninos, muito obrigada por terem me falado que não era impossível!

Ali o sonho de ser mestra começava a se materializar.

Quem nos acompanha enquanto buscamos realizar um sonho?

Embora muitos digam que o mestrado é uma fase solitária, eu tive a sorte de compartilhar essa trajetória com muitas pessoas. De nada adianta ter asas, se não temos quem nos impulsione ou nos dê segurança para voar; sabendo ter para onde voltar se tudo der errado.

Ao entrar no mestrado, já fui presenteada por amigos incríveis e "imparáveis": Luciana, Pedrinho, Leroy, Délio, Retes, Thais, Iago, Ismael, Marcelo, Suzana, Lucas, Mário e Christiano. Sem eles, nem metade das experiências acadêmicas – e não acadêmicas – teriam acontecido. Muito obrigada por terem tornado o caminho muito mais prazeroso e por terem feito com que o mestrado fosse muito além da realização desta pesquisa.

Não posso deixar de fazer um agradecimento especial para Luciana, minha companheira inseparável nesses dois anos. Além de compartilharmos a orientação do prof. Érico – e vários quartos de hotel em eventos de processo civil pelo País –, dividimos nossas inseguranças. E, por terem sido divididas, as inseguranças pesaram menos. O apoio foi incondicional e imprescindível. Muito obrigada, Lu, por ter sido alicerce. De tanto não parar a gente chegou lá.

Durante o mestrado também fui presenteada com os melhores professores: Érico, Gláucio, Renata e Fernando. Muito obrigada por me ensinarem muito mais do que direito processual e por acolherem seus alunos como colegas. A confiança de vocês no nosso trabalho é que nos dá impulso para seguir em frente.

Agradeço, especialmente, ao Professor Érico Andrade, por ter se entusiasmado com meu tema e por ter aceitado ser meu orientador. Seus conselhos sobre o recorte a ser dado e suas provocações acerca das temáticas trabalhadas foram essenciais ao desenvolvimento do trabalho. O resultado da pesquisa, sem dúvida, é fruto de um trabalho conjunto. Muito obrigada!

Agradeço, ainda, aos professores que participaram da minha banca de qualificação: Giovanni Bonatto e Marcelo Milagres, pelas valiosas considerações e por me incentivarem a prosseguir. Ouvir de vocês que eu estava no caminho certo foi o combustível necessário para continuar. Agradeço, também, ao professor João Alberto que, apesar de não ter sido meu professor de processo na pós-graduação, me deu inúmeras aulas de gentileza e confiou cegamente em mim na difícil missão de lecionar.

Ainda falando sobre mestres, agradeço ao professor Robson Godinho, pela interlocução sobre o tema e pela gentileza sem tamanho ao corrigir um artigo que eu havia escrito, sugerir bibliografias e me encaminhar o material necessário. Pelo convite para publicar o referido artigo, agradeço aos professores Antonio do Passo Cabral e Pedro Henrique Nogueira, por terem concedido espaço na maior coletânea do País sobre o tema dos negócios processuais a uma mestranda. Portas assim nem sempre são abertas e, por isso, sou muito grata.

Agradeço à Faculdade de Direito da Universidade Federal de Minas Gerais, à qual devo muito pela qualidade do ensino e pela oportunidade que me foi dada de estudar em uma das melhores universidades do País, gratuitamente. Como ex-aluna de duas Universidades Federais, me sinto na obrigação de retribuir à sociedade aquilo que me foi proporcionado. E, certamente, o farei.

Agradeço a todos os amigos do Instituto de Direito Processual – IDPro. Eu não poderia imaginar que, alguns poucos anos depois de me sentar nas cadeiras de um congresso idealizado pelo Instituto e de ter aula com vários dos membros, eu também seria convidada a participar deste projeto. Muito obrigada pela acolhida e pela confiança em mim depositada. É um orgulho imenso poder fazer parte de um Instituto desta envergadura.

Sou extremamente grata, ainda, ao amigo Felipe Marçal, que me auxiliou na revisão do texto e na preparação para a banca de mestrado. E à amiga Michelle Cavalcanti, que sempre me apoiou e não pensou duas vezes antes de pegar um voo para Minas Gerais só para me prestigiar no dia da defesa.

Agradeço, ainda, ao Rafael Alexandria, pela interlocução fundamental durante a realização dessa pesquisa. Algumas das ideias mais relevantes defendidas no trabalho foram fruto de nossas conversas e poder dialogar com um dos grandes nomes do direito probatório fez com que o texto, inevitavelmente, ganhasse outra envergadura.

Mas, é claro, o apoio que recebi não veio só de pessoas que cruzaram meu caminho durante esses últimos anos.

Por sete anos Samuel foi a minha dupla. Apesar de todas as "modas" que eu inventei nesse meio tempo (palavras dele), ele nunca deixou de me apoiar. Pelo contrário: foi extremamente paciente com as minhas ausências e me acalmou inúmeras vezes quando o desespero batia. Mesmo sendo engenheiro, tornou-se especialista em convenções processuais de tanto ouvir os monólogos que eu fazia em voz alta. Samuel, muito obrigada por sonhar esse sonho junto comigo e por não largar a minha mão nem nos piores dias. Sem você teria sido impossível.

Também teria sido impossível se eu não tivesse as melhores amigas do mundo todo, por uma vida inteira. Como não encarar os desafios com muito mais leveza quando se tem doze (doze!) mulheres incríveis ao seu lado? A falta que senti de estar mais presente nesse período foi inexplicável, mas nossa amizade é laço forte e o apoio de vocês foi fundamental. Muito obrigada por acreditarem mais em mim do que eu mesma acredito.

Outros tantos amigos foram essenciais na realização desse sonho. Obrigada Matheus, por ser o melhor amigo que eu poderia ter, por ouvir minhas teorias sobre a vida e compartilhar comigo a vontade imensa de viver. Obrigada Pantuzza, por ter dividido comigo os primeiros passos desse sonho, lá atrás, quando ainda era uma sementinha; em breve quero te ver mestre! Obrigada Daniele, por ter compartilhado um concurso e esse sonho, bem como por confiar em minha vontade de lecionar.

Agradeço a todos do escritório Paulo Eduardo Mello, por terem me acolhido e por compreenderem minhas eventuais ausências em razão do mestrado e dos eventos acadêmicos. Muito obrigada por confiarem em mim, sem isso, seria inviável realizar esse sonho.

Em especial, agradeço à Marci, amiga e sócia que, apesar de quase me matar de desespero ao engravidar bem no meio da escrita da minha dissertação, sempre me apoiou incondicionalmente, me ajudando a encontrar tempo para cumprir com todas as minhas atividades. Quando eu reclamava, ela me dizia: "eu te conheço, você não faria um trabalho ruim, então para de reclamar e termina isso logo". Sem você, seu carinho e seu pragmatismo, também não teria sido possível. Muito obrigada por ser minha companheira diária nessa aventura!

Ainda sobre as pessoas que estão presentes na realização deste sonho, agradeço aos professores Drs. Gláucio Maciel, Antonio do Passo

Cabral e Marcelo Veiga por terem aceitado o convite para participar da minha banca. Todos os comentários foram considerados para a atualização da dissertação para que ela, enfim, se transformasse em livro. Vocês contribuíram muito para o aprimoramento do trabalho que, apesar de ter recebido dos avaliadores uma nota extremamente generosa, inevitavelmente estará sempre em construção.

Agradeço ao professor Fredie Didier Jr., por ser uma pessoa extremamente acessível e ter me dado a oportunidade de publicar a minha dissertação por meio da grandiosa Editora Juspodivm, à qual também agradeço pela confiança depositada. Depois de ler tantas obras excepcionais publicadas pela Editora, ver meu nome estampado em uma de suas capas é o arremate perfeito desse sonho.

O que acontece quando um sonho se realiza?

Depois de realizado, o sonho passa a fazer parte de nós. Vira pedaço da nossa história, assim como cada uma das pessoas que nos acompanhou, ainda que de longe, apoiando e torcendo para que conseguíssemos cumprir o desafio que nos propusemos.

A conquista de algo que desejamos muito nos dá forças para seguir sonhando os sonhos mais impossíveis e, também, os mais bobos, pois eles não envelhecem nunca.

PREFÁCIO

Os negócios processuais, amplamente acolhidos no CPC/2015 com a previsão tanto de negócios típicos, especialmente no campo probatório (*v.g.*, arts. 373, §§3º e 4º; 471; 509, I), como de cláusula geral de admissibilidade de negócios atípicos (art. 190), traduzem a inserção da temática da autonomia negocial[1] no âmbito do processo civil[2], campo até então tradicionalmente refratário às incursões da autonomia negocial.[3]

Tal contextualização mais ampla dos negócios processuais no CPC/2015 tem sido objeto de muitos e variados estudos recentes, tendo sido este o grande campo escolhido pela então orientanda, hoje mestre em direito, Behlua Ina Amaral Maffessoni, para dedicar seus estudos e pesquisas na Pós-graduação da Faculdade de Direito

---

1 Segundo PERLINGIERI, Pietro. Il diritto civile nella legalità costituzionale. Terza edizione. Napoli: Edizioni Scientifiche Italiane, 2006, p. 315/318, atualmente, a expressão autonomia privada, entendida como poder reconhecido pelo ordenamento jurídico ao "privado", é insuficiente para acolher todo o campo jurídico reservado à autonomia, pois tal poder pode ser conferido tanto aos sujeitos públicos como privados e pode ser exercitado tanto em ambiente de conteúdo patrimonial como de conteúdo não patrimonial. Daí o entendimento de ser mais adequado o uso da expressão "autonomia negocial".

2 Atualmente, parte da doutrina italiana tem destacado que o crescente uso da autonomia privada no âmbito de prevenção e solução de conflitos vai levar, inevitavelmente, à evolução dos sistemas processuais para admissão do uso dos instrumentos de autonomia privada no âmbito do próprio processo, valorizando, de uma forma mais geral, a própria atuação das partes para chegar a solução dos conflitos, seja no ambiente processual, seja fora dele (cf., por exemplo, MANIACI, Arturo. Autonomia privata e conflitto *in* DANOVI, Filippo; FERRARIS, Federico; FRAGOMENI, Tiziana; MANIACI, Arturo; MARCHESE, Alberto. I patti preconflittuali. Torino: G. Giappichelli Editore, 2019, p. 118).

3 No direito italiano, por exemplo, em 1978, DENTI, Vittorio; voce negozio processuale *in* Enciclopedia del Diritto. Milano: Giuffrè, 1978, vol. XXVIII, destacou que a doutrina italiana considerava "infecundo" o conceito de negócio processual e indicava, à época, o quadro de abandono da categoria dos negócios processuais. No direito brasileiro, não obstante o art. 158 do CPC/73 prever genericamente a possibilidade de acordos no curso do processo, a doutrina enquadrava em tal perspectiva os poucos acordos típicos regulados no Código, como escolha de foro, suspensão do processo e desistência, cf., por exemplo, ANDRADE, Érico, A "contratualização" do processo in THEODORO JUNIOR, Humberto (Coord.); JAYME, Fernando Gonzaga; GONÇALVES, Gláucio Maciel; FARIA, Juliana Cordeiro de; FRANCO, Marcelo Veiga; ARAÚJO, Mayara de Carvalho; CREMASCO, Suzana Santi (Org.). Processo Civil Brasileiro: Novos Rumos a partir do CPC/2015. Belo Horizonte: Del Rey, 2016, p.51; e CABRAL, Antonio do Passo, Convenções Processuais. Salvador: Juspodivm, 2016, p. 127/128.

da UFMG, com encaminhamento mais específico para os negócios processuais no âmbito da prova.

O ponto de partida do trabalho foi a valorização da inserção da autonomia privada no processo civil, seguindo-se a reconstrução doutrinária da categoria dos negócios jurídicos processuais no direito brasileiro, bem como os requisitos de formação e limites gerais aplicáveis a tais negócios processuais. Definidos tais cenários mais gerais, partiu-se para o núcleo do trabalho propriamente dito, consistente na fixação de limites para os negócios processuais no campo da prova, passando pela atuação e papel do juiz nos negócios processuais, para, então, confrontar a perspectiva dos negócios processuais probatórios e os poderes instrutórios do próprio juiz.

O cenário dos poderes probatórios do juiz, especialmente para determinar de ofício a produção de provas, é complexo e muito discutido no direito brasileiro (cf., por exemplo, item 6.1.2 do trabalho) e estrangeiro,[4] e ganha, agora, novos contornos ou matizes, a partir da admissibilidade de negócios processuais, especialmente no campo dos direitos que admitam a chamada "autocomposição" inserida com base dos negócios processuais no art. 190, CPC/15 (cf., por exemplo, item 3.1.5 do trabalho).

Isso porque, no grande ambiente dos direitos disponíveis de caráter patrimonial que admitem, no plano substancial, a transação (art. 841, CC/02), e certamente vão permitir, no plano processual, o ajustamento de negócios processuais em geral (art. 190, CPC/15) e também negócios probatórios, inclusive sobre ônus da prova (art. 373, §3º, I, CPC/15)[5], se as partes podem dispor dos seus direitos, parece intuitivo que podem também regular outros cenários em

---

4 No direito italiano, cf., por exemplo, MONTESANO, Luigi. Le prove disponibili d'ufficio e l'imparzialità del giudice civile. Rivista trimestrale di diritto e procedura civile. Milano: Giuffrè, v. XXXI, 1978, p. 189/206. E mais recentemente: CHIZZINI, Augusto; Contraddittorio, principio dispositivo e poteri del giudice nelle transformazione del diritto processuale civile in Pensiero e azione nella storia del processo civile – Studi. Seconda edizione. Milano: UTET-WKI, 2017, p. 161/185; MONTELEONE, Girolam; Intorno al concetto di verità "materiale" o "oggettiva" nel processo civile. Rivista di Diritto Processuale. Padova: Cedam, v. LXIV, 2009, n. 1, p. 1/13.

5 No direito italiano o cenário das repercussões processuais da distinção entre direitos disponíveis e indisponíveis no plano substancial [e muito discutido especialmente em sede de direitos que podem admitir ou não a arbitrabilidade, sugerindo parte da doutrina que se deve, por exemplo, separar o cenário da disponibilidade/indisponibilidade substancial do direito da disponibilidade/ indisponibilidade do próprio direito de ação como indica, por exemplo, SALVANESCHI, Laura. Arbitrato. Bologna: Zanichelli Editore, 2014, p. 9/14.

torno da realização destes mesmos direitos em juízo,[6] como é o caso do campo probatório, para pautar a atuação das próprias partes em juízo no que diz respeito à reconstrução do fato histórico, base da relação jurídica conflituosa.

E tal "equacionamento" negocial, por exemplo, do ônus probatório e/ou da regulamentação negocial da produção da prova em juízo deve, nos limites legais em que admitidos tais negócios jurídicos processuais (*v.g.*, art. 190, parágrafo único, CPC/2015), ser respeitado pelo juízo, inclusive em sede de cogitação de uso de eventuais poderes instrutórios de ofício, criando um espécie de efeito "preclusivo"[7] não só entre as partes, decorrente da necessidade de se respeitar o que foi convencionado,[8] como também a vinculação do próprio juiz ao programa negocial ajustado entre as partes. Tal vinculação do juiz ao pactuado decorre também do fato de que o negócio jurídico processual, inclusive aquele tendo por objeto os cenários probatórios, ajustado com base na autonomia negocial das partes, converte-se em fonte do direito, pois, como destaca a doutrina italiana, a autonomia privada evolui atualmente para deixar de ser simples liberdade e passa a ser vista como poder privado para criar, em concurso com outras fontes, regras objetivas de conduta ou normas jurídicas para reger determinada relação jurídica a partir da atuação das próprias partes, passando a ser vista a autonomia privada como fonte do direito.[9]

---

6 FORNACIARI, Michele; Il negozio di accertamento *in* GABRIELLE, Enrico; LUISO, Francesco Paolo (a cura di). I contratti di composizione delle liti. Milano: UTET-WKI, 2005, p. 61, destaca que no âmbito dos direitos disponíveis, se as partes podem dispor de tais direitos, podem também operar ajustes negociais em torno de tais direitos, como o negócio de acertamento ou mesmo, pode-se acrescentar, negócios em torno da prova.

7 Sobre a teorização do efeito preclusivo cf. FALZEA, Angelo; voce efficacia giuridica *in* Enciclopedia del Diritto. Milano: Giuffrè, 1965, vol. XIV. Em relação ao efeito preclusivo quanto ao juiz, tal como ocorre nos negócios de acertamento, aquilo que foi convencionado entre as partes deve vincular também o juiz, cf., por exemplo, FERCIA, Riccardo; voce accertamento (negozio di). Digesto delle Discipline Privatistiche. Torino: UTET-WKI, 2012; e FORNACIARI, Michele. Il negozio di accertamento *in* GABRIELLI, Enrico e LUISO, Francisco Paolo; I contratti di composizione delle liti. Torino: UTET, 2005, p. 52.

8 O cenário da obrigatoriedade dos pactos fundados na autonomia negocial das partes é muito bem posto pela doutrina italiana, por exemplo, MESSINEO, Francesco; voce Contratto (dir. priv. - teoria generale) *in* Enciclopedia del Diritto. Milano: Giuffrè, 1961, vol. IX: "In sostanza, il contratto è, anzitutto, un prodotto spirituale, ossia il portato della cosiddetta volontà contrattuale, che poggia sulla spontaneità di determinazione delle parti: spiegazione, questa, di indubbio stampo individualistico. Ora, una volta liberamente stretto, il contratto va osservato ed eseguito (pacta sunt servanda): ossia, opera l'esigenza del rispetto della parola data, nel quale si concreta la cosiddetta pubblica fede (fiducia)".

9 CRISCUOLO, Fabrizio. Autonomia negoziale e autonomia contrattuale. Napoli: Edizione Scientifiche Italiane, 2008, p. 3/4.

É nesse complexo e atual quadro jurídico que se desenvolve o trabalho de Behlua Ina Amaral Maffessoni que, merecidamente, vem a ser publicado em âmbito nacional, e aporta real contribuição aos estudos e debates em torno da temática das convenções processuais no âmbito probatório, abrindo via para soluções adequadas a respeito da viabilidade e efetividade de tais negócios.

Érico Andrade
Professor Adjunto de Direito Processual Civil da Graduação e Pós-graduação da Faculdade de Direito da UFMG.
Pós-doutorado na *Università degli Studi di Milano* (2019/2020)

SUMÁRIO

INTRODUÇÃO **23**

Capítulo 1

A VALORIZAÇÃO DA AUTONOMIA PRIVADA NO PROCESSO CIVIL **27**

1.1 Do privatismo ao publicismo processual 28

1.2 Autonomia privada e processo 34

1.3 A busca pela efetividade por meio da simplificação e da flexibilização do procedimento 38

1.3.1 Breves apontamentos sobre o tema no contexto estrangeiro 50

1.3.2 Contexto brasileiro 55

Capítulo 2

NEGÓCIOS JURÍDICOS PROCESSUAIS NO PROCESSO CIVIL BRASILEIRO: CONCEITO E TIPOLOGIAS **59**

2.1 Apontamentos sobre a teoria dos fatos, atos e negócios jurídicos na teoria geral do direito 59

2.2 Apontamentos sobre a teoria dos fatos jurídicos processuais, dos atos jurídicos processuais e dos negócios processuais 62

2.3 Conceito de negócio jurídico processual adotado 66

2.4 Negócios jurídicos unilaterais, bilaterais e plurilaterais 67

2.5 Convenções processuais dispositivas e obrigacionais 70

2.6 Convenções processuais típicas e atípicas 71

Capítulo 3

REQUISITOS DE FORMAÇÃO E LIMITES GERAIS APLICÁVEIS ÀS CONVENÇÕES PROCESSUAIS........ 77

3.1 Requisitos de existência e validade das convenções processuais 80

3.1.1 Tempo e lugar das convenções processuais 81

3.1.2 Capacidade do agente 84

3.1.3 Declaração de vontade válida, baseada em consentimento livre e informado 89

3.1.4 Objeto lícito, possível, determinado ou determinável 91

3.1.5 Direitos que admitam autocomposição 92

3.1.6 Respeito à boa-fé objetiva 94

3.1.7 Forma das convenções processuais 95

3.1.8 Nulidade em caso de inserção abusiva em contrato de adesão 96

3.1.9 Manifesta situação de vulnerabilidade 97

3.1.10 Demais limites apontados pela doutrina 99

3.2 Condições de eficácia das convenções processuais 102

3.3 Conclusão parcial 103

Capítulo 4

LIMITES ESPECÍFICOS APLICÁVEIS ÀS CONVENÇÕES PROCESSUAIS PROBATÓRIAS ATÍPICAS QUE RESTRINGEM MEIOS DE PROVA........ 105

4.1 Convenções processuais probatórias 105

4.2 Convenções processuais probatórias em demandas que versem sobre direitos indisponíveis 110

4.3 Renúncia genérica à prova 118

4.4 Renúncia geral à prova 119

4.5 Parâmetros extraídos das convenções processuais típicas 121

Capítulo 5

O PAPEL DO JUIZ NAS CONVENÇÕES PROCESSUAIS **125**

5.1 Controle de validade 125

5.2 Homologação das convenções processuais 126

5.3 Fomento ao consenso 128

5.4 Participação do juiz nas convenções processuais 129

Capítulo 6

CONVENÇÕES PROCESSUAIS PROBATÓRIAS E PODERES INSTRUTÓRIOS DO JUIZ **135**

6.1 Argumentos que sinalizam a preponderância da convenção probatória em face dos poderes instrutórios do juiz 138

6.1.1 Primeiras balizas interpretativas em favor das convenções em matéria probatória que limitam os poderes instrutórios do juiz 138

6.1.2 Possibilidade de desistência da ação e de renúncia ao bem litigioso como argumento favorável à prevalência da convenção processual probatória 143

6.1.3 Poderes instrutórios do juiz: poderes subsidiários ou autônomos? 144

6.1.4 Apontamentos sobre o ônus da prova 152

6.1.4.1 Aspecto objetivo e subjetivo do ônus da prova 152

6.1.4.2 Ônus temporal e financeiro da prova 156

6.2 Pretensos óbices às convenções processuais probatórias que limitam a atuação do magistrado na produção de prova de ofício 157

6.2.1 Natureza de direito público do processo e a existência de interesses públicos atrelados à solução do conflito 157

6.2.2 Impossibilidade de interferir nos poderes de terceiros mediante convenção processual 160

6.2.3 A busca pela verdade como suposto óbice à preponderância das convenções processuais 163

CONCLUSÃO **171**

REFERÊNCIAS **177**

INTRODUÇÃO

Em consonância ao paradigma de processo cooperativo[1] e à crescente abertura do direito público para o consenso[2], o CPC/15, além de ampliar as hipóteses de convenções processuais típicas, confirmou a possibilidade de realização de convenções processuais atípicas pelas partes.

Por meio da cláusula geral de convencionalidade no processo, contida no art. 190[3], a legislação processual passou a permitir expressamente que os sujeitos adaptem o procedimento às especificidades do caso concreto, bem como deliberem sobre seus ônus, poderes, faculdades e deveres processuais.

Tamanha liberdade se submete ao controle de validade a ser exercido pelo juiz que, de ofício ou a requerimento, poderá negar vigência à convenção processual atípica nos casos previstos pelo parágrafo único do art. 190, quais sejam: nulidade ou inserção abusiva em contrato de adesão e manifesta situação de vulnerabilidade de uma das partes.

Apesar das disposições contidas no referido artigo, é possível perceber a escassez de disciplina legal quanto aos limites a serem observados pelas partes ao firmarem convenções processuais, razão pela qual o grande desafio doutrinário está em compatibilizar o pro-

---

1 MITIDIERO, Daniel. *Colaboração no processo civil: pressupostos sociais, lógicos e éticos*. São Paulo: RT, 2009.

2 ANDRADE, Érico. A "Contratualização" do Processo. *In*: THEODORO JUNIOR, Humberto (Coord.). JAYME, Fernando Gonzaga; GONÇALVES, Gláucio Maciel; FARIA, Juliana Cordeiro de; FRANCO, Marcelo Veiga; ARAÚJO, Mayara de Carvalho; CREMASCO, Suzana Santi (Org.). *Processo Civil Brasileiro:* Novos Rumos a partir do CPC/2015. Belo Horizonte: Del Rey, 2016, p. 48-50.

3 Art. 190, CPC/15: Versando o processo sobre direitos que admitam autocomposição, é lícito às partes plenamente capazes estipular mudanças no procedimento para ajustá-lo às especificidades da causa e convencionar sobre os seus ônus, poderes, faculdades e deveres processuais, antes ou durante o processo. Parágrafo único. De ofício ou a requerimento, o juiz controlará a validade das convenções previstas neste artigo, recusando-lhes aplicação somente nos casos de nulidade ou de inserção abusiva em contrato de adesão ou em que alguma parte se encontre em manifesta situação de vulnerabilidade.

cesso civil, de viés tradicionalmente publicista, e a autonomia privada, comumente associada às relações contratuais de direito privado.

O tema se torna ainda mais instigante no âmbito dos acordos processuais que versam sobre matéria probatória, na medida em que, além da intrínseca relação entre direito processual e direito material a eles inerentes, há possível colisão entre a autonomia privada e os poderes instrutórios conferidos ao magistrado pela legislação processual.

O art. 370 do CPC/15[4] dispõe que a produção de provas é também prerrogativa do juiz, e, *a priori*, pode ser determinada de ofício diante da insuficiência de provas ou da dúvida acerca do cenário probante do caso concreto.

De um lado, estamos diante da natureza de direito público do processo e do poder instrutório conferido ao juiz em busca da motivação da sentença; de outro, encontra-se a crescente valorização da autonomia privada no campo do direito processual, bem como a busca por maior participação das partes na condução do procedimento.

Diante de tal impasse, a presente pesquisa busca responder ao seguinte questionamento: os poderes instrutórios do juiz prevalecem diante de convenção processual que suprima ou restrinja a produção de determinada prova?

A resposta a tal questão perpassa pela averiguação de outros pontos: quais são os limites que devem ser observados pelos sujeitos ao realizarem uma convenção processual? Existem limites específicos atinentes às convenções probatórias? A natureza de direito público do processo impede que as partes convencionem sobre provas? Afinal, a quem interessa a prova? Às partes, que litigam visando a solução da crise de direito material, ou ao juiz, que mira obter a máxima cognição sobre os fatos litigiosos a fim de proferir sentença de mérito mais adequada à realidade dos fatos? O objetivo do processo perpassa pela busca da verdade? De que forma o mérito poderá ser solucionado diante da insuficiência de provas e da impossibilidade de produção de provas de ofício pelo juiz?

A fim de responder a estes e a outros questionamentos, a presente pesquisa foi dividida em seis capítulos.

4 Art. 370, CPC/15: Caberá ao juiz, de ofício ou a requerimento da parte, determinar as provas necessárias ao julgamento do mérito.

O primeiro capítulo trata da tendência de valorização da autonomia privada no processo civil, por meio de brevíssimo panorama histórico visando tão somente localizar o atual paradigma processual brasileiro na tradicional alternância entre publicismo e privatismo. Após, adentra a análise da relação entre autonomia privada e processo civil, perpassando pelo estudo da simplificação e da flexibilização do procedimento - no contexto estrangeiro e brasileiro - como meios de tornar o processo mais efetivo.

O capítulo dois cuida dos conceitos de ato, fato e negócio jurídico no âmbito do direito civil e do direito processual, bem como dos negócios jurídicos processuais unilaterais, bilaterais e plurilaterais, passando, após, à análise da classificação das convenções processuais em (i) dispositivas e obrigacionais e (ii) em típicas e atípicas.

O terceiro capítulo trata dos requisitos gerais de existência, validade e eficácia das convenções processuais, apontando aqueles fixados pela legislação civil e processual, bem como pela doutrina.

O capítulo quatro, além de tratar da possibilidade de realização de convenções processuais em matéria probatória, verifica alguns limites específicos aplicados a tal espécie de convenção que, por se relacionarem intrinsecamente com o direito material, possuem algumas peculiaridades que merecem ser observadas.

Passa-se, no capítulo cinco, à verificação do papel exercido pelo juiz diante das convenções processuais, bem como à análise da função de controle, homologação e fomento.

O sexto capítulo é dedicado à investigação dos argumentos que sinalizam para a preponderância das convenções processuais diante dos poderes instrutórios de ofício do juiz, bem como daqueles que funcionam como pretensos óbices à autonomia privada no processo em matéria probatória.

Ao final, é apresentada a conclusão da pesquisa.

Capítulo 1

A VALORIZAÇÃO DA AUTONOMIA PRIVADA NO PROCESSO CIVIL

Não se nega a dificuldade em abandonar as velhas amarras, tampouco a tentadora permanência no conforto das teorias já assimiladas. Todavia é forçoso encarar que o processo civil passou por transformações substanciais desde o privatismo romano, passando pela conquista de sua independência científica, até o estágio de evolução atual, especialmente no que tange ao tema da autonomia privada[1].

O privatismo e o publicismo sempre se contrapuseram no campo do processo civil, refletindo o ponto de tensão entre o direito público e a vontade privada dos indivíduos envolvidos em um litígio. Em cada momento histórico uma das faces prevaleceu e, para a compreensão do contexto processual atual – inserido no direito público, mas, simultaneamente, permeado pelo consenso típico das relações de direito privado[2] –, é imprescindível tecer algumas premissas contextuais relativas ao enquadramento do processo civil nas concepções privatista e publicista ao longo do tempo.

Busca-se, no presente capítulo, contextualizar o tema das convenções processuais, por meio da investigação acerca dos diferentes graus de aceitação da autonomia privada no processo civil em cada

1 Na presente pesquisa adotar-se-á o termo "autonomia privada" e não o termo "autonomia da vontade", a fim de afastar qualquer conotação subjetiva derivada do termo "vontade", aproximando-se do conceito de consenso legitimado pela ordem jurídica, marcado pela autorregulação no direito de modo objetivo, concreto e real (GODINHO, Robson Renault. *Negócios processuais sobre o ônus da prova no novo CPC*. São Paulo: RT, 2015, p. 118). Sobre ser preferível adotar o termo "autonomia privada": FERRI, Luigi. *La autonomia privada*. Trad. Luis Sancho Mendizabal. Madrid: Granada, 2001.

2 Não se ignora o fato de que, no Brasil, as relações de direito público também desaguam para a solução judicial e são regidas pelo direito processual civil, contudo, conforme será visto no decorrer da presente pesquisa, até mesmo tais relações comportam soluções autocompositivas típicas das relações de direito privado.

um dos modelos de processo, verificando, por fim, quais as tendências atuais sobre o tema.

1.1 DO PRIVATISMO AO PUBLICISMO PROCESSUAL

Certo é que nenhum desfecho histórico se dá de maneira linear e sequenciada, o que torna improvável a descrição de cada contexto de maneira minuciosa e isenta de generalizações. Tampouco é o escopo da presente pesquisa realizar um longo introito acerca de fatos históricos[3]. Contudo, uma análise macroscópica do caminho percorrido pela ciência processual até o atual modelo, se faz suficiente aos propósitos do presente estudo, levando a uma compreensão mais clara da hodierna e inevitável ruptura paradigmática provocada pela conjugação do modelo publicista com a crescente inserção da autonomia privada no processo.

Nos primórdios de nossa civilização, o que se verificava era a inexistência de um Estado suficientemente forte e capaz de impor o direito acima da vontade dos particulares[4], razão pela qual as relações litigiosas eram solucionadas por meio da autotutela, ou seja, por um regime precário de satisfação da pretensão mediante vingança privada[5]. A autocomposição dos litígios também já podia ser verificada nesse momento histórico.

Com o passar dos anos, esta maneira de solução de litígios parcial foi substituída por uma forma de solução imparcial, realizada por meio de árbitros, nos quais as partes depositavam sua confiança, sendo, em geral, figuras de sacerdotes ou anciãos, que julgavam de acordo com os costumes locais[6]. Na medida em que o Estado se fortificava, a invasão à esfera privada ia crescendo, o que, aos poucos, culminou na absorção do poder de julgar os litígios.

---

3 Sobre a evolução histórica do processo cf. CABRAL, Antonio do Passo. *Convenções Processuais*. 2 ed. rev., atual. e ampl. - Salvador: Juspodivm, 2018, cap. 2; e, também, tese defendida por LUCCA, Rodrigo Ramina de. *A Disponibilidade Processual:* os interesses privados das partes diante da natureza pública do processo. Tese de Doutorado. Faculdade de Direito. Universidade de São Paulo, 2018, cap. 2.

4 Sobre o tema, cf. CREVELD, Martin Van. *Ascensão e declínio do Estado*. São Paulo: Martins Fontes, 2004.

5 CINTRA, Antonio Carlos de Araújo; DINAMARCO, Cândido Rangel; GRINOVER, Ada Pellegrini. *Teoria geral do processo*. 15 ed., São Paulo: Malheiros, 1999, p.21.

6 CINTRA, Antônio Carlos de Araújo; DINAMARCO, Cândido Rangel; GRINOVER, Ada Pellegrini. *Teoria geral do processo*. 15 ed., São Paulo: Malheiros, 1999, p.21-22.

No direito romano, em uma primeira fase, durante o período compreendido entre 754 a.C a 209 d.C., tal poder se dava por meio de submissão voluntária das partes à decisão estatal, após comparecerem perante um pretor para convencionar quanto aos limites do litígio e firmar o compromisso de aceitação da decisão que viesse a ser proferida (*litiscontestatio*). Em seguida, as partes definiam um árbitro de sua confiança, o qual recebia do pretor o encargo de decidir o litígio[7]. Nota-se que o ato de submissão à decisão, nas duas etapas, era absolutamente voluntário, detendo o Estado-juiz um papel de mero coadjuvante, dotado de postura eminentemente passiva diante da liberdade contratual das partes.

Posteriormente, adentrando uma segunda fase, esta exígua participação estatal deu lugar a uma arbitragem obrigatória, na qual o próprio pretor poderia investir o árbitro, subtraindo tal decisão da esfera de liberdade dos litigantes. Ainda assim, o que se verificava nesse período era o protagonismo das partes, que, por meio de verdadeiro contrato, concordavam em submeter o caso à apreciação do árbitro. Tal processo se equipara, em muito, ao procedimento arbitral atual[8].

Com o fim do Império Romano, entre 209 d.C. e 568 d.C., verificou-se uma ruptura com o sistema eminentemente privatista, sendo o árbitro e o pretor transformados na figura de um juiz investido de autoridade que não dependia da vontade das partes[9]. Esse momento histórico é indicado por alguns doutrinadores como o início da jurisdição estatal no sentido que a entendemos atualmente[10].

Contudo o direito processual – que, ressalta-se, ainda não era tido como uma ciência autônoma – não seguiu essa linha publicista ininterruptamente, pois, após a queda do Império Romano, entre 569 d.C. e 1100 d.C., houve um verdadeiro retrocesso, marcado pelo domínio militar e político dos povos bárbaros, mediante a imposição de seus costumes e de seu direito, ainda muito rudimentar, não uni-

---

7 CINTRA, Antonio Carlos de Araújo; DINAMARCO, Cândido Rangel; GRINOVER, Ada Pellegrini. *Teoria geral do processo*. 15 ed., São Paulo: Malheiros, 1999, p.22.

8 CUNHA, Leonardo Carneiro *A atendibilidade dos fatos superveniente no processo civil*: uma análise comparativa entre o sistema português e o brasileiro. Coimbra: Almedina, 2012, p. 24-31.

9 MÜLLER, José Guilherme. *Negócios Processuais e desjudicialização da produção da prova*: análise econômica e jurídica. São Paulo: Revista dos Tribunais, 2017, p. 49.

10 CINTRA, Antonio Carlos de Araújo; DINAMARCO, Cândido Rangel; GRINOVER, Ada Pellegrini. Teoria geral do processo. 15 ed., São Paulo: Malheiros, 1999, p. 23.

forme e baseado no fanatismo religioso[11]. As decisões pautavam-se em duelos e na justiça divina, e esse sistema perdurou por vários séculos, até uma fase bem adiantada da Idade Média, quando, no século XI, o estudo das instituições romanas foi retomado nas universidades[12].

Da união do direito bárbaro e do direito canônico, sob a influência das instituições romanas, surgiu o chamado processo comum, que perdurou, aproximadamente, de 1100 d.C. a 1500 d.C., caracterizado como sendo extremamente complexo e lento[13].

No período seguinte, entre 1500 d.C. e 1868 d.C., o processo passou a ser permeado pelos ideais liberais, tido como "coisa das partes"[14], tendo como grande expoente teórico Josef Kohler que, pautado em uma visão eminentemente privatista, afirmava que a vontade das partes poderia ser utilizada para produzir efeitos no processo civil, sustentando a mais ampla convencionalidade processual por meio da realização de contratos privados[15].

Percebe-se que, no decorrer de quase toda a história ocidental, além de o processo civil possuir caráter eminentemente privatista, esse não era visto como um ramo autônomo do direito, mas sim como um direito adjetivo, subordinado e umbilicalmente ligado ao direito material. Essa concepção perdurou até meados do século XIX, quando surgiram as primeiras teorias sobre a independência científica do processo, destacando-se como principal expoente teórico o jurista alemão Oskar von Bülow, apontado como o fundador da escola publicista do processo.

Bülow pautou-se na compreensão do processo como relação de direito público, por englobar o Estado-juiz, diferenciando-se, assim, da

---

11 THEODORO JÚNIOR, Humberto. *Curso de Direito Processual Civil* – Teoria geral do direito processual civil, processo de conhecimento e procedimento comum. 58 ed. rev., atual. e ampl. Rio de Janeiro: Forense, v. 1, 2017, p. 25.

12 THEODORO JÚNIOR, Humberto. *Curso de Direito Processual Civil* – Teoria geral do direito processual civil, processo de conhecimento e procedimento comum. 58 ed. rev., atual. e ampl. Rio de Janeiro: Forense, v. 1, 2017, p.26.

13 THEODORO JÚNIOR, Humberto. *Curso de Direito Processual Civil* – Teoria geral do direito processual civil, processo de conhecimento e procedimento comum. 58 ed. rev., atual. e ampl. Rio de Janeiro: Forense, v. 1, 2017, p.26.

14 THEODORO JÚNIOR, Humberto. *Curso de Direito Processual Civil* – Teoria geral do direito processual civil, processo de conhecimento e procedimento comum. 58 ed. rev., atual. e ampl. Rio de Janeiro: Forense, v. 1, 2017, p. 27.

15 CABRAL, Antonio do Passo. *Convenções Processuais*. 2 ed. rev., atual. e ampl. - Salvador: Juspodivm, 2018, p. 107-108.

relação de direito material a ele subjacente[16]. Seguindo esta linha de pensamento, Bülow sustentou, por exemplo, a invalidade dos acordos processuais, afirmando que não caberia às partes convencionar sobre poderes de outrem – Estado-juiz –, sendo impossível imaginar que um ato de vontade de um sujeito privado pudesse modificar regras processuais cogentes, o que representaria uma ofensa à moldura legal[17].

A tese de Bülow se propagou e, em poucas décadas, o pensamento jurídico caminhou no sentido de impulsionar uma mudança paradigmática em favor da inserção do processo civil no direito público, por meio do completo abandono do leito do direito privado[18].

Na Itália do século XX, grande parte dos autores ecoaram as premissas publicistas aderindo à posição de Bülow, dentre os quais se destacam Chiovenda, Salvatore Satta e Carnelutti[19]. As teorias se pautam, frequentemente, na prevalência do interesse público sobre a vontade das partes. Satta, por exemplo, consignou em sua obra que o processo cumpria uma função social, para além da função jurídica[20] e Carnelutti defendeu que não era o processo que servia às partes, mas as partes que serviam ao processo, na medida em que proporcionavam ao Estado a possibilidade de aplicar o direito[21].

Durante muito tempo o que se verificou na doutrina italiana foi um "substancial esquecimento" do tema da autonomia privada no

16 CABRAL, Antonio do Passo. *Convenções Processuais*. 2 ed. rev., atual. e ampl. - Salvador: Juspodivm, 2018, p. 109.

17 CABRAL, Antonio do Passo. *Convenções Processuais*. 2 ed. rev., atual. e ampl. - Salvador: Juspodivm, 2018, p. 109-110.

18 CAPONI, Remo. Autonomia privata e processo civile: gli accordi processuale. *In*: CABRAL, Antonio do Passo; NOGUEIRA, Pedro Henrique Nogueira (Coord.). Negócios Processuais, Salvador, Juspodivm, 2015, p.206: 'Il secondo fattore si coloca sul piano dela storia del pensiero giuridico. L´origine è un vero e proprio terremoto ideale, che ha il suo epicentro in Germania a metà del secolo XIX e che conduce in pochi lustri ad um cambiamento di natura dela riflessione sulla protezione giudiziaria dei diritti rispetto ala sua fondazione giusnaturalista: l´abbandono dell´alveo dello *ius privatum* e la netta scelta di campo in favore dela collocazione del diritto processuale civile entro lo *ius publicum*." (Trad: "O segundo fator se coloca no plano da história do pensamento jurídico. A origem é um verdadeiro e próprio terremoto ideal, que teve seu epicentro na Alemanha na metade do século XIX e que conduz, em poucas décadas, a uma mudança de natureza da reflexão sobre a proteção judiciária dos direitos a respeito de sua fundação jusnaturalista: o abandono do leito do *ius privatum* e a clara escolha em favor da colocação do direito processual civil no *ius publicum*.")

19 CABRAL, Antonio do Passo. *Convenções Processuais*. 2 ed. rev., atual. e ampl. - Salvador: Juspodivm, 2018, p. 102-103.

20 CAPONI, Remo. Autonomia privata e processo civile: gli accordi processuale. *In:* CABRAL, Antonio do Passo; NOGUEIRA, Pedro Henrique (Coord.). *Negócios processuais*. 2. ed. rev. Atual. e ampl. - Salvador: Juspodivm, 2016, p. 210.

21 CARNELUTTI, Francesco. *Sistema di diritto processuale civile*, vol. 1. Padova: CEDAM, 1936.

processo, sendo o silêncio rompido por algumas breves observações sobre a temática em rodapés de estudos dedicados a outros temas[22]. Remo Caponi afirma que esse esquecimento se deu pela própria virada publicista verificada por meio do CPC italiano de 1942, que reforçou a autoridade do juiz e ignorou aquilo que as partes pretendiam alcançar ao iniciarem um processo[23].

Nesse contexto hiperpublicista europeu, criou-se a concepção inabalável de que o processo civil, como ramo do direto público, não poderia abrigar, como fonte normativa, o contrato, negócio jurídico fundado na autonomia privada e usualmente relacionado ao direito civil. Essa crença na absoluta publicização do processo resultou em uma espécie de trauma cultural, criando intolerância automática e resistência irrefletida à autonomia privada no âmbito processual civil[24].

Para Remo Caponi, o trauma se deu pela própria mutação que o direito processual sofreu ao construir sua autonomia disciplinar - em tempos de grande dicotomia entre direito privado e direito público –, razão pela qual a nova ciência processual não poderia permanecer entre os dois polos, devendo tomar uma posição clara, que, no caso, foi a de abandono do berço do direito privado, para uma total inserção no direito público[25].

Frisa-se que, apesar do desequilíbrio participativo gerado pelo hiperpublicismo - que para se afastar da noção de processo como "coisa das partes" o transformou em "coisa sem partes"[26] –, esse primeiro momento foi essencial para o desenvolvimento da ciência

---

22 CAPONI, Remo. Autonomia privata e processo civile: gli accordi processuale. *In:* CABRAL, Antonio do Passo; NOGUEIRA, Pedro Henrique (Coord.). *Negócios processuais*. 2. ed. rev. Atual. e ampl. - Salvador: Juspodivm, 2016, p.208-209.

23 CAPONI, Remo. Autonomia privata e processo civile: gli accordi processuale. *In:* CABRAL, Antonio do Passo; NOGUEIRA, Pedro Henrique (Coord.). *Negócios processuais*. 2. ed. rev. Atual. e ampl. - Salvador: Juspodivm, 2016, p. 210.

24 GODINHO, Robson Renault. A possibilidade de negócios jurídicos processuais atípicos em matéria probatória. *In*: CABRAL, Antonio do Passo; NOGUEIRA, Pedro Henrique (Coord.). Negócios Processuais. 2 ed. rev., atual. e ampl. - Salvador: Juspodivm, 2016, p. 547.

25 CAPONI, Remo. Autonomia privata e processo civile: gli accordi processuale. *In:* CABRAL, Antonio do Passo; NOGUEIRA, Pedro Henrique (Coord.). *Negócios processuais*. 2. ed. rev. Atual. e ampl. - Salvador: Juspodivm, 2016, p. 216.

26 GODINHO, Robson Renault. A possibilidade de negócios jurídicos processuais atípicos em matéria probatória. *In*: CABRAL, Antonio do Passo; NOGUEIRA, Pedro Henrique (Coord.). *Negócios processuais*. 2. ed. rev. Atual. e ampl. Salvador: Juspodivm, 2016, p. 546-547.

processual, bem como para assegurar bases constitucionais mínimas ao processo[27].

O publicismo exerceu influência em diversos institutos processuais e na própria forma de pensar o direito. Como exemplos dessa influência, tem-se o próprio escopo público do processo, forjando como regra a prevalência dos interesses públicos sobre os privados; a concepção de que as normas processuais seriam todas de ordem pública e, portanto, cogentes; e a inflação dos poderes oficiosos do juiz, na tentativa de afastar a noção de processo como "coisa das partes"[28]. Esses conceitos acompanham a concepção quase que instintiva de que a direção formal do processo compete exclusivamente ao magistrado, não cabendo às partes a alteração do curso processual por meio de exercício de autonomia negocial[29].

É sobre estes pilares que a ciência processual se formou e, diante do protagonismo judicial, tornou-se árdua a tarefa de sustentar a participação ativa das partes na condução do processo.

Contudo, diante do típico movimento pendular da história dos fatos e do pensamento jurídico, cediço é que não existe nenhuma constante eternamente verificada, pelo que novos ares penetram no processo e rompem com a visão exclusivamente publicista, evidenciando a tendência de permeabilização do processo pela autonomia privada das partes, conforme será visto em seguida.

---

27 Tais bases, segundo Érico Andrade, se traduzem hoje nas orientações a respeito do processo justo, todas cristalizadas na Constituição Federal: (i) a elaboração dos conceitos fundamentais, (ii) a formulação de normas gerais sobre a jurisdição e (iii) a individualização de determinadas diretrizes de política processual. Na primeira linha, afirma que o processo deve guiar-se pela concretização dos valores internacionalmente reconhecidos do devido processo legal, "desenvolvendo-se sob o signo do contraditório e da igualdade entre as partes, diante de órgão jurisdicional imparcial e dotado de certos poderes para dirigir o processo e editar provimentos em tempo razoável, a fim de resolver os conflitos de direito material". Na segunda linha estão as garantias de bom funcionamento da jurisdição, como a oralidade, publicidade e economia processual, que devem orientar a atividade jurisdicional para que se resolva o litígio, de maneira efetiva, simplificada e com o menor custo possível, respeitando o contraditório efetivo e paritário entre os litigantes. Por fim, aponta que as diretrizes de políticas processuais devem confirmar as ordens anteriores, visando a recuperação da credibilidade do Poder Judiciário (ANDRADE, Érico. *O Mandado de Segurança:* A busca da verdadeira especialidade: (proposta de releitura à luz da efetividade do processo). Rio de Janeiro: Lumen Juris, 2010, p. 39-40).

28 CABRAL, Antonio do Passo. *Convenções Processuais*. 2 ed. rev., atual. e ampl. - Salvador: Juspodivm, 2018, p. 117.

29 FARIA, Guilherme Henrique Lage. *Negócios Processuais no modelo constitucional de processo*. Salvador: Juspodivm, 2016, p. 23.

1.2 AUTONOMIA PRIVADA E PROCESSO

Não se olvida que o direito, como toda ciência social, padece de enorme dificuldade em manter conceitos estanques, haja vista a natural e constante transformação da sociedade. Ao surgir um novo instituto, a tendência é tentar enquadrá-lo em um velho compartimento que, muitas vezes, não comporta perfeitamente aquilo que nele foi inserido. Com o processo civil não foi diferente.

Conforme destaca Caponi, ao adquirir autonomia científica em meio a um panorama de intensa polarização, o processo civil certamente não seria pensado como uma ciência híbrida, razão pela qual foi incorporado ao direito público[30] e afastado, quase que por completo, de qualquer conceito que remetia ao direito privado.

Contudo essa divisão estanque entre direito público e direito privado já foi superada e, hodiernamente, diante do notável amadurecimento teórico sobre o tema, é impossível defender-se a dicotomia de outrora.

Em 1999, a portuguesa Maria João Estorninho já apontava para inaplicabilidade de uma distinção clara entre direito público e direito privado, afirmando ser a ordem jurídica uma realidade unitária, cuja divisão se dá para fins meramente acadêmicos, em busca de sistematização científica[31]. Para a autora, seria impossível defender a existência de uma linha radical de fratura entre o direito público e o direito privado, pois frequentemente há interpenetração, uma verdadeira miscelânea, prevalecendo a opinião segundo a qual os dois campos não são totalmente opostos, tampouco devem ser absorvidos um pelo outro, mas sim coordenados[32].

O fato de estar historicamente inserido em um contexto de direito público não significa que o processo não possa conviver com a autonomia privada[33]. Pelo contrário: pensar na natureza pública do

30 CAPONI, Remo. Autonomia privata e processo civile: gli accordi processuale. *In:* CABRAL, Antonio do Passo; NOGUEIRA, Pedro Henrique (Coord.). *Negócios processuais*. 2. ed. rev. Atual. e ampl. - Salvador: Juspodivm, 2016, p. 216.

31 ESTORNINHO, Maria João. *A fuga para o direito privado:* contributo para o estudo da actividade de direito privado da Administração Pública. Coimbra: Almedina, 1999, p. 152-153.

32 ESTORNINHO, Maria João. *A fuga para o direito privado:* contributo para o estudo da actividade de direito privado da Administração Pública. Coimbra: Almedina, 1999, p. 153, 156 e 157.

33 GODINHO, Robson Renault. *Negócios processuais sobre o ônus da prova no novo CPC*. São Paulo: RT, 2015, p. 25.

processo significa pensá-lo como forma de proteção dos cidadãos contra o uso abusivo do poder estatal[34], visando a segurança do jurisdicionado[35]. O processo situa-se no campo do direito público não por servir ao Estado, mas para proteger os cidadãos de seu arbítrio[36].

Assim, apesar de a natureza pública do processo garantir o regular exercício de poder pelo Estado, isso não implica, necessariamente, o afastamento da autonomia privada, tampouco a indisponibilidade do procedimento, eis que nem todas as regras processuais são indispensáveis à prolação de uma decisão justa[37].

Diante da notável tendência de ampliação da participação das partes no processo[38], não é mais possível sustentar a tese de que não há espaço para a autonomia privada no campo do processo civil pelo simples motivo de estar ele inserido no contexto de direito público.

O pensamento deve caminhar em sentido oposto, pois é justamente pelo fato de a jurisdição integrar o organismo estatal – permeado pelo direito público e sujeito aos princípios gerais de continuidade, igualdade e eficiência –, que ela deve se abrir às novas possibilidades, enquadrando-se no paradigma democrático e garantindo o cumprimento de sua missão constitucional no sentido de solucionar crises de direito material em tempo razoável e de maneira efetiva[39]. Diante disso, a permeabilização do direito público pela consensualidade em busca do melhor aproveitamento e gestão dos recursos públicos se torna uma verdadeira aliada no alcance da finalidade do processo civil moderno.

Entende-se, portanto, que o processo civil deve ser concebido como uma ciência que equilibra o interesse público e o interesse das

34 OLIVEIRA, Paulo Mendes de. Negócios processuais e o duplo grau de jurisdição. *In*: CABRAL, Antonio do Passo; NOGUEIRA, Pedro Henrique (Coord.). *Negócios Processuais*. 2 ed. rev., atual. e ampl. - Salvador: Juspodivm, 2016, p. 566.

35 LUCCA, Rodrigo Ramina de. Liberdade, autonomia e convenções processuais. *In*: CABRAL, Antonio do Passo; NOGUEIRA, Pedro Henrique (Coord.). *Negócios processuais*. Tomo II. Salvador: Juspodivm, 2020, p. 24.

36 COSTA, Eduardo José da Fonseca. *Breves meditações sobre o devido processo legal*. Disponível em: https://emporiododireito.com.br/leitura/abdpro-15-breves-meditacoes-sobre-o-devido-processo--legal. Acesso em 16/12/2019.

37 OLIVEIRA, Paulo Mendes de. Negócios processuais e o duplo grau de jurisdição. *In*: CABRAL, Antonio do Passo; NOGUEIRA, Pedro Henrique (Coord.). *Negócios Processuais*. 2 ed. rev., atual. e ampl. - Salvador: Juspodivm, 2016, p. 567.

38 O tema no direito estrangeiro será tratado no item 1.3.1 deste capítulo.

39 ANDRADE, Érico. As novas perspectivas do gerenciamento e da "contratualização" do processo. *Revista de processo*, São Paulo, RT, ano 35, nº 193, 2011, p. 175.

partes, afastando-se a visão tão somente publicista do processo, sem, contudo, retornar ao privatismo romano.

Deve-se compreender o processo civil moderno a partir da sua função: se por meio do processo busca-se a solução mais efetiva à crise de direito material, por que não permitir que as partes – sujeitos diretamente afetados por esta solução – possam influenciar na condução do procedimento?

Entende-se que o respeito à autonomia privada reflete, inclusive, na aceitação do resultado final[40], eis que o ambiente de colaboração e efetiva cooperação confere maior legitimidade às decisões judiciais[41], contribuindo para a aceitação social da atividade jurisdicional. Além disso, em um contexto de Estado Democrático de Direito, que tem como fundamento a liberdade (art. 5º, *caput*, CR/88), é essencial buscar-se o equilibro entre processo e autonomia privada, a fim de se promover uma justiça mais cidadã e democrática[42].

No contexto do processo civil, a liberdade culmina no princípio dispositivo[43], que impõe o respeito e preservação da autonomia privada no processo, concedendo ao indivíduo uma esfera de disponibilidade

---

40 ANDRADE, Érico. A "Contratualização" do Processo. *In*: THEODORO JUNIOR, Humberto (Coord.). JAYME, Fernando Gonzaga; GONÇALVES, Gláucio Maciel; FARIA, Juliana Cordeiro de; FRANCO, Marcelo Veiga; ARAÚJO, Mayara de Carvalho; CREMASCO, Suzana Santi (Org.). *Processo Civil Brasileiro*: Novos Rumos a partir do CPC/2015. Belo Horizonte: Del Rey, 2016, p. 53. No mesmo sentido, Antônio Aurélio Abi Rama Duarte: "Quanto maior a participação democrática das partes no processo, com ampla dialética destas, tendo o processo como fecundo campo de valorização do Estado Democrático de Direito, maior legitimidade ganhará a decisão final. Máximas, também, serão as possibilidades de aceitação das partes da decisão final proferida, abalizada pelo diálogo permanente" (DUARTE, Antônio Aurélio Abi Rama. *O novo código de processo civil, os negócios processuais e a adequação procedimental*. Disponível em http://www.tjrj.jus.br/documents/10136/30191/novo-codigo-processo-civil-negocios-adeguacao-procedimental.pdf. Acesso em: 01/04/2019).

41 JAYME, Fernando Gonzaga; FRANCO, Marcelo Veiga. O princípio do contraditório no projeto do novo código de processo civil. *Revista de Processo*. São Paulo: RT, n. 227, 2014, p. 341.

42 CADIET, Loïc. Les conventions relatives au procès en droit français sur la contractualisation du règlement des litiges. *Revista de Processo*. São Paulo: RT, n. 160, 2008, p. 82.

43 Sobre as mais diversas concepções do princípio dispositivo, cf. RAATZ, Igor. Autonomia privada e processo: liberdade, negócios jurídicos processuais e flexibilização procedimental. 2ª ed. rev., atual. e ampl. - Salvador: Juspodivm, 2019, cap. 1 e LUCCA, Rodrigo Ramina de. *A Disponibilidade Processual*: os interesses privados das partes diante da natureza pública do processo. Tese de Doutorado. Faculdade de Direito. Universidade de São Paulo, 2018, cap. 1. Ramina sustenta que o uso do princípio dispositivo não é um sinônimo de modelo dispositivo do processo, tampouco deve ser concebido como inércia jurisdicional, vedação aos poderes instrutórios do juiz ou qualquer outro fenômeno processual específico: "da mesma forma que o devido processo legal não se confunde com o contraditório, com o dever de motivação das decisões judiciais, com a ampla defesa, com o duplo grau de jurisdição etc., o principio dispositivo não se confunde com a inércia jurisdicional ou com a iniciativa probatória exclusiva das partes" (LUCCA, Rodrigo Ramina de. *A Disponibilidade Processual*: os interesses privados das partes diante da natureza pública do processo. Tese de Doutorado. Faculdade de Direito. Universidade de São Paulo, 2018, p. 36-37).

para que exerça, ou não, suas faculdades e poderes processuais, da forma que lhe parecer mais adequado.

Nesse sentido, as partes possuem o direito de regular juridicamente os seus interesses, definir o que reputam melhor e mais apropriado à sua existência, fazendo suas escolhas em atenção aos pilares da liberdade e da dignidade da pessoa humana[44].

A autonomia privada pode-se dar em quatro zonas de liberdade: (i) liberdade de negociação (negociações preliminares, antes da consumação do negócio); (ii) liberdade de criação (possibilidade de criar novos modelos negociais atípicos que melhor sirvam aos interesses dos indivíduos); (iii) liberdade de estipulação (faculdade de estabelecer o conteúdo do negócio) e (iv) liberdade de vinculação (faculdade de celebrar ou não o negócio)[45].

Diante do respeito à autonomia privada, o processo jurisdicional torna-se ambiente propício para o exercício da liberdade, que não deve ser restringida de maneira irrazoável ou injustificada[46]. Logicamente, por envolver o exercício de uma função pública (a jurisdição), a liberdade das partes no processo possui objeto mais restrito, o que, todavia, não diminuiu a sua importância[47]. Como se verifica em qualquer situação de coexistência, há limites a serem respeitados a fim de garantir o convívio saudável e não conflituoso entre os institutos.

Assim, desde que respeitados os limites legais e os direitos e garantias de terceiros, o sujeito possui liberdade para decidir, por exemplo, se irá propor uma demanda, interpor recurso, renunciar a uma pretensão, produzir determinada prova ou aquiescer com uma decisão, cabendo ao Estado respeitar tal decisão diante da

---

44 Fredie Didier Jr. afirma haver um "princípio do respeito ao autorregramento da vontade", derivado do princípio da liberdade no processo (DIDIER JR., Fredie. *Ensaios sobre os Negócios Jurídicos Processuais*. Salvador: Juspodivm, 2018, p. 18). Pedro Henrique Nogueira opta pelo uso do termo "autorregramento da vontade" em substituição ao termo "autonomia privada" por entender que este é mais genérico e abrangente, podendo ser manipulado em outros subdomínios que não apenas o direito civil (NOGUEIRA, Pedro Henrique. *Negócios jurídicos processuais*. 2 ed. rev., ampl. e atual. Salvador: Juspodivm, 2016, p. 158).

45 ASCENSÃO, José de Oliveira. *Direito Civil* – Teoria Geral. Vol. II. Coimbra: Coimbra, 1999, p. 78-80.

46 DIDIER JR., Fredie. *Ensaios sobre os Negócios Jurídicos Processuais*. Salvador: Juspodivm, 2018, p. 20.

47 DIDIER JR., Fredie. Princípio do respeito ao autorregramento da vontade no processo civil. *In*: CABRAL, Antonio do Passo; NOGUEIRA, Pedro Henrique (Coord.). *Negócios Processuais*. 2 ed. rev., atual. e ampl. - Salvador Juspodivm, 2016, p. 32.

capacidade do indivíduo de estabelecer seus próprios valores e objetivos pessoais[48].

Cumpre ao Estado, por sua vez, respeitar a autodeterminação do sujeito no ambiente processual, concedendo-lhe certa esfera de disponibilidade para que escolha exercer - ou não - suas faculdades e poderes processuais[49].

Com efeito, o que se percebe é a conjugação entre interesses privados e públicos, por meio da construção de um cenário cooperativo e equilibrado que reintegre as partes ao processo e afaste o histórico protagonismo judicial. Nesse contexto, o papel das partes na condução do processo e na formação da decisão de mérito é um dos grandes pilares do processo civil democrático.

Verifica-se, assim, a crescente retomada da autonomia privada no processo civil moderno, mediante a horizontalização da relação entre as partes e o juiz, a fim de garantir a defesa da tutela dos interesses individuais, sem ferir os preceitos de ordem pública inerentes à atividade estatal.

Um dos principais meios de exercício da autonomia privada no processo é a possibilidade de flexibilização do procedimento, na medida em que as partes passam a conduzir o desenrolar processual em conjunto com o juiz, razão pela qual se passa à análise dessa tendência tanto no cenário estrangeiro quanto no brasileiro.

1.3 A BUSCA PELA EFETIVIDADE POR MEIO DA SIMPLIFICAÇÃO E DA FLEXIBILIZAÇÃO DO PROCEDIMENTO

Não obstante todas as conquistas em relação à constitucionalização das garantias processuais obtidas por meio do hiperpublicismo processual, percebeu-se que elas, por si, não bastavam para tornar o processo efetivo, razão pela qual, em um segundo momento, verifi-

48 LUCCA, Rodrigo Ramina de. *A Disponibilidade Processual:* os interesses privados das partes diante da natureza pública do processo. Tese de Doutorado. Faculdade de Direito. Universidade de São Paulo, 2018, p. 44.

49 LUCCA, Rodrigo Ramina de. *A Disponibilidade Processual:* os interesses privados das partes diante da natureza pública do processo. Tese de Doutorado. Faculdade de Direito. Universidade de São Paulo, 2018, p. 38.

cou-se o nascimento de movimentos legislativos visando a adequação do processo à realidade contemporânea, em busca de efetividade[50].

Conforme pontua Bedaque, o processo efetivo é aquele que, observando o equilíbrio entre segurança jurídica e celeridade, é capaz de proporcionar às partes o resultado desejado pelo direito material[51]. Deve haver uma relação de adequação entre os meios e os fins, de modo que o procedimento possibilite alcançar os escopos da atividade jurisdicional com o máximo de eficiência e o menor dispêndio de energia possível[52].

Não basta o processo ser um instrumento qualquer, ele deve cumprir com o compromisso de alcançar e pronunciar, em tempo razoável, e com o menor sacrifício econômico, a melhor composição do litígio[53], figurando como instrumento efetivo e equitativo para a tutela do direito material[54].

Muitos são os entraves ao alcance da efetividade do processo, dentre os quais se destacam: (i) as deficiências da própria organização da justiça, (ii) a forma como os recursos financeiros e humanos são utilizados e distribuídos[55], (iii) o aumento da litigiosidade diante do maior dinamismo das relações econômicas, (iv) a inadequação da legislação para responder às novas necessidades sociais e (v) as deficiências na formação de juízes e advogados[56].

---

50 ANDRADE, Érico. *O Mandado de Segurança: A busca da verdadeira especialidade*: (proposta de releitura à luz da efetividade do processo). Rio de Janeiro: Lumen Juris, 2010, p. 61.

51 BEDAQUE, José Roberto dos Santos. *Efetividade do processo e técnica processual.* 3 ed. São Paulo: Malheiros, 2010, p. 49.

52 BEDAQUE, José Roberto dos Santos. *Efetividade do processo e técnica processual.* 3 ed. São Paulo: Malheiros, 2010, p. 50.

53 "O processo que lega ao novo milênio é o da efetividade, no qual não se cinge o Judiciário a dar aos litigantes uma solução conforme a lei vigente, mas a que tenha como compromisso maior o de alcançar e pronunciar, no menor tempo possível, e com o mínimo sacrifício econômico, a melhor composição do litígio: a justa composição" (THEODORO JÚNIOR, Humberto. *O processo civil brasileiro:* no limiar do novo século. 2ª ed. Rio de Janeiro: Forense, 2002, p. 2).

54 Sobre o reconhecimento da instrumentalidade do processo em relação ao direito material, Érico Andrade pontua: "O processo parte do direito material, da realidade material, e a esta, ao final, deve retornar" (ANDRADE, Érico. *O Mandado de Segurança:* A busca da verdadeira especialidade: (proposta de releitura à luz da efetividade do processo). Rio de Janeiro: Lumen Juris, 2010, p. 25-26).

55 GONÇALVES, Gláucio Maciel; BRITO, Thiago Carlos de Souza. Gerenciamento dos processos judiciais: notas sobre a experiência processual civil na Inglaterra pós-codificação. *Revista da Faculdade de Direito UFMG*. Belo Horizonte, n. 66, jan/jun, 2015, p. 295.

56 ANDRADE, Érico. *O Mandado de Segurança:* A busca da verdadeira especialidade: (proposta de releitura à luz da efetividade do processo). Rio de Janeiro: Lumen Juris, 2010, p. 62.

Diante de um sistema judicial que não acompanhava a hodierna dinamicidade das relações sociais, a sociedade passou a exigir uma prestação jurisdicional mais efetiva e, sobretudo, tempestiva, que cumprisse, sem abandonar as garantias constitucionais, com uma das mais basilares funções da jurisdição, qual seja: a solução da crise de direito material[57].

Buscando solucionar o problema de efetividade do processo, a doutrina passou a identificar alguns dos principais pontos a serem enfrentados, dentre os quais se destacam: (i) a garantia de acesso à justiça deve-se dar por meio do uso de processo razoavelmente eficiente em termos de tempo, custo e necessidade, de modo a garantir resultados adequados à resolução do conflito e (ii) o modelo genérico e padrão de procedimento não é suficiente à garantia da efetividade da jurisdição, devendo ser repensado à luz da criação de procedimentos especiais ou das formas de tutela diferenciada, atentas às peculiaridades do direito material[58].

Nesse ponto, as soluções mais habituais, consubstanciadas na sinteticidade dos atos processuais e na brevidade na motivação dos provimentos judiciais[59], não se mostraram suficientes à solução da constante crise da justiça civil, razão pela qual foi necessário pensar em outras técnicas a fim de propiciar a tutela jurisdicional efetiva, adequada e tempestiva dos litígios.

A busca pela efetividade do processo atua em duas frentes: (i) no plano técnico, por meio da escolha dos melhores mecanismos processuais para prestigiar a economia e (ii) no plano econômico, para

---

57 ANDRADE, Érico. A "Contratualização" do Processo. *In*: THEODORO JUNIOR, Humberto (Coord.). JAYME, Fernando Gonzaga; GONÇALVES, Gláucio Maciel; FARIA, Juliana Cordeiro de; FRANCO, Marcelo Veiga; ARAÚJO, Mayara de Carvalho; CREMASCO, Suzana Santi (Org.). *Processo Civil Brasileiro: Novos Rumos a partir do CPC/2015*. Belo Horizonte: Del Rey, 2016, p. 49-50. ANDRADE, Érico. *O Mandado de Segurança:* A busca da verdadeira especialidade: (proposta de releitura à luz da efetividade do processo). Rio de Janeiro: Lumen Juris, 2010, p. 37, 72 e 137.

58 ANDRADE, Érico. *O Mandado de Segurança: A busca da verdadeira especialidade*: (proposta de releitura à luz da efetividade do processo). Rio de Janeiro: Lumen Juris, 2010, p. 67.

59 BIAVATI, Paolo. Flexibilidade, simplificação e gestão do processo civil: A perspectiva Italiana. *In*: ZUFELATO, Camilo; BONATO, Giovanni; SICA, Heitor Vitor Mendonça; CINTRA, Lia Carolina Batista (Org.). *I Colóquio Brasil-Itália de direito processual civil*. Salvador: Juspodivm, 2016, p. 236. No que tange à brevidade da motivação dos provimentos judiciais, Biavati salienta que tal anseio chegou a originar projeto de lei na Itália, posteriormente retirado de pauta, no sentido de introduzir a motivação por requerimento da parte. Sobre o tema da motivação a pagamento na Itália cf. TARUFFO, Michele. *Addio alla motivazione?* Rivista trimestrale di diritto e procedura civile, vol. 68, n. 1, 2014, p. 375-388.

otimizar a própria atuação do Judiciário no âmbito do seu complexo organizacional[60].

No plano econômico, não se pode olvidar o cenário de crise que atinge diversos países, culminando em severas restrições orçamentárias no que toca à administração da justiça[61]. Percebe-se a exigência de uma maior economia de energia jurisdicional[62], na medida em que o Poder Judiciário, como prestador de serviço público[63], necessita gerir seus recursos – temporais, pessoais e financeiros – em prol da sociedade, por meio de atuação eficiente e dotada de economicidade[64].

Conforme pontua Cadiet, a "boa justiça" não é somente aquela que atua de forma justa no caso concreto, mas também aquela que é justa em relação a todos os casos que lhe cabe intervir[65], razão pela qual os recursos estatais devem ser utilizados com base no interesse geral e não no interesse particular.

No plano técnico, a simplificação e a flexibilização do procedimento[66] surgem como mecanismos de ajustamento do processo às

---

60 ANDRADE, Érico. *O Mandado de Segurança: A busca da verdadeira especialidade*: (proposta de releitura à luz da efetividade do processo). Rio de Janeiro: Lumen Juris, 2010, p. 69.

61 ANDRADE, Érico. Gestão processual flexível, colaborativa e proporcional: a importância dos negócios processuais para a implementação das novas tendências no CPC/2015. *In:* CABRAL, Antonio do Passo; NOGUEIRA, Pedro Henrique (Coord.). *Negócios processuais*. Tomo II. Salvador: Juspodivm, 2020, p. 57.

62 BIAVATI, Paolo. Flexibilidade, simplificação e gestão do processo civil: A perspectiva Italiana. *In:* ZUFELATO, Camilo; BONATO, Giovanni; SICA, Heitor Vitor Mendonça; CINTRA, Lia Carolina Batista (Org.). *I Colóquio Brasil-Itália de direito processual civil*. Salvador: Juspodivm, 2016, p. 235.

63 LUPOI, Michele Angelo. *Tra flessibilità e semplificazione* – Un embrione di case management all'italiana? Bologna: Bononia University Press, 2018, p. 59: "Nell'ambito di una nuova visione della giurisdizione, intesa come 'servizio pubblico' per l'attuazione dei diritti soggettivi dei privati, si ritiene che non si possa continuare a pensare alla singola causa come paradigma di riferimento del modello del giusto processo, senza considerare il panorama complessivo di riferimento: ovvero la molteplicità delle cause civili contemporaneamente pendenti in corti più o meno sovraccariche e prive di mezzi e personale". Cf., ainda, CIPRIANI, Franco. Il processo civile nello Stato democratico. *In: Il Processo Civile nello Stato Democratico*. Napoli: Edizioni Scientifiche Italiane, 2010, p. 20.

64 ANDRADE, Érico. A "Contratualização" do Processo. *In:* THEODORO JUNIOR, Humberto (Coord.). JAYME, Fernando Gonzaga; GONÇALVES, Gláucio Maciel; FARIA, Juliana Cordeiro de; FRANCO, Marcelo Veiga; ARAÚJO, Mayara de Carvalho; CREMASCO, Suzana Santi (Org.). *Processo Civil Brasileiro:* Novos Rumos a partir do CPC/2015. Belo Horizonte: Del Rey, 2016, p. 48.

65 CADIET, Loïc. *Perspectivas sobre o Sistema de Justiça Civil Francesa* – Seis Lições Brasileiras. São Paulo: RT, 2017, p. 24.

66 Apesar de o procedimento não ser tido como uma categoria autônoma dentro da clássica tríade jurisdição-ação-processo, Camilo Zufelato destaca a sua relevância para a tutela dos direitos, pois, apesar da dimensão abstrata do processo, é em sua dimensão concreta que os princípios e garantias são efetivamente implementados, razão pela qual a simples concepção teórica de compromisso com a tutela de direitos não se justifica se o procedimento não conseguir alcançar esta finalidade de maneira satisfatória. Desta forma, o procedimento volta a ser relevante, na medida em que é "*na construção e desenvolvimento dos atos processuais que se sente a força viva da relação*

peculiaridades do caso concreto, a fim de obter tutela jurisdicional mais efetiva e adequada.

Tempera-se, assim, a excessiva rigidez formal e, no lugar de um procedimento único e invariável, surge a possibilidade de um procedimento adaptável às exigências concretas de cada causa, podendo ser abreviado (simplificação) ou modificado (flexibilização)[67].

Tanto a flexibilização quanto a simplificação buscam evitar a realização de atos desnecessários ou indesejados, em busca da duração razoável do processo - constitucionalmente garantida (art. 5º, LXXVIII, CR/88) -, bem como da economia de recursos e de energia empregada pelo Judiciário[68]. Ambos são importantes mecanismos de racionalização[69] e efetividade do processo.

Um procedimento simplificado é aquele que, sem renunciar aos níveis mínimos de garantia, livra-se do que não é diretamente necessário ao alcance do resultado que dele se espera[70]. Busca-se, por meio da omissão de formalidades não essenciais ao debate[71], tornar o processo mais simples e enxuto, garantindo-se a concretude dos princípios da efetividade e da duração razoável[72].

Na mesma medida em que almeja a redução no número de atos do processo, a linha da simplificação também preconiza o afastamento

---

processual" sendo necessário conformar os atos às expectativas do caso concreto. Nesse sentido, o procedimento ultrapassa a concepção de mera sequência de atos, passando a ser visto como o instituto apto a garantir a prestação de uma tutela jurisdicional mais efetiva. (ZUFELATO, Camilo. Flexibilização procedimental e gestão processual no direito brasileiro. *In*: ZUFELATO, Camilo; BONATO, Giovanni; SICA, Heitor Vitor Mendonça; CINTRA, Lia Carolina Batista (Org.). *I Colóquio Brasil-Itália de direito processual civil.* Salvador: Juspodivm, 2016, p. 250).

67 CALAMANDREI, Piero. *Direito Processual Civil.* v. I. Campinas: Bookseller, 1999, p. 299-300.

68 ZUFELATO, Camilo. Flexibilização procedimental e gestão processual no direito brasileiro. *In*: ZUFELATO, Camilo; BONATO, Giovanni; SICA, Heitor Vitor Mendonça; CINTRA, Lia Carolina Batista (Org.). *I Colóquio Brasil-Itália de direito processual civil.* Salvador: Juspodivm, 2016, p. 247.

69 CADIET, Loïc. *Perspectivas sobre o Sistema de Justiça Civil Francesa* – Seis Lições Brasileiras. São Paulo: RT, 2017, p. 28.

70 BIAVATI, Paolo. Flexibilidade, simplificação e gestão do processo civil: A perspectiva Italiana. In: ZUFELATO, Camilo; BONATO, Giovanni; SICA, Heitor Vitor Mendonça; CINTRA, Lia Carolina Batista (Org.). *I Colóquio Brasil-Itália de direito processual civil.* Salvador: Juspodivm, 2016, p. 227-228.

71 BIAVATI, Paolo. Flexibilidade, simplificação e gestão do processo civil: A perspectiva Italiana. In: ZUFELATO, Camilo; BONATO, Giovanni; SICA, Heitor Vitor Mendonça; CINTRA, Lia Carolina Batista (Org.). *I Colóquio Brasil-Itália de direito processual civil.* Salvador: Juspodivm, 2016, p. 228 e 236.

72 ANDRADE, Érico. *O Mandado de Segurança:* A busca da verdadeira especialidade: (proposta de releitura à luz da efetividade do processo). Rio de Janeiro: Lumen Juris, 2010, p. 105-106.

do culto demasiado à forma e à técnica processual[73], por meio, por exemplo, da utilização de linguagem mais direta e concisa[74].

A flexibilização, por sua vez, consiste na adaptação do procedimento comum, a fim de torná-lo o mais próximo possível das exigências do caso concreto[75-76], podendo-se dar, inclusive, por meio da simplificação, ou seja, da exclusão de atos processuais desnecessários, moldando o procedimento às peculiaridades da causa.

Na busca pela administração mais eficiente da justiça, a flexibilização procedimental possui relação direta com o princípio da proporcionalidade[77], na medida em que o emprego de recursos públicos e privados em cada causa – custo e tempo – deve-se dar de maneira proporcional ao objeto e às características da controvérsia levada ao Judiciário[78].

Cumpre destacar que a adequação procedimental não é em si uma novidade, haja vista sempre ter havido a preocupação do legislador com a criação de ritos diferenciados que pudessem garantir o ajus-

---

73 Nesse sentido, Carlos Alberto Álvaro de Oliveira pontua que o formalismo processual possui importante papel na garantia de liberdade do cidadão em face do arbítrio judicial, sendo, inclusive, a garantia do devido processo legal a garantia constitucional do formalismo processual. Contudo deve-se combater o formalismo estéril, exacerbado e exagerado (OLIVEIRA, Carlos Alberto Álvaro. *Do formalismo no processo civil.* São Paulo: Saraiva, 2. ed., 2003, p. 217-219).

74 ANDRADE, Érico. *O Mandado de Segurança: A busca da verdadeira especialidade:* (proposta de releitura à luz da efetividade do processo). Rio de Janeiro: Lumen Juris, 2010, p. 108.

75 Paolo Biavati entende que a flexibilização implica a escolha, dentro das possibilidades conferidas pela legislação, por aquela que mais se amolda ao caso concreto. Esse conceito, contudo, não se aplica à flexibilização atípica do procedimento prevista no art. 190 do CPC/15, pois esta não precisa, necessariamente, refletir na escolha por uma das opções previstas pela legislação; as partes podem flexibilizar o procedimento de forma atípica. (BIAVATI, Paolo. Flexibilidade, simplificação e gestão do processo civil: A perspectiva Italiana In: ZUFELATO, Camilo; BONATO, Giovanni; SICA, Heitor Vitor Mendonça; CINTRA, Lia Carolina Batista (Org.). *I Colóquio Brasil-Itália de direito processual civil.* Salvador: Juspodivm, 2016, p.226).

76 "Fala-se em princípio da adequação para designar a imposição sistemática dirigida ao legislador para que construa modelos procedimentais aptos à tutela especial de certas partes ou do direito material; e princípio da adaptabilidade (da flexibilização ou da elasticidade processual) para designar a atividade do juiz de flexibilizar o procedimento inadequado ou de reduzida utilidade, para melhor atendimento as peculiaridades da causa" (GAJARDONI, Fernando da Fonseca. Os princípios da adequação e da adaptabilidade (flexibilidade) procedimental na teoria geral do processo. *In:* ZUFELATO, Camilo; YARSHELL, Flávio Luiz. *40 anos da Teoria Geral do Processo no Brasil.* São Paulo: Malheiros, 2013, p. 307).

77 ANDRADE, Érico. Gestão processual flexível, colaborativa e proporcional: a importância dos negócios processuais para a implementação das novas tendências no CPC/2015. *In:* CABRAL, Antonio do Passo; NOGUEIRA, Pedro Henrique (Coord.). *Negócios processuais.* Tomo II. Salvador: Juspodivm, 2020, p. 56.

78 LUPOI, Michele Angelo. *Tra flessibilità e semplificazione* – Un embrione di case management all'italiana? Bologna: Bononia University Press, 2018, p. 58-59.

tamento do procedimento à situação de direito material[79], a exemplo dos ritos sumário e sumaríssimo, do procedimento do mandado de segurança e das tutelas provisórias.

A criação de diferentes formas de tutela jurisdicional sempre se mostrou como tentativa de oferecer soluções mais eficientes quando comparadas ao procedimento comum, genérico. Todavia, ainda que houvesse a previsão da mais variada gama de ritos, as relações sociais são extremamente dinâmicas, razão pela qual muitas vezes os procedimentos previstos pelo legislador não se mostravam suficientes à enorme diversidade de casos levados ao Judiciário.

Nesse ponto, a flexibilização procedimental é fundamental para a melhor consecução dos fins do processo[80], apresentando-se como importante ferramenta no alcance da efetividade processual, pois, no lugar do procedimento comum, pode haver a adaptação do procedimento, para que cada caso seja tratado conforme sua complexidade[81] e especificidades.

Importa ressaltar que a flexibilização do procedimento não colide com o princípio do devido processo legal (art. 5º, LIV, CR/88), pois esse não impede que as legislações infraconstitucionais se abram para modelos mais flexíveis, fundados na adaptação do processo às diferentes situações de direito substancial, justamente para garantir o que modernamente se conhece por "justo processo"[82].

Nesse sentido, deve-se suplantar a visão formal do devido processo legal, que encara o processo como palco de formalidades rígidas, rituais exacerbados e desprovidos de pretensões de alteração

---

79 ZUFELATO, Camilo. Flexibilização procedimental e gestão processual no direito brasileiro. *In*: ZUFELATO, Camilo; BONATO, Giovanni; SICA, Heitor Vitor Mendonça; CINTRA, Lia Carolina Batista (Org.). *I Colóquio Brasil-Itália de direito processual civil*. Salvador: Juspodivm, 2016, p. 251.

80 DIDIER JR., Fredie. Sobre dois importantes, e esquecidos, princípios do processo: adequação e adaptabilidade do procedimento. Disponível em http://www.abdpc.org.br/abdpc/artigos/fredie%20didier_3_-%20formatado.pdf. Acesso em 15/11/2019.

81 CADIET, Loïc. *Perspectivas sobre o Sistema de Justiça Civil Francesa* – Seis Lições Brasileiras. São Paulo: RT, 2017, p. 29.

82 ANDRADE, Érico. *O Mandado de Segurança:* A busca da verdadeira especialidade: proposta de releitura à luz da efetividade do processo. Rio de Janeiro: Lumen Juris, 2010, p. 127. Humberto Theodoro Jr., Dierle Nunes, Alexandre Melo Bahia Franco e Flávio Quinaud Pedron asseveram que o justo processo é aquele que "se volta para as garantias processuais constitucionais, dentro dos padrões do *devido processo legal*" (THEODORO JÚNIOR, Humberto; NUNES, Dierle; BAHIA, Alexandre Melo Franco; PEDRON, Flávio Quinaud. *Novo CPC:* Fundamentos e Sistematização. 2ª ed. Rio de Janeiro: Forense, 2015, p. 67). Também sobre o justo processo: FRANCO, Marcelo Veiga. *O processo justo como fundamento de legitimidade da jurisdição*. Dissertação de mestrado. Universidade Federal de Minas Gerais, Faculdade de Direito. 2012.

da realidade social, para valer-se da concepção de um processo dinâmico, cuja estrutura constitucional é pautada na concretização de tutela jurisdicional legitima, efetiva, adequada e justa[83], bem como pela liberdade constitucionalmente garantida. Assim, um processo que limita o exercício da liberdade pelas partes não pode ser considerado um processo devido[84].

O processo deve ser visto como um instrumento que visa a garantir escopos muito mais relevantes do que a simples concatenação de atos processuais[85]. Nesse sentido, o devido processo legal – corolário de outros princípios constitucionais – demanda uma postura que vise, com base na proporcionalidade e na razoabilidade, a construção de uma decisão judicial equitativa[86]. A flexibilidade é, em grande medida, a desformalização em prol da efetividade[87] e do respeito ao cânone da duração razoável do processo[88].

Contudo a simplificação e a flexibilização não são prerrogativas exclusivas do juiz, figurando como instrumentos de gestão processual que podem – e devem – ser titularizados pelas partes ou, ao menos, com elas compartilhados.

---

83 FRANCO, Marcelo Veiga. *O processo justo como fundamento de legitimidade da jurisdição*. Dissertação de mestrado. Universidade Federal de Minas Gerais, Faculdade de Direito. 2012, p. 182.

84 DIDIER JR., Fredie. *Ensaios sobre os Negócios Jurídicos Processuais*. Salvador: Juspodivm, 2018, p. 19.

85 Segundo Camilo Zufelato, a forma é indispensável, todavia, o formalismo processual não é apto a justificar um apego exacerbado à forma somente com vistas a garantir previsibilidade e segurança. Deve-se adotar um formalismo valorativo, concebendo-se o processo como um instrumento que persegue escopos muito mais relevantes do que a simples concatenação de atos processuais (ZUFELATO, Camilo. Flexibilização procedimental e gestão processual no direito brasileiro. *In*: ZUFELATO, Camilo; BONATO, Giovanni; SICA, Heitor Vitor Mendonça; CINTRA, Lia Carolina Batista (Org.). *I Colóquio Brasil-Itália de direito processual civil.* Salvador: Juspodivm, 2016, p. 249).

86 ZUFELATO, Camilo. Flexibilização procedimental e gestão processual no direito brasileiro. *In*: ZUFELATO, Camilo; BONATO, Giovanni; SICA, Heitor Vitor Mendonça; CINTRA, Lia Carolina Batista (Org.). *I Colóquio Brasil-Itália de direito processual civil.* Salvador: Juspodivm, 2016, p. 247.

87 ZUFELATO, Camilo. Flexibilização procedimental e gestão processual no direito brasileiro. *In*: ZUFELATO, Camilo; BONATO, Giovanni; SICA, Heitor Vitor Mendonça; CINTRA, Lia Carolina Batista (Org.). *I Colóquio Brasil-Itália de direito processual civil.* Salvador: Juspodivm, 2016, p. 230, 247 e 250.

88 Conforme bem pontua Paolo Biavati, a duração razoável "[...] não se trata, banalmente, de terminar os processos rapidamente: não só porque o tempo é muito necessário para uma decisão justa (objetivo mais importante do que aquele de uma decisão veloz), mas também porque o direito de defesa é cânone igualmente relevante e não pode ser sacrificado. Trata-se, diferentemente, segundo penso, de fazer de um modo que os juízes dediquem a cada processo todo o tempo e energia necessários a uma decisão séria, mas apenas isso, eliminado uma série de incumbências inúteis e improdutivas" (BIAVATI, Paolo. Flexibilidade, simplificação e gestão do processo civil: A perspectiva Italiana. *In*: ZUFELATO, Camilo; BONATO, Giovanni; SICA, Heitor Vitor Mendonça; CINTRA, Lia Carolina Batista (Org.). *I Colóquio Brasil-Itália de direito processual civil.* Salvador: Juspodivm, 2016, p. 230).

A começar pela adaptação do procedimento pelo juiz, esta pode-se dar mediante atos de gestão processual[89] (*case management*[90]), buscando garantir o correto emprego dos escassos recursos jurisdicionais. O magistrado se torna um analista da relação entre (i) a complexidade do caso, (ii) o tempo que ele pode dedicar à sua solução e (iii) os demais procedimentos que lhe são confiados[91].

Um sistema judicial eficiente constitui um evidente valor para todos os cidadãos, na medida em que a modulação do tratamento do caso singular deve ser adequada tanto aos interessados naquela controvérsia e aos interessados em outras controvérsias que reclamam tempo e energia do tribunal, quanto, ainda, àqueles que não estão envolvidos em nenhuma controvérsia, mas que se beneficiam indiretamente do maior grau de certeza das relações jurídicas[92].

Assim, confere-se ao juiz poderes de direção e condução do processo, a fim de adotar soluções adequadas às especificidades dos problemas que surgem durante o desenvolvimento da relação processual[93], bem como do melhor gerenciamento do acervo processual.

Importa ressaltar, contudo, que a ampliação dos poderes de gestão processual com vistas a adaptar o procedimento não culmina na ampliação dos poderes instrutórios do juiz[94], tampouco se confunde

---

89 Apesar de reconhecer pontos de toque entre a flexibilização e a gestão processual, Camilo Zufelato defende serem figuras processuais tecnicamente distintas. Para o autor, flexibilização está relacionada à ideia de adaptação dos modelos procedimentais previstos pela legislação, enquanto a gestão, apesar de englobar as flexibilizações de rito, também abarcaria outras soluções, como as medidas alternativas de solução de conflitos, a valorização das atividades cartorárias e o gerenciamento planejado de feitos (ZUFELATO, Camilo. Flexibilização procedimental e gestão processual no direito brasileiro. *In*: ZUFELATO, Camilo; BONATO, Giovanni; SICA, Heitor Vitor Mendonça; CINTRA, Lia Carolina Batista (Org.). *I Colóquio Brasil-Itália de direito processual civil.* Salvador: Juspodivm, 2016, p. 246).

90 Sobre o *case management* como ferramenta de gestão processual, cf. ALVES, Tatiana Machado. *Gerenciamento processual no novo CPC:* mecanismos para gestão cooperativa da instrução. Salvador: Juspodivm, 2019, especialmente cap. 2.

91 BIAVATI, Paolo. Flexibilidade, simplificação e gestão do processo civil: A perspectiva Italiana. *In*: ZUFELATO, Camilo; BONATO, Giovanni; SICA, Heitor Vitor Mendonça; CINTRA, Lia Carolina Batista (Org.). *I Colóquio Brasil-Itália de direito processual civil.* Salvador: Juspodivm, 2016, p. 228-229.

92 BIAVATI, Paolo. Flexibilidade, simplificação e gestão do processo civil: A perspectiva Italiana. In: ZUFELATO, Camilo; BONATO, Giovanni; SICA, Heitor Vitor Mendonça; CINTRA, Lia Carolina Batista (Org.). *I Colóquio Brasil-Itália de direito processual civil.* Salvador: Juspodivm, 2016, p. 240.

93 BEDAQUE, José Roberto dos Santos. *Efetividade do processo e técnica processual.* 3 ed. São Paulo: Malheiros, 2010, p. 109.

94 ANDRADE, Érico. Gestão processual flexível, colaborativa e proporcional: a importância dos negócios processuais para a implementação das novas tendências no CPC/2015. *In:* CABRAL, Antonio do Passo; NOGUEIRA, Pedro Henrique (Coord.). *Negócios processuais.* Tomo II. Salvador: Juspodivm, 2020, p. 69.

com a chamada "discricionariedade judicial"[95]. O que se verifica é a ampliação da margem de controle da técnica processual pelo juiz[96].

Não há dúvida de que, em abstrato, o cuidado específico de cada caso é preferível a um protocolo rígido[97]. Contudo, diante do cenário de inúmeras demandas que ficam sob a responsabilidade de um só juiz, questiona-se se é viável que o magistrado compreenda as especificidades de cada caso e aponte soluções personalizadas a cada um deles. Na prática, o sucesso desse tipo de gerenciamento processual depende da distribuição de um reduzido número de controvérsias para magistrados extremamente qualificados, à luz do que se verifica na arbitragem[98].

Nesse ponto, o entrave encontrado pelo juiz em individualizar a relação processual dentro de uma enorme gama de processos cujas temáticas em muito se diferem pode ser superado pelo cenário no qual as partes e seus procuradores - presume-se - conhecem as particularidades do litígio e podem, portanto, adaptar o procedimento com maior propriedade.

Assim, além do arranjo procedimental realizado pelo juiz, também se confere às partes a prerrogativa de colaborar e participar ativamente da gestão do processo[99], flexibilizando e simplificando o procedimento com vistas a adaptá-lo às peculiaridades do caso concreto.

---

95 Sobre o uso da terminologia "discricionariedade judicial", Érico Andrade aponta que, apesar de o termo ser utilizado na doutrina Italiana no sentido de flexibilidade e mobilidade processual, seria mais prudente não utilizá-lo no direito brasileiro, a fim de afastar possíveis polêmicas, já que, no campo da flexibilização do procedimento pelo juiz, não há verdadeiro exercício de poder discricionário ou escolha juridicamente indiferente, como acontece no direito administrativo, mas sim a escolha pela melhor opção, de forma motivada e sindicável por instâncias superiores (ANDRADE, Érico. *O Mandado de Segurança: A busca da verdadeira especialidade:* proposta de releitura à luz da efetividade do processo. Rio de Janeiro: Lumen Juris, 2010, p. 121-126).

96 BEDAQUE, José Roberto dos Santos. *Efetividade do processo e técnica processual.* 3 ed. São Paulo: Malheiros, 2010, p. 110: "Quanto mais o legislador valer-se de formas abertas, sem conteúdo jurídico definido, maior será a possibilidade de o juiz adaptá-la às necessidades do caso concreto. Esse poder não se confunde com a chamada "discricionariedade judicial, mas implica ampliação da margem de controle da técnica processual pelo julgador".

97 BIAVATI, Paolo. Flexibilidade simplificação e gestão do processo civil: A perspectiva Italiana. *In*: ZUFELATO, Camilo; BONATO Giovanni; SICA, Heitor Vitor Mendonça; CINTRA, Lia Carolina Batista (Org.). *I Colóquio Brasil-Itália de direito processual civil.* Salvador: Juspodivm, 2016, p. 237.

98 BIAVATI, Paolo. Flexibilidade, simplificação e gestão do processo civil: A perspectiva Italiana. *In*: ZUFELATO, Camilo; BONATO, Giovanni SICA, Heitor Vitor Mendonça; CINTRA, Lia Carolina Batista (Org.). *I Colóquio Brasil-Itália de direito processual civil.* Salvador: Juspodivm, 2016, p. 237.

99 Nesse sentido, ZUFELATO, Camilo. Flexibilização procedimental e gestão processual no direito brasileiro. *In*: ZUFELATO, Camilo; BONATO, Giovanni; SICA, Heitor Vitor Mendonça; CINTRA, Lia Carolina Batista (Org.). *I Colóquio Brasil-Itália de direito processual civil.* Salvador: Juspodivm, 2016, p. 247: "E mesmo com a centralização na figura do juiz como sendo o grande signo da flexibilização

A aceitação da participação ativa das partes decorre da forte tendência à abertura do Estado ao consenso, diante do fortalecimento de modelos de resolução de conflitos por meio dos quais as partes passam a compartilhar com o Estado a solução de seus litígios. Tal tendência se verificou, em níveis variados, no âmbito do direito administrativo[100] - direito público por excelência -, e do direito penal[101-102].

A lei deixou de ser o centro do universo jurídico e o declínio do legicentrismo favoreceu a contratualização das relações sociais em geral, passando de uma ordem jurídica imposta a uma ordem jurídica negociada - ainda que uma não exclua a outra[103].

A difusão de estruturas cooperativas e consensuais de normatividade reflete a tentativa de compensação da diminuição da capacidade de regulação do Estado segundo o modelo tradicional de imposição unilateral das regras de conduta, culminando na inserção dos acordos ao lado do comando autoritário, como outra forma originária de formação do vínculo jurídico[104].

Nota-se que a participação dos sujeitos do processo na condução do procedimento não busca privilegiar individualismos e intenções egoísticas; pelo contrário, significa cooperação no exercício da jurisdição, a fim de propiciar a aderência do provimento jurisdicional à situação de direito material subjacente[105]. Nesse ponto, a adequação

---

e da gestão, é preciso reconhecer que as partes também têm uma função relevante nesses institutos, pois colaboram e participam ativamente da construção do processo judicial, inclusive das adaptações procedimentais, numa dimensão de contraditório cooperativo (5º, LV) que legitima a ampliação de poderes atribuídos ao julgador para promover as adaptações necessárias para o bom deslinde do feito".

100 ANDRADE, Érico. A "Contratualização" do Processo. *In*: THEODORO JUNIOR, Humberto (Coord.). JAYME, Fernando Gonzaga; GONÇALVES, Gláucio Maciel; FARIA, Juliana Cordeiro de; FRANCO, Marcelo Veiga; ARAÚJO, Mayara de Carvalho; CREMASCO, Suzana Santi (Org.). *Processo Civil Brasileiro:* Novos Rumos a partir do CPC/2015. Belo Horizonte: Del Rey, 2016, p. 48.

101 Sobre convenções no direito penal: CABRAL, Antonio do Passo. A resolução nº 118 do Conselho Nacional do Ministério Público e as convenções processuais. *In*: CABRAL, Antonio do Passo; NOGUEIRA, Pedro Henrique (Coord.). *Negócios processuais*. Salvador: Juspodivm, 2015, p. 677-693.

102 CADIET, Loïc. *Perspectivas sobre o Sistema de Justiça Civil Francesa* – Seis Lições Brasileiras. São Paulo: RT, 2017, p. 114.

103 CADIET, Loïc. *Perspectivas sobre o Sistema de Justiça Civil Francesa* – Seis Lições Brasileiras. São Paulo: RT, 2017, p. 126.

104 CAPONI, Remo. Autonomia privata e processo civile: gli accordi processuale. *In:* CABRAL, Antonio do Passo; NOGUEIRA, Pedro Henrique (Coord.). *Negócios processuais*. 2. ed. rev. Atual. e ampl. - Salvador: Juspodivm, 2016, p. 206.

105 GRINOVER, Ada Pellegrini. *O Processo constitucional em marcha*. São Paulo: Max Limonad, 1985, p. 8.

do procedimento ao tipo de litígio passa a ser meio de garantia do acesso à justiça[106].

As convenções processuais harmonizam-se com os princípios do contraditório e da cooperação e, em um modelo cooperativo de processo, estão a serviço de um projeto de democratização da justiça[107]. Além disso, as convenções realizadas entre as partes não são apenas instrumentos de solução do litígio, mas também técnicas de gestão do processo judicial, ao lado da lei e da decisão unilateral do juiz[108].

Nesse ponto, importa destacar que a simplificação e a flexibilização do procedimento não nascem apenas da vontade dos sujeitos do processo, mas estão dispostos em lei[109]. É a própria legislação que admite atos de gestão do processo pelo juiz, possibilitando a exclusão de formalidades que não forem essenciais ao contraditório, assim como também é a lei que oferece às partes a possibilidade de fazer escolhas quanto ao procedimento e quanto a seus ônus, poderes, faculdades e deveres processuais. Nesse contexto da flexibilização pelas partes, o processo civil naturalmente se abre à valorização da autonomia privada.

Frisa-se que não há privatização da relação processual, mas sim a aceitação de que as partes, como destinatárias da prestação jurisdicional, também possuem interesse em influir na condução do processo e, muitas vezes, estão mais habilitadas que o juiz para adotar decisões sobre seus rumos[110].

A flexibilização, seja pelo juiz ou pelas partes, também não possui como escopo abolir os rituais inerentes ao processo – que miram, sobretudo, proteger garantias fundamentais –, mas sim afas-

---

106 CAPPELLETTI, Mauro, e GARTH, Bryant. *Acesso à Justiça*. Trad. Ellen Gracie Northfleet. Porto Alegre, Fabris: 1988, p. 71.

107 CADIET, Loïc. *Perspectivas sobre o Sistema de Justiça Civil Francesa* – Seis Lições Brasileiras. São Paulo: RT, 2017, p. 130.

108 CADIET, Loïc. *Perspectivas sobre o Sistema de Justiça Civil Francesa* – Seis Lições Brasileiras. São Paulo: RT, 2017, p. 89.

109 BIAVATI, Paolo. Flexibilidade, simplificação e gestão do processo civil: A perspectiva Italiana. *In*: ZUFELATO, Camilo; BONATO, Giovann ; SICA, Heitor Vitor Mendonça; CINTRA, Lia Carolina Batista (Org.). *I Colóquio Brasil-Itália de direito processual civil*. Salvador: Juspodivm, 2016, p. 240.

110 GRECO, Leonardo. Os atos de disposição processual – primeiras reflexões. Rio de Janeiro: *Revista Quaestio Iuris*, vol.04, n. 1, 2007, p. 721.

tar o formalismo desmedido[111] e a forma vazia[112]. Compreende-se que a forma deve ser utilizada de maneira racional e planejada, com vistas a garantir uma prestação jurisdicional mais efetiva, adequada e tempestiva[113].

Assim, seja por uma tentativa de solucionar a ineficiência do serviço público jurisdicional, seja pela intenção de democratização do processo, o que se verifica é um processo civil cada vez mais permeado pela autonomia privada. Esta é a realidade atualmente vivida no direito processual brasileiro e estrangeiro, conforme será abordado a seguir.

1.3.1 Breves apontamentos sobre o tema no contexto estrangeiro

Apesar de não ser comum a existência de cláusula geral de convenção processual no direito estrangeiro, percebe-se que há um movimento em prol da flexibilização e da concessão de maior autonomia ao juiz e às partes na condução do procedimento.

A fim de verificar tal tendência, serão tecidas breves considerações sobre o tema, sem a pretensão de esgotar o assunto ou de realizar extenso estudo comparatísco, mas tão somente com o intuito de situar o objeto central do presente estudo no contexto internacional.

Nos Estados Unidos, a despeito do tradicional protagonismo das partes em razão do sistema processual adversarial por eles adotado, o tema das convenções processuais começou a se desenvolver recen-

---

111 FIUZA, César. Contratos Empresariais e negócios processuais. *In*: PERUCCI, Felipe Falconi; MAIA, Felipe Fernandes Ribeiro; LEROY, Guilherme Costa (Org.). *Os impactos do novo CPC no direito empresarial.* Belo Horizonte: D'Plácido, 2017, p. 44.

112 Sobre o tema, cf. a obra de OLIVEIRA, Carlos Alberto Álvaro. *Do formalismo no processo civil.* São Paulo: Saraiva, 2. ed., 2003. Também sobre a necessidade de afastamento do formalismo excessivo: BEDAQUE, José Roberto dos Santos. *Efetividade do processo e técnica processual.* 3 ed. São Paulo: Malheiros, 2010, p. 51-54: "Não se pretende, é claro, a eliminação da forma e o abandono de todas as conquistas da ciência processual moderna. Forma e técnica não são, em si mesmas, um mal. Ao contrário, a existência de um modelo legal é fator de garantia para as partes, que têm assegurada a participação efetiva no contraditório. Além disso, contribui decisivamente para o normal e ordenado desenvolvimento do processo. É preciso, todavia, que o processualista não perca de vista a função indiscutivelmente instrumental desse meio estatal de solução de controvérsias, para não transformar a técnica processual em verdadeiro labirinto, em que a parte acaba se arrependendo de haver ingressado, pois não consegue encontrar a saída. O mal reside, portanto, no formalismo excessivo".

113 ZUFELATO, Camilo. Flexibilização procedimental e gestão processual no direito brasileiro. *In*: ZUFELATO, Camilo; BONATO, Giovanni; SICA, Heitor Vitor Mendonça; CINTRA, Lia Carolina Batista (Org.). *I Colóquio Brasil-Itália de direito processual civil.* Salvador: Juspodivm, 2016, p. 249.

temente na doutrina e ainda gera certa perplexidade[114]. Na prática forense as convenções são aceitas e versam sobre questões como a eleição de foro[115], renúncias a alegações de prescrição e decadência e regras relacionadas à produção probatória, que vão de limitações à *discovery*[116], até a modificação dos meios de prova e sua valoração[117].

O contexto europeu também aponta para a flexibilidade, permitindo procedimentos elásticos de acordo com as características do caso concreto, mesmo em sistemas historicamente ancorados à rigidez procedimental[118].

Na Alemanha há uma certa relutância em se admitir a ampla ingerência das partes nas regras do processo, contudo existem negócios jurídicos processuais – adstritos às causas que admitem autocomposição – que servem para a eleição de normas privadas que substituem as normas processuais legais, desde que não se trate de normas imperativas ou indisponíveis, e ainda para a previsão convencional de determinado comportamento de uma ou de ambas as partes em relação à norma legal[119]. A ZPO admite expressamente a realização de convenção para escolha do perito e a dispensa da prática de alguns atos processuais[120].

Na França da década de 1980[121], os chamados *contrats de procédure* nasceram da praxe dos tribunais que, diante de problemas práticos decorrentes da rigidez do procedimento, passaram a buscar

114 CABRAL, Antonio do Passo. *Convenções Processuais*. 2 ed. rev., atual. e ampl. Salvador: Juspodivm, 2018, p. 137-138.

115 DAVIS, Kevin E.; HERSHKOFF, Helen. Contracting for procedure. *In*: CABRAL, Antonio do Passo; NOGUEIRA, Pedro Henrique (Coord.). *Negócios processuais*. 2. ed. rev. Atual. e ampl. - Salvador: Juspodivm, 2016, p. 143-190.

116 DAVIS, Kevin E.; HERSHKOFF, Helen. Contracting for procedure. *In*: CABRAL, Antonio do Passo; NOGUEIRA, Pedro Henrique (Coord.). *Negócios processuais*. 2. ed. rev. Atual. e ampl. - Salvador: Juspodivm, 2016, p. 143-190.

117 CABRAL, Antonio do Passo. *Convenções Processuais*. 2 ed. rev., atual. e ampl. Salvador: Juspodivm, 2018, p. 139.

118 BIAVATI, Paolo. Flexibilidade, simplificação e gestão do processo civil: A perspectiva Italiana. *In*: ZUFELATO, Camilo; BONATO, Giovanni SICA, Heitor Vitor Mendonça; CINTRA, Lia Carolina Batista (Org.). *I Colóquio Brasil-Itália de direito processual civil*. Salvador: Juspodivm, 2016, p. 241-242.

119 KERN, Cristoph A. Procedural contracts in Germany. *In*: CABRAL, Antonio do Passo; NOGUEIRA, Pedro Henrique (Coord.). *Negócios processuais*. 2. ed. rev. Atual. e ampl. - Salvador: Juspodivm, 2016, p. 191-203.

120 MÜLLER, Julio Guilherme. *Negócios processuais e desjudicialização da produção da prova:* análise econômica e jurídica. São Paulo: RT, 2017, p. 104.

121 ALMEIDA, Diogo Rezende Assumpção de. As convenções processuais na experiência francesa e no novo CPC. *In:* CABRAL, Antonio do Passo; NOGUEIRA, Pedro Henrique (Coord.). *Negócios processuais*. 2. ed. rev. Atual. e ampl. - Salvador: Juspodivm, 2016, p. 335.

novas técnicas de flexibilização[122]. Isso se dava por meio de acordos coletivos, chamados de protocolos de procedimento, firmados entre os tribunais e os órgãos de classe dos advogados, com a finalidade de adaptar o processo às peculiaridades locais, buscando aproximar a lei da realidade[123], harmonizar as regras[124] e sanar eventuais dificuldades de interpretação ou obstáculos de implementação[125]. Estes acordos versam, basicamente, sobre temas relacionados à instrução processual, à repartição de funções entre juízes e advogados na condução do processo, à oralidade, à comunicação processual[126] e, já nos idos dos anos 2000, à informatização do processo e à comunicação eletrônica dos atos[127].

Os acordos coletivos abriram espaço para os acordos individuais envolvendo as partes e o juiz, especialmente a respeito da calendarização das atividades[128] e, em 2005, o decreto n.º 1.678 alterou o art. 764 do CPC francês para prever, expressamente, o acordo relativo ao calendário processual[129]. Hodiernamente, o art. 764 foi modificado[130], mas outros dispositivos do CPC francês continuam dispondo acerca da possibilidade de confecção de calendário processual, a exemplo dos artigos 266, 446-2, 781 e 912.

No mesmo contexto de flexibilização do procedimento, a legislação francesa prevê três circuitos para o processamento das causas: longo, médio e curto, escolhidos de acordo com a complexidade da

---

122 CABRAL, Antonio do Passo. *Convenções Processuais*. 2 ed. rev., atual. e ampl. Salvador: Juspodivm, 2018, p. 130.

123 CADIET, Loïc. *Perspectivas sobre o Sistema de Justiça Civil Francesa* – Seis Lições Brasileiras. São Paulo: RT, 2017, p. 99-100.

124 CANELLA, Maria Giulia. *Gli accordi processuali francesi volti alla "regolamentazione collettiva" del processo civile. In*: *Rivista Trimestrale di Diritto e Procedura Civile*, 2010, p. 551.

125 CABRAL, Antonio do Passo. *Convenções Processuais*. 2 ed. rev., atual. e ampl. Salvador: Juspodivm, 2018, p. 131.

126 MÜLLER, Julio Guilherme. *Negócios processuais e desjudicialização da produção da prova:* análise econômica e jurídica. São Paulo: RT, 2017, p. 105.

127 CANELLA, Maria Giulia. Gli accordi processuali francesi volti alla "regolamentazione collettiva" del processo civile. *In*: *Rivista Trimestrale di Diritto e Procedura Civile*, 2010, p. 551.

128 CANELLA, Maria Giulia. *Gli accordi processuali francesi volti alla "regolamentazione collettiva" del processo civile. In*: *Rivista Trimestrale di Diritto e Procedura Civile*, 2010, p. 553.

129 ALMEIDA, Diogo Rezende Assumpção de. As convenções processuais na experiência francesa e no novo CPC. *In:* CABRAL, Antonio do Passo; NOGUEIRA, Pedro Henrique (Coord.). *Negócios processuais*. 2. ed. rev. Atual. e ampl. - Salvador: Juspodivm, 2016, p. 337.

130 Decreto n° 2019-1333, de 11 de dezembro de 2019, disponível em https://www.legifrance.gouv.fr/affichTexte.do?cidTexte=JORFTEXT000039480084&categorieLien=id. Acesso em 20/07/2020.

causa[131]. O juiz, logo na primeira audiência e em conjunto com os advogados das partes, escolhe qual será o circuito adotado e, por meio da flexibilização do procedimento, realiza o gerenciamento processual em uma perspectiva dinâmica[132].

Contudo é nas convenções processuais realizadas entre as partes que os contratos de procedimento tomam expressiva relevância, na medida em que é conferida a elas e aos seus advogados maior autonomia para adequar o procedimento às necessidades do caso concreto[133]. As convenções relativas ao processo permitem que as partes não só aprimorem a solução do conflito, estabelecendo regramentos processuais específicos, como também possibilitam a criação de deveres e obrigações distintos daqueles previstos na lei[134].

As partes podem dispor sobre o tempo – abreviando ou alongando o prazo prescricional (art. 2.254, Código Civil francês) ou, ainda, adicionando outras causas de interrupção ou suspensão da prescrição – e sobre o espaço – escolhendo uma jurisdição diferente daquelas designadas pelas regras legais de competência, por meio da eleição de foro[135].

É admitida, ainda, a negociação sobre o processo, por meio da qual os sujeitos podem restringir ou ampliar o poder do juiz no que se refere aos direitos de livre disposição[136], conforme expressamente previsto pelo art. 12, alíneas 3 e 4 do CPC francês[137].

---

131 CANELLA, Maria Giulia. Gli accordi processuali francesi volti alla "regolamentazione collettiva" del processo civile. *In*: *Rivista Trimestrale di Diritto e Procedura Civile*, 2010, p. 556-557.

132 ANDRADE, Érico. Gestão processual flexível, colaborativa e proporcional: a importância dos negócios processuais para a implementação das novas tendências no CPC/2015. *In:* CABRAL, Antonio do Passo; NOGUEIRA, Pedro Henrique (Coord.). *Negócios processuais*. Tomo II. Salvador: Juspodivm, 2020, p. 59-60.

133 ALMEIDA, Diogo Rezende Assumpção de. As convenções processuais na experiência francesa e no novo CPC. *In:* CABRAL, Antonio do Passo; NOGUEIRA, Pedro Henrique (Coord.). *Negócios processuais*. 2. ed. rev. Atual. e ampl. - Salvador: Juspodivm, 2016, p. 335.

134 ALMEIDA, Diogo Rezende Assumpção de. As convenções processuais na experiência francesa e no novo CPC. *In:* CABRAL, Antonio do Passo; NOGUEIRA, Pedro Henrique (Coord.). *Negócios processuais*. 2. ed. rev. Atual. e ampl. - Salvador: Juspodivm, 2016, p. 340.

135 CADIET, Loïc. *Perspectivas sobre o Sistema de Justiça Civil Francesa* – Seis Lições Brasileiras. São Paulo: RT, 2017, p. 86.

136 CADIET, Loïc. *Perspectivas sobre o Sistema de Justiça Civil Francesa* – Seis Lições Brasileiras. São Paulo: RT, 2017, p. 87.

137 Art 12, CPC francês: Le juge tranche le litige conformément aux règles de droit qui lui sont applicables. Il doit donner ou restituer leur exacte qualification aux faits et actes litigieux sans s'arrêter à la dénomination que les parties en auraient proposée. Toutefois, il ne peut changer la dénomination ou le fondement juridique lorsque les parties, en vertu d'un accord exprès et pour les droits dont elles ont la libre disposition, l'ont lié par les qualifications et points de droit auxquels elles entendent

No que se refere à restrição do poder do juiz, esta pode ser dar do ponto de vista jurídico ou do direito aplicável, sendo que a última é uma espécie de convenção para delimitação consensual das questões de direito a serem apreciadas pelo magistrado, no mesmo sentido do disposto no art. 357, §2º do atual CPC brasileiro[138].

Verifica-se, também, a existência de convenções que visam a renúncia prévia ao recurso de apelação em litígios que versem sobre direitos disponíveis (art. 41 alínea 2, CPC francês)[139], bem como a modificação de regras de repartição de custos processuais[140].

Desta forma, percebe-se a ampla abertura do direito francês ao poder de disposição negocial das partes que, a despeito dos interesses materiais que as movem, atuam em conjunto em relação a algumas finalidades processuais específicas e que a todos aproveitem[141].

Na Itália, apesar de o processo civil adotar corrente predominantemente publicista[142] e a pretensão do legislador pelo caminho da flexibilidade ser menos destacada[143], há uma pequena e recente abertura ao tema das convenções processuais[144].

Nitidamente influenciada pela experiência francesa[145], a jurisprudência italiana inaugurou os chamados *protocolli di procedura*, realizados entre o presidente de uma corte e o presidente da ordem

---

limiter le débat.Le litige né, les parties peuvent aussi, dans les mêmes matières et sous la même condition, conférer au juge mission de statuer comme amiable compositeur, sous réserve d'appel si elles n'y ont pas spécialement renoncé.

138 ANDRADE, Érico. Gestão processual flexível, colaborativa e proporcional: a importância dos negócios processuais para a implementação das novas tendências no CPC/2015. *In:* CABRAL, Antonio do Passo; NOGUEIRA, Pedro Henrique (Coord.). *Negócios processuais*. Tomo II. Salvador: Juspodivm, 2020, p. 77.

139 CADIET, Loïc. Les conventions relatives au procès en droit français sur la contractualisation du règlement des litiges. *Revista de Processo*. São Paulo: RT, n. 160, 2008, p. 76.

140 CADIET, Loïc. *Perspectivas sobre o Sistema de Justiça Civil Francesa* – Seis Lições Brasileiras. São Paulo: RT, 2017, p. 87.

141 GODINHO, Robson Renault. *Negócios processuais sobre o ônus da prova no novo CPC*. São Paulo: RT, 2015, p. 115-116.

142 PISANI, Andrea Proto. Pubblico e privato nel processo civile. *Revista de Processo*. São Paulo: RT, n. 207, 2012, p. 301.

143 BIAVATI, Paolo. Flexibilidade, simplificação e gestão do processo civil: A perspectiva Italiana. *In*: ZUFELATO, Camilo; BONATO, Giovanni; SICA, Heitor Vitor Mendonça; CINTRA, Lia Carolina Batista (Org.). *I Colóquio Brasil-Itália de direito processual civil*. Salvador: Juspodivm, 2016, p. 241-242.

144 ANDRADE, Érico. A "Contratualização" do Processo. *In*: THEODORO JUNIOR, Humberto (Coord.). JAYME, Fernando Gonzaga; GONÇALVES, Gláucio Maciel; FARIA, Juliana Cordeiro de; FRANCO, Marcelo Veiga; ARAÚJO, Mayara de Carvalho; CREMASCO, Suzana Santi (Org.). *Processo Civil Brasileiro:* Novos Rumos a partir do CPC/2015. Belo Horizonte: Del Rey, 2016, p. 51 e 55.

145 CANELLA, Maria Giulia. Gli accordi processuali francesi volti alla "regolamentazione collettiva" del processo civile. *In*: *Rivista Trimestrale di Diritto e Procedura Civile*, 2010, p. 552.

dos advogados[146]. Na reforma de 2009 foi inserido o art. 81-bis ao CPC italiano, prevendo a possibilidade de calendarização da prática de atos processuais – inclusive instrutórios – até a decisão final[147]. Após tal introdução legislativa o tema passou a ganhar maior destaque na doutrina italiana, apesar de ainda ser incipiente.

Diante dessas breves linhas, é possível perceber que há uma tendência geral de migração de um cenário rígido para um procedimento comum flexível, pautado na racionalização do processo por meio da simplificação dos atos[148]. Conforme restará demonstrado adiante, tal tendência refletiu na mais atual legislação processual civil brasileira.

1.3.2 Contexto brasileiro

No Brasil, a flexibilização procedimental encontrou guarida no atual modelo cooperativo de processo inaugurado pelo CPC/15 e derivado de uma combinação dos chamados modelo dispositivo e inquisitorial[149]. O novo modelo transforma a tradicional relação piramidal, verticalizada e na qual os poderes do juiz se impõem às partes, em uma relação horizontal[150] e participativa. Apesar de

---

146 CABRAL, Antonio do Passo. *Convenções Processuais*. 2 ed. rev., atual. e ampl. Salvador: Juspodivm, 2018, p. 136.

147 ANDRADE, Érico. Gestão processual flexível, colaborativa e proporcional: a importância dos negócios processuais para a implementação das novas tendências no CPC/2015. *In:* CABRAL, Antonio do Passo; NOGUEIRA, Pedro Henrique (Coord.). *Negócios processuais*. Tomo II. Salvador: Juspodivm, 2020, p. 72-73.

148 DIDIER JR., Fredie; CABRAL, Antonio do Passo; CUNHA, Leonardo Carneiro da. *Por uma nova teoria dos procedimentos especiais* – dos procedimentos às técnicas. Salvador: Juspodivm, 2018, p. 81. Sobre a racionalização do processo, cf. CADIET, Loïc. *Perspectivas sobre o Sistema de Justiça Civil* Francesa – Seis Lições Brasileiras. São Paulo: RT, 2017, p. 28: "A racionalização do processo busca em especial obviamente a simplificação dos atos do processo em si mesmos, especialmente em suas formas, mas concerne de maneira mais significativa à flexibilização das formas de atuação, isto é, às formas processuais".

149 Entende-se que não há nenhum modelo puramente inquisitorial ou adversarial de processo, o que se verifica é a preponderância de características de um ou de outro em determinados momentos históricos. No mesmo sentido, Érico Andrade constata que "os modelos atuais de processo são montados segundo uma modelagem mista, em que se misturam as características daqueles chamados de dispositivo e de inquisitório, e que, na realidade, em pureza teórica, praticamente não são adotados em nenhuma legislação" (ANDRADE, Érico. *O Mandado de Segurança:* A busca da verdadeira especialidade: proposta de releitura à luz da efetividade do processo. Rio de Janeiro: Lumen Juris, 2010, p. 131). Na mesma linha, Robson Godinho também defende a inexistência de compartimentos estanques que forneçam um modelo exato de processo em determinada quadra histórica, na medida em que componentes privatistas e publicistas convivem ao longo do tempo (GODINHO, Robson Renault. *Negócios processuais sobre o ônus da prova no novo CPC*. São Paulo: RT, 2015, p. 47).

150 ANDRADE, Érico. A "Contratualização" do Processo. *In:* THEODORO JUNIOR, Humberto (Coord.); JAYME, Fernando Gonzaga; GONÇALVES, Gláucio Maciel; FARIA, Juliana Cordeiro de; FRANCO, Marcelo Veiga;

manter uma posição assimétrica ao proferir a decisão, o juiz passa a desempenhar papel paritário no diálogo[151], ao passo que as partes se tornam participantes mais ativas na condução do procedimento[152].

Na esteira do atual modelo cooperativo de processo (art. 6º, CPC/15) e da crescente abertura do direito público para o consenso[153], o CPC/15 elevou o grau de participação e influência das partes na condução e formação do provimento judicial de mérito[154].

A cooperação e a valorização do autorregramento da vontade apontam para uma concepção dinâmica do procedimento, alicerçada na sua diversidade e flexibilidade[155], o que permite uma maior correspondência do procedimento com as especificidades da causa[156], por meio de atos de gestão compartilhados entre as partes e o juiz.

A gestão processual pelo juiz foi detalhada nos incisos IV, V, VI e IX do art. 139 do CPC/15, que lhe conferiu poderes para dirigir o processo por meio (i) da aplicação de medidas coercitivas, indutivas, mandamentais ou sub-rogatórias; (ii) da promoção, a qualquer tempo, da autocomposição entre as partes; (iii) da dilatação de prazos processuais e alteração da ordem de produção dos meios de provas;

ARAÚJO, Mayara de Carvalho; CREMASCO, Suzana Santi (Org.). *Processo Civil Brasileiro:* Novos Rumos a partir do CPC/2015. Belo Horizonte: Del Rey, 2016, p.55.

151 MITIDIERO, Daniel. *Processo justo, colaboração e ônus da prova*. Revista do Tribunal Superior do Trabalho, São Paulo, v. 78, n. 1, p. 67-77, jan./mar. 2012. Disponível em: https://juslaboris.tst.jus.br/bitstream/handle/20.500.12178/29621/003_mitidiero.pdf?sequence=4&isAllowed=y. Acesso em 02/04/2019, p. 67.

152 "Um terceiro modelo de organização do processo centra-se no princípio da cooperação, cujos contornos decorrem do devido processo legal, da boa-fé processual e do contraditório, em que se inclui o juiz no diálogo processual, a condução do processo não se mantém ao livre arbítrio das partes e muito menos se outorga um papel inquisitorial ao juiz" (GODINHO, Robson Renault. *A autonomia das partes e os poderes do juiz entre o privatismo e o publicismo do processo civil brasileiro. Civil Procedure Review*, v.4, n.1, jan- abr. 2013, p. 64).

153 ANDRADE, Érico. A "Contratualização" do Processo. *In*: THEODORO JUNIOR, Humberto (Coord.). JAYME, Fernando Gonzaga; GONÇALVES, Gláucio Maciel; FARIA, Juliana Cordeiro de; FRANCO, Marcelo Veiga; ARAÚJO, Mayara de Carvalho; CREMASCO, Suzana Santi (Org.). *Processo Civil Brasileiro*: Novos Rumos a partir do CPC/2015. Belo Horizonte: Del Rey, 2016, p. 48-50.

154 THEODORO JÚNIOR, Humberto; NUNES, Dierle; BAHIA, Alexandre Melo Franco; PEDRON, Flávio Quinaud. *Novo CPC: Fundamentos e Sistematização.* 2ª ed. Rio de Janeiro: Forense, 2015, p. 72.

155 DIDIER JR., Fredie; CABRAL, Antonio do Passo; CUNHA, Leonardo Carneiro da. *Por uma nova teoria dos procedimentos especiais* – dos procedimentos às técnicas. Salvador: Juspodivm, 2018, p. 81.

156 "Para uma decisão final ser acertada, efetiva e adequada, há situações que exigem uma correspondente adequação do procedimento às necessidades do conflito" (MÜLLER, Julio Guilherme. O acordo processual e a gestão compartilhada do procedimento. *In*: FREIRE, Alexandre; DANTAS, Bruno; NUNES, Dierle; DIDIER JR., Fredie; MEDINA, José Miguel Garcia; FUX, Luiz; CAMARGO, Luiz Henrique Volpe; OLIVEIRA, Pedro Miranda de (Coords.) *Novas tendências do processo civil*: estudos sobre o projeto do novo Código de Processo Civil. Vol. 03. Salvador: Juspodivm, 2014. p. 153).

e (iv) da determinação judicial para suprimento de pressupostos e vícios processuais.

Na mesma medida, a legislação também previu a flexibilização procedimental pelas partes, conferindo aos litigantes a possibilidade de modificar o procedimento e de dispor sobre seus ônus, poderes, faculdades e deveres processuais por meio dos negócios jurídicos processuais.

Verifica-se, assim, um cenário de inegável convivência entre o processo estatal e a autonomia privada no processo civil brasileiro, no qual o objeto da presente pesquisa – convenções processuais em matéria probatória – se desenvolve.

NEGÓCIOS JURÍDICOS PROCESSUAIS NO PROCESSO CIVIL BRASILEIRO: CONCEITO E TIPOLOGIAS

2.1 APONTAMENTOS SOBRE A TEORIA DOS FATOS, ATOS E NEGÓCIOS JURÍDICOS NA TEORIA GERAL DO DIREITO

Ainda que em breves linhas, traçam-se apontamentos acerca da teoria dos fatos, atos e negócios jurídicos, a fim de possibilitar a conceituação dos negócios jurídicos processuais, dado que consistem em projeção da teoria geral do direito para o âmbito do processo civil[1].

Destaca-se que existem diversas classificações formuladas pela doutrina, contudo, dado o recorte do presente trabalho, passar-se-á ao largo da análise pormenorizada de cada uma delas[2], adotando-se, como ponto de partida, a clássica teoria de Pontes de Miranda[3].

---

1 TARTUCE, Flávio. *O novo CPC e o Direito Civil*: impactos, diálogos e interações. São Paulo: Método, 2015, p. 86.

2 Sobre as mais diversas classificações, realizando o exame crítico de cada uma delas, cf. MELLO, Marcos Bernardes de. *Teoria do fato jurídico*: plano da existência. 18. ed. São Paulo: Saraiva, 2012, p. 91 e seguintes.

3 MIRANDA, Pontes de. *Tratado de Direito Privado*, II. São Paulo: RT, 1974. Tal classificação foi posteriormente desenvolvida por Marcos Bernardes de Mello (MELLO, Marcos Bernardes de. *Teoria do fato jurídico: plano da existência*. 18. ed. São Paulo: Saraiva, 2012), e também é adotada por PEREIRA, Caio Mário da Silva. *Instituições de Direito Civil*. 23 ed. Rio de Janeiro: Forense, 2009, DIDIER JR., Fredie. *Curso de direito processual civil*. 17 ed. Salvador: Juspodivm, 2015, v. 1, p. 375 e seguintes e por BRAGA, Paula Sarno. *Primeiras reflexões sobre uma teoria do fato jurídico processual: plano da existência*. Revista de Processo. Disponível em https://www.google.com/url?sa=t&rct=j&q=&esrc=s&source=web&cd=1&cad=rja&uact=8&ved=2ahUKEwi30pid2e_lAhWELLkGHVONAP4QFjAAegQIARAC&url=https%3A%2F%2Fwww.unifacs.br%2Frevistajuridica%2Farquivo%2Fedicao_maio2008%2Fdocente%2Fdoc2.doc&usg=AOvVaw0sUu3R8H91dWfQVJL6gQHd. Acesso em 10/09/2019).

Pontes de Miranda divide os fatos jurídicos *lato sensu* em duas categorias: *lícitos* e *ilícitos*. Os fatos jurídicos ilícitos são subdivididos em (i) fatos ilícitos *stricto sensu*, (ii) atos-fatos ilícitos e (iii) atos ilícitos. Os fatos lícitos, por sua vez, dividem-se em (i) fatos jurídicos *stricto sensu*, (ii) ato-fato jurídico e (iii) ato jurídico *lato sensu*, esse último subdividido em (iii.i) ato jurídico *stricto sensu* e (iii.ii) negócio jurídico.

Dado o panorama geral, passa-se à análise dos fatos lícitos, que interessam ao desenvolvimento deste estudo.

Os fatos preexistem ao direito e, por mais singelos que se apresentem, podem gerar direitos subjetivos. Os fatos são classificados em (i) *fatos naturais* – juridicamente irrelevantes pois não repercutem na órbita jurídica[4] – e em (ii) *fatos jurídicos lato sensu* – sobre os quais há incidência normativa[5], repercutindo no campo do direito[6].

O gênero dos *fatos jurídicos lato sensu*, por sua vez, é subdividido em (i) *fatos jurídicos em sentido estrito e* (ii) *atos jurídicos em sentido amplo*. Os primeiros são aqueles que ingressam do mundo jurídico sem que haja ação humana; são, portanto, involuntários. Os *atos jurídicos em sentido amplo*, por sua vez, resultam da atuação humana – positiva ou negativa –, influindo sobre as relações de direito, podendo ser lícitos ou ilícitos[7].

Quanto à classificação dos *atos jurídicos em sentido amplo* têm-se os (i) *atos jurídicos em sentido estrito* e os (ii) *negócios jurídicos*.

Os *atos jurídicos em sentido estrito* são aqueles que possuem por núcleo a manifestação de vontade, mas cujos efeitos jurídicos são fixados pela lei, não cabendo às partes escolhê-los. É o caso do reconhecimento de filiação que, apesar de decorrer de ato volitivo, possui efeitos predeterminados pela legislação, não cabendo ao sujeito indicar qual deles será aplicável à espécie[8].

---

4 PEREIRA, Caio Mário da Silva. *Instituições de Direito Civil*. 23 ed. Rio de Janeiro: Forense, 2009, p. 391.

5 CABRAL, Antonio do Passo. *Convenções Processuais*. 2 ed. rev., atual. e ampl. Salvador: Juspodivm, 2018, p. 45.

6 PEREIRA, Caio Mário da Silva. *Instituições de Direito Civil*. 23 ed. Rio de Janeiro: Forense, 2009, p. 391.

7 PEREIRA, Caio Mário da Silva. *Instituições de Direito Civil*. 23 ed. Rio de Janeiro: Forense, 2009, p. 393.

8 CUNHA, Leonardo Carneiro da. Negócios jurídicos processuais no processo civil brasileiro. *In:* CABRAL, Antonio do Passo; NOGUEIRA, Pedro Henrique (Coords.). *Negócios processuais*. 2. ed. rev. Atual. e ampl. - Salvador: Juspodivm, 2016, p. 44 e CHATEAUBRIAND FILHO, Hindemburgo. *Negócio de acertamento:* uma abordagem histórico-dogmática. Belo Horizonte: Del Rey, 2004, p. 84.

Diferentemente do que ocorre nos *atos jurídicos em sentido estrito*, nos *negócios jurídicos* o agente pode escolher não apenas o enquadramento legal do ato mas também o conteúdo eficacial da relação jurídica[9]. Em suma, o *negócio jurídico* é toda ação humana, voluntária e lícita, voltada para a obtenção de efeitos almejados pelo agente, a fim de criar, modificar ou extinguir relações ou situações jurídicas, dentro da perspectiva de exercício da autonomia privada, ou seja, de autorregulação de seus interesses[10].

Conforme pontua Marcos Bernardes de Mello, no negócio jurídico a vontade é manifestada para compor o suporte fático de uma determinada categoria jurídica, à escolha do agente, visando a obtenção de efeitos jurídicos que tanto podem ser predeterminados pelo sistema, como podem ser deixados livremente à escolha de cada um[11]. O autor salienta que todos os efeitos decorrem de imputações feitas aos fatos pelas normas jurídicas, razão pela qual a vontade não cria efeitos, porque estes estão definidos pelo ordenamento jurídico, mas, dentro de uma amplitude variável, as normas jurídicas concedem aos sujeitos certo poder de escolha da categoria jurídica[12].

Para Antônio Junqueira de Azevedo o negócio jurídico é todo fato jurídico consistente em declaração de vontade, para a qual o ordenamento jurídico atribui os efeitos designados como queridos pelas partes e, enquanto os fatos jurídicos dependem apenas dos requisitos de existência e eficácia, para os negócios também deve ser respeitado o pressuposto de validade, pois os seus efeitos dependem do

---

9 Conforme definição de Marcos Bernardes de Mello, negócio jurídico "é o fato jurídico cujo elemento nuclear do suporte fático consiste em manifestação ou declaração consciente de vontade, em relação à qual o sistema jurídico faculta às pessoas, dentro dos limites predeterminados e de amplitude vária, o poder de escolha de categoria jurídica e de estruturação do conteúdo eficacial das relações jurídicas respectivas, quanto ao seu surgimento, permanência e intensidade no mundo jurídico" (MELLO, Marcos Bernardes de. *Teoria do fato jurídico: plano da existência*. 18. ed. São Paulo: Saraiva, 2012, p. 225).

10 FIUZA, César. Contratos Empresariais e negócios processuais. *In*: PERUCCI, Felipe Falconi; MAIA, Felipe Fernandes Ribeiro; LEROY, Guilherme Costa (Org.). *Os impactos do novo CPC no direito empresarial*. Belo Horizonte: D'Plácido, 2017, p. 31 e CHATEAUBRIAND FILHO, Hindemburgo. *Negócio de acertamento:* uma abordagem histórico-dogmática. Belo Horizonte: Del Rey, 2004, p. 32.

11 MELLO, Marcos Bernardes de. *Teoria do fato jurídico: plano da validade*. 7ª ed. São Paulo: Saraiva, 2006, p. 168.

12 MELLO, Marcos Bernardes de. *Teoria do fato jurídico:* plano da validade. 7ª ed. São Paulo: Saraiva, 2006, p. 168.

que foi manifestado como querido pelo agente e, para que a declaração seja considerada válida[13], o direito exige o preenchimento de certos requisitos. Para o autor, o negócio jurídico não é uma simples manifestação de vontade, mas uma manifestação de vontade *qualificada*, dotada de finalidade jurídica, havendo correspondência entre os efeitos atribuídos pelo direito (efeitos jurídicos) e os efeitos manifestados como queridos[14].

Como será possível observar, grande parte da disciplina relativa à teoria geral dos fatos, atos e negócios jurídicos pode ser transportada ao direito processual, ressalvadas as peculiaridades inerentes ao referido ramo do direito.

2.2 APONTAMENTOS SOBRE A TEORIA DOS FATOS JURÍDICOS PROCESSUAIS, DOS ATOS JURÍDICOS PROCESSUAIS E DOS NEGÓCIOS PROCESSUAIS

Os fatos jurídicos processuais em sentido amplo são frequentemente subdivididos em (i) fatos jurídicos processuais em sentido estrito, (ii) ato-fato jurídico e (iii) atos jurídicos processuais em sentido amplo[15].

Os fatos jurídicos processuais em sentido estrito são aqueles que independem da ação humana, como, por exemplo, o avanço da idade da parte ou o falecimento do advogado de uma delas[16]. Ambos os acontecimentos, apesar de independerem de manifestação

---

13 AZEVEDO, Antônio Junqueira. *Negócio jurídico:* existência, validade e eficácia. 4ª ed. atual. de acordo com o novo Código Civil (Lei n. 10.406, de 10-1-2002). São Paulo: Saraiva, 2002, p. 16, 23 e 24.

14 AZEVEDO, Antônio Junqueira. *Negócio jurídico*: existência, validade e eficácia. 4ª ed. atual. de acordo com o novo Código Civil (Lei n. 10.406, de 10-1-2002). São Paulo: Saraiva, 2002, p. 17 e 19.

15 BRAGA, Paula Sarno. *Primeiras reflexões sobre uma teoria do fato jurídico processual: plano da existência*. Revista de Processo. Disponível em https://www.google.com/url?sa=t&rct=j&q=&esrc=s&source=web&cd=1&cad=rja&uact=8&ved=2ahUKEwi30pid2e_lAhWELLkGHVONAP4QFjAAegQIARAC&url=https%3A%2F%2Fwww.unifacs.br%2Frevistajuridica%2Farquivo%2Fedicao_maio2008%2Fdocente%2Fdoc2.doc&usg=AOvVaw0sUu3R8H91dWfQVJL6gQHd. Acesso em 10/09/2019, p. 21.

16 Manifestando-se contrariamente à existência de fatos jurídicos processuais: CALMON DE PASSOS, José Joaquim. *Esboço de uma teoria das nulidades aplicada às nulidades processuais*. Rio de Janeiro: Forense, 2002 e MITIDIERO, Daniel. *Comentários ao Código de Processo Civil*. São Paulo: Memória Jurídica, 2005, t. 2.

de vontade, fazem surgir situações jurídicas processuais[17], como o direito à prioridade de tramitação[18] ou a suspensão do processo[19-20].

A doutrina assinala que o ato-fato jurídico processual é aquele em que não houve manifestação de vontade ou, ainda que tenha havido, essa se apresenta como juridicamente irrelevante[21]. Contudo, no presente trabalho, adota-se o posicionamento defendido por Antonio do Passo Cabral, no sentido de que, no atual sistema processual, no qual a cooperação, a boa-fé e o respeito ao autorregramento formal dependem da aferição da vontade do agente, não há que se falar em irrelevância de tal manifestação[22].

Os atos jurídicos processuais em sentido amplo[23], para os quais a manifestação de vontade do agente é relevante, podem ser subdi-

---

17 Conforme doutrina de Marcos Bernardes de Mello, como situações jurídicas processuais entende-se "qualquer consequência que se produz no mundo jurídico em decorrência de fato jurídico, englobando todas as categorias eficaciais, desde os mínimos efeitos, à mais complexa das relações jurídicas" (MELLO, Marcos Bernardes de. *Teoria do fato jurídico: plano da eficácia – 1ª parte*. São Paulo: Saraiva, 2011, p. 95). Sobre o tema, Murilo Teixeira Avelino: "Dentro da relação jurídica processual, uma situação jurídica decorre da ocorrência de um fato jurídico em sentido amplo que cria para determinado sujeito uma posição que condiciona a prática ou não (caso da faculdade ou da mera sujeição ao dever) de outro ato jurídico. A situação jurídica é efeito jurídico do fato. Dentro do processo, as situações jurídicas processuais decorrem dos fatos processuais (*lato sensu*) que as sucedem, condicionando a conduta futura dos sujeitos do processo" (AVELINO, Murilo Teixeira. A posição do magistrado em face dos negócios jurídicos processuais – já uma releitura. *In:* CABRAL, Antonio do Passo; NOGUEIRA, Pedro Henrique (Coord.). *Negócios processuais*. 2. ed. rev. Atual. e ampl. - Salvador: Juspodivm, 2016, p. 375).

18 Art. 1.048, CPC/15: Terão prioridade de tramitação, em qualquer juízo ou tribunal, os procedimentos judiciais: I - em que figure como parte ou interessado pessoa com idade igual ou superior a 60 (sessenta) anos.

19 Art. 313. CPC/15: Suspende-se o processo: I - pela morte ou pela perda da capacidade processual de qualquer das partes, de seu representante legal ou de seu procurador.

20 NOGUEIRA, Pedro Henrique. *Negócios jurídicos processuais*. 2 ed. rev., ampl e atual. Salvador: Juspodivm, 2016, p. 129.

21 Nesse sentido cf. MIRANDA, Pontes de. *Tratado de Direito Privado*, II. São Paulo: RT, 1974, p. 373; DIDIER JR., Fredie. *Curso de direito processual civil*. 17 ed. Salvador: Juspodivm, 2015, v. 1, p. 375; NOGUEIRA, Pedro Henrique. *Negócios jurídicos processuais*. 2 ed. rev., ampl e atual. Salvador: Juspodivm, 2016, p. 58 e 132-136; MITIDIERO, Daniel; MARINONI, Luiz Guilherme. *Código de Processo Civil comentado artigo por artigo*. 2. ed. São Paulo: RT, 2010, p. 191 e CUNHA, Leonardo Carneiro da. Negócios jurídicos processuais no processo civil brasileiro *In:* CABRAL, Antonio do Passo; NOGUEIRA, Pedro Henrique (Coords.). *Negócios processuais*. 2. ed. rev. Atual. e ampl. - Salvador: Juspodivm, 2016, p. 45.

22 Conforme cita Antonio Cabral, mesmo nos exemplos clássicos de ato-fato citados pela doutrina - como a falta de preparo ou a perda de prazo -, pode haver a superação da preclusão caso reste demonstrado que a omissão não foi imputável ao agente (CABRAL, Antonio do Passo. *Convenções Processuais*. 2 ed. rev., atual. e ampl. Salvador: Juspodivm, 2018, p. 47-49). Flavio Tartuce também questiona a classificação ato-fato, mas o faz com base na sua desnecessidade prática, defendendo que os institutos do fato, ato e negócio jurídico são suficientes para abarcar todas as situações possíveis (TARTUCE, Flávio. *O novo CPC e o Direito Civil:* impactos, diálogos e interações. São Paulo: Método, 2015, p. 90).

23 O critério adotado nesse trabalho é o de que o ato processual é aquele apto a produzir efeitos jurídicos no processo, seja ele futuro ou atual. Nesse sentido: CABRAL, Antonio do Passo. Conven-

vididos em (ii.i) atos jurídicos processuais em sentido estrito e (ii.ii) negócios jurídicos processuais.

Na categoria dos atos jurídicos processuais em sentido estrito a vontade figura como elemento importante, mas não é capaz de determinar a categoria ou o conteúdo eficacial do ato, pois isso está previamente regrado pela lei processual (categorias e efeitos inafastáveis e invariáveis)[24], a exemplo da citação, da atribuição do valor da causa e da penhora[25].

Nos negócios jurídicos processuais, os sujeitos, por meio da manifestação de vontade, almejam a aplicação de certos efeitos ao ato praticado[26], ou seja, além da vontade de praticar o ato, há vontade de ingressar na categoria e produzir certo resultado[27].

No negócio jurídico processual há vontade de praticar o ato e vontade de ingressar na categoria e produzir o resultado, enquanto no ato jurídico processual em sentido estrito, basta a vontade de praticar o ato, pois a categoria e seus resultados são invariavelmente definidos na lei[28].

ções Processuais. 2 ed. rev., atual. e ampl. Salvador: Juspodivm, 2018, p. 51, citando a doutrina de Carnelutti, para quem o ato processual seria aquele apto a produzir efeitos sobre uma situação jurídica processual (CARNELUTTI, Francesco. *Istituzioni del nuovo processo civile italiano*. Roma: Il Foro Italiano, 2ª Ed., 1941, p. 59 ss). Na mesma linha: CUNHA, Leonardo Carneiro da. Negócios jurídicos processuais no processo civil brasileiro. *In:* CABRAL, Antonio do Passo; NOGUEIRA, Pedro Henrique (Coords.). *Negócios processuais*. 2. ed. rev. Atual. e ampl. - Salvador: Juspodivm, 2016, p. 45. Em sentido contrário, entendendo que ato processual é ato do processo: NOGUEIRA, Pedro Henrique. *Negócios jurídicos processuais*. 2 ed. rev., ampl e atual. Salvador: Juspodivm, 2016, p. 73-74.

24 BRAGA, Paula Sarno. *Primeiras reflexões sobre uma teoria do fato jurídico processual: plano da existência*. Revista de Processo. Disponível em https://www.google.com/url?sa=t&rct=j&q=&esrc=s&source=web&cd=1&cad=rja&uact=8&ved=2ahUKEwi30pid2e_IAhWELLkGHVONAP4QFjAAegQIARAC&url=https%3A%2F%2Fwww.unifacs.br%2Frevistajuridica%2Farquivo%2Fedicao_maio2008%2Fdocente%2Fdoc2.doc&usg=AOvVaw0sUu3R8H91dWfQVJL6gQHd. Acesso em 10/09/2019, p. 24.

25 DIDIER JR., Fredie. *Curso de direito processual civil*. 17 ed. Salvador: Juspodivm, 2015, v. 1, p. 375.

26 "Para que estejamos diante de verdadeiros acordos processuais, os efeitos desencadeados pelo negócio jurídico devem ser queridos pelos sujeitos, i.e., os convenentes, através de sua autonomia, devem ter programado a produção daqueles efeitos" (CABRAL, Antonio do Passo. *Convenções Processuais*. 2 ed. rev., atual. e ampl. Salvador: Juspodivm, 2018, p. 292).

27 BRAGA, Paula Sarno. *Primeiras reflexões sobre uma teoria do fato jurídico processual:* plano da existência. Revista de Processo. Disponível em https://www.google.com/url?sa=t&rct=j&q=&esrc=s&source=web&cd=1&cad=rja&uact=8&ved=2ahUKEwi30pid2e_IAhWELLkGHVONAP4QFjAAegQIARAC&url=https%3A%2F%2Fwww.unifacs.br%2Frevistajuridica%2Farquivo%2Fedicao_maio2008%2Fdocente%2Fdoc2.doc&usg=AOvVaw0sUu3R8H91dWfQVJL6gQHd. Acesso em 10/09/2019, p. 24.

28 BRAGA, Paula Sarno. *Primeiras reflexões sobre uma teoria do fato jurídico processual: plano da existência*. Revista de Processo. Disponível em https://www.google.com/url?sa=t&rct=j&q=&esrc=s&source=web&cd=1&cad=rja&uact=8&ved=2ahUKEwi30pid2e_IAhWELLkGHVONAP4QFjAAegQIARAC&url=https%3A%2F%2Fwww.unifacs.br%2Frevistajuridica%2Farquivo%2Fedic

Veja-se o esquema abaixo, para melhor ilustrar a categorização utilizada:

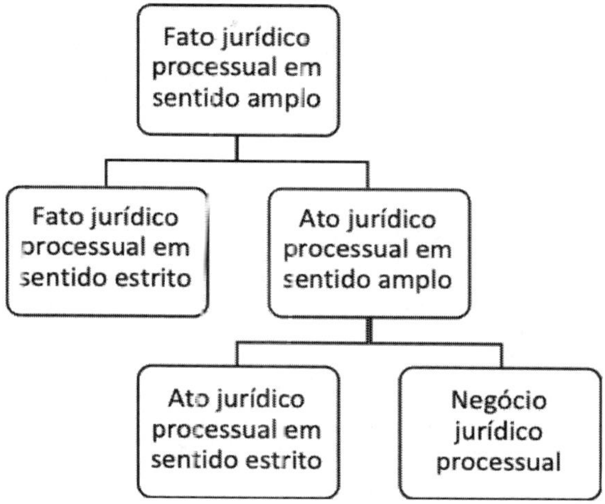

Figura 1 Categorias dos Fatos Jurídicos Processuais
Fonte: autoria própria.

Para o desenvolvimento desta pesquisa deve-se ter em mente que os *negócios jurídicos processuais* são espécie do gênero *atos jurídicos processuais em sentido amplo*, que se diferenciam dos *fatos jurídicos em sentido estrito* em razão da manifestação de vontade dos sujeitos. Os *negócios jurídicos processuais* diferem, ainda, dos *atos jurídicos processuais em sentido estrito* em razão da manifestação de vontade não se restringir à prática do ato, mas também voltar-se à produção de certo efeito jurídico, almejado pelo sujeito.

Dadas estas premissas, parte-se para o conceito de *negócio jurídico processual* adotado na presente pesquisa.

ao_maio2008%2Fdocente%2Fdoc2.doc&usg=AOvVaw0sUu3R8H91dWfQVJL6gQHd. Acesso em 10/09/2019, p. 24.

2.3 CONCEITO DE NEGÓCIO JURÍDICO PROCESSUAL ADOTADO

A doutrina traça diversos conceitos de negócio jurídico processual[29-30-31-32], dos quais se extrai que ele é instrumento de exercício da autonomia privada, por meio do qual os sujeitos exaram manifestação de vontade, optando pela incidência de efeitos legais[33] ou convencio-

---

29 Antonio do Passo Cabral entende que os negócios jurídicos processuais são os atos capazes de produzir efeitos no processo, escolhidos em função da vontade daquele que o pratica, consistindo, geralmente, em declarações de vontade uni, bi ou plurilaterais, que, conforme admitido pelo ordenamento jurídico, podem constituir, modificar e extinguir situações processuais ou, ainda, alterar o procedimento (CABRAL, Antonio do Passo. *Convenções Processuais*. 2 ed. rev., atual. e ampl. Salvador: Juspodivm, 2018, p. 52). O autor entende que os negócios jurídicos processuais se limitam aos atos das partes, pois, em sua concepção, não cabe ao juiz deles participar (CABRAL, Antonio do Passo. *Convenções Processuais*. 2 ed. rev., atual. e ampl. Salvador: Juspodivm, 2018, cap. 4). Esse não é o posicionamento adotado no presente estudo, conforme será abordado no capítulo 5.

30 Para o civilista César Fiuza, negócios jurídicos processuais são, antes de tudo, contratos, e a importância de assim qualificá-los residiria, principalmente, na possibilidade de aplicação das normas gerais dos contratos, mormente princípios como o da boa-fé e demais requisitos de validade (FIUZA, César. Contratos Empresariais e negócios processuais. *In*: PERUCCI, Felipe Falconi; MAIA, Felipe Fernandes Ribeiro; LEROY, Guilherme Costa (Org.). *Os impactos do novo CPC no direito empresarial*. Belo Horizonte: D'Plácido, 2017, p. 37-38).

31 Robson Godinho cita o conceito concebido pelo português Miguel Teixeira de Sousa (SOUSA, Miguel Teixeira de. *Estudos sobre o novo processo civil*. Lisboa: Lex, 1997, p. 193-194) no sentido de que os negócios processuais são atos de caráter negocial que constituem, modificam ou extinguem uma situação processual, produzindo efeitos processuais; neles, os sujeitos manifestam não só a vontade de produzir a declaração negocial (vontade de ação), e de, através desta, exprimir um pensamento (vontade de declaração), como também a vontade de produzir certo efeito (vontade de resultado) em um processo pendente ou futuro. Godinho defende que a característica relevante para definir um ato como negócio jurídico é o fato de a vontade estar direcionada não somente para a prática do ato, mas também para a produção de um determinado efeito jurídico (GODINHO, Robson Renault. *Negócios processuais sobre o ônus da prova no novo CPC*. São Paulo: RT, 2015, p. 130 e 134).

32 Para Fredie Didier Jr. e Pedro Nogueira negócio jurídico processual é o fato jurídico voluntário cujo suporte fático baseia-se no poder do sujeito em escolher a categoria jurídica ou estabelecer certas situações jurídicas processuais, desde que dentro dos limites fixados pelo próprio ordenamento jurídico (DIDIER JR; Fredie; NOGUEIRA, Pedro Henrique Pedrosa. *Teoria dos fatos jurídicos processuais*. 2. ed. Salvador: Juspodivm, 2013, p. 59-60). Antonio do Passo Cabral critica o uso da expressão "escolha da categoria jurídica" no conceito de negócio jurídico por entender que a palavra "categoria" não tem sentido técnico-jurídico próprio, assinalando que a opção por um tipo ou outro, dentro daqueles que são autorizados pelo sistema jurídico, é algo comum tanto aos atos quanto aos negócios jurídicos (CABRAL, Antonio do Passo. *Convenções Processuais*. 2 ed. rev., atual. e ampl. Salvador: Juspodivm, 2018, p. 73).

33 Entende-se que ainda que os efeitos decorram da lei, sem que os sujeitos possam escolhê-los, haverá negócio jurídico processual. A possibilidade de escolher a categoria jurídica não significa que o sujeito possa regular todos os efeitos do negócio, mas sim que os almeja e, por isso, manifesta sua vontade no sentido de produzi-los. Nesse mesmo sentido, Devis Echandía, afirma que os negócios jurídicos processuais são aqueles em que o resultado só se produz se o interessado o desejar, contudo tais resultados podem derivar da lei ou da vontade do agente (ECHANDÍA, Hernando Devis. *Teoria General del Proceso* - Aplicable a toda clase de procesos. Buenos Aires: Editorial Universidad, 1997, p. 379). Paula Costa e Silva também entende que no negócio processual nem todos os efeitos estão abrangidos pela vontade do sujeito, havendo efeitos do ato processual negocial que decorrem da lei (SILVA, Paula Costa e. *Acto e Processo: o dogma da irrelevância da vontade na interpretação e nos vícios do acto postulativo*. Coimbra ed., 2003, p. 270). Não há, assim, necessidade de se verificar

nais a processo futuro ou atual, e criam, modificam ou extinguem situações jurídicas processuais[34] ou, ainda, alteram o procedimento. Esse é o conceito adotado na presente pesquisa.

2.4 NEGÓCIOS JURÍDICOS UNILATERAIS, BILATERAIS E PLURILATERAIS

Os negócios jurídicos processuais podem ser classificados como unilaterais, bilaterais ou plurilaterais. Tal classificação pode decorrer da formação do ato, considerando-se a quantidade de manifestações de vontade – sendo unilaterais quando praticados por um único sujeito e bi ou plurilaterais quando praticados por mais de um sujeito – ou, ainda, das consequências por ele produzidas – sendo unilaterais quando estabelecem obrigações e regras que oneram apenas um sujeito e bi ou plurilaterais quando estabelecem obrigações e regras a todos que celebram o acordo[35].

Não obstante a crítica existente em torno da classificação dos negócios jurídicos processuais unilaterais[36], é possível concluir, pelo conceito adotado no presente estudo, que eles existem, podendo ser citados como exemplos: a escolha do juízo da execução (art. 516, parágrafo único, CPC/15), a opção pelo parcelamento do pagamento do valor da execução (art. 916, CPC/15), a desistência da penhora (art. 851, III, CPC/15), a opção do exequente pelas perdas e danos na execução de obrigação de fazer (art. 816, CPC/15). Além destes exemplos, Leonardo Carneiro da Cunha cita outros, como a desistência

---

a correspondência unívoca entre a vontade e os efeitos resultantes do ato, pois nem mesmo no plano do direito material tal coincidência se verifica (NOGUEIRA, Pedro Henrique. *Negócios jurídicos processuais*. 2 ed. rev., ampl e atual. Salvador: Juspodivm, 2016, p. 182).

34 Ainda sobre situações jurídicas processuais, cf. CASTRO, Torquato. *Teoria da situação jurídica em direito privado nacional*. São Paulo: Saraiva, 1985, *passim*; SILVA, Paula Costa e. *Acto e Processo:* o dogma da irrelevância da vontade na interpretação e nos vícios do acto postulativo. Coimbra ed., 2003, *passim* e NOGUEIRA, Pedro Henrique. *Negócios jurídicos processuais*. 2 ed. rev., ampl e atual. Salvador: Juspodivm, 2016, p. 78-92.

35 CABRAL, Antonio do Passo. *Convenções Processuais*. 2 ed. rev., atual. e ampl. Salvador: Juspodivm, 2018, p. 53-55.

36 Negando a utilidade da categoria de negócios jurídicos unilaterais no direito brasileiro: FARIA, Juliana Cordeiro de; MARX NETO, Edgard Audomar. Negócios jurídicos processuais unilaterais? *In*: CABRAL, Antonio do Passo; NOGUEIRA, Pedro Henrique (Coord.). *Negócios processuais*. Tomo II. Salvador: Juspodivm, 2020, p. 111-135.

do recurso, o reconhecimento da procedência do pedido e a renúncia ao recurso ou ao direito sobre o qual se funda a ação[37].

O negócio jurídico processual bilateral, por sua vez, é fruto do ajuste de vontade de dois sujeitos ou conjunto de sujeitos que ocupam polos distintos no processo[38]. São exemplos de negócios jurídicos processuais bilaterais: a redução de prazos peremptórios (art. 222, §1º, CPC/15), a suspensão convencional do processo (art. 313, II, CPC/15), a eleição de foro (art. 63, CPC/15), o adiamento da audiência (art. 362, I, CPC/15), a distribuição diversa do ônus da prova (art. 373, §3º e 4º, CPC/15), a liquidação da sentença por arbitramento (art. 509, I, CPC/15), a escolha consensual do perito (art. 471, CPC/15) e a cláusula arbitral (art. 42, CPC/15).

Os negócios jurídicos processuais plurilaterais pressupõem a participação de terceiros estranhos ao processo ou, ainda, do juiz[39-40]. São exemplos de negócios jurídicos processuais plurilaterais: a mudança no procedimento das intervenções de terceiros[41], a sucessão processual voluntária (art. 109, CPC/15), o calendário processual

---

37 Leonardo Carneiro da. Negócios jurídicos processuais no processo civil brasileiro. *In:* CABRAL, Antonio do Passo; NOGUEIRA, Pedro Henrique (Coords.). *Negócios processuais*. 2. ed. rev. Atual. e ampl. - Salvador: Juspodivm, 2016, p. 56). Ressalta-se que Juliana Cordeiro de Faria e Edgard Audomar Marx adotam posicionamento contrário no sentido de que desistência e renúncia não são negócios processuais, pois as partes não podem conformar-lhes os efeitos (FARIA, Juliana Cordeiro de; MARX NETO, Edgard Audomar. Negócios jurídicos processuais unilaterais? *In:* CABRAL, Antonio do Passo; NOGUEIRA, Pedro Henrique (Coords.). *Negócios processuais*. Tomo II. Salvador: Juspodivm, 2020, p. 124). O posicionamento adotado na presente pesquisa é de que tanto a desistência quanto a renúncia são negócios jurídicos processuais unilaterais, na medida em que, para serem classificados como tais, não se faz necessário que o sujeito possa escolher o alcance dos efeitos, mas apenas optar por produzi-los, conforme conceito de negócio jurídico processual adotado. Além disso, apesar de ambos – renúncia e desistência – repercutirem no direito material, não é possível negar que produzem efeitos processuais, como a extinção do processo. No que se refere à simultaneidade entre repercussão no direito processual e material, cf. a lição de Antonio do Passo Cabral: "Qualquer efeito, principal ou acessório, direito ou indireto, que se produza ou se possa produzir em um processo é apto a definir a convenção como sendo processual, ainda que simultaneamente aquela mesma manifestação também repercuta no direito material" (CABRAL, Antonio do Passo. *Convenções Processuais*. 2 ed. rev., atual. e ampl. Salvador: Juspodivm, 2018, p. 72).

38 TALAMINI, Eduardo. *Um processo para chamar de seu:* nota sobre os negócios jurídicos processuais. Disponível em: http://www.migalhas.com.br/dePeso/16,MI228734,61044-Um+processo+pra+chamar+de+seu+nota+sobre+os+negocios+juridicos. Acesso em: 10/03/2019, p. 2.

39 NOGUEIRA, Pedro Henrique. *Negócios jurídicos processuais*. 2 ed. rev., ampl e atual. Salvador: Juspodivm, 2016, p. 197-198.

40 A possibilidade de o juiz figurar como parte de convenção processual será tratada em tópico específico do presente trabalho, no capítulo 5.

41 Enunciado 491 do FPPC: É possível negócio jurídico processual que estipule mudanças no procedimento das intervenções de terceiros, observada a necessidade de anuência do terceiro quando lhe puder causar prejuízo.

(art. 191, CPC/15) e a audiência de saneamento e organização em cooperação com as partes (art. 357, §3º, CPC/15).

A espécie de negócio jurídico processual derivada da manifestação de vontade de mais de um sujeito processual – seja bilateral ou plurilateral – é denominada pela doutrina de convenção, acordo ou contrato[42] processual.

Leonardo Greco conceitua as convenções como atos bilaterais praticados no curso do processo ou para nele produzirem efeitos, dispondo sobre questões do processo – subtraindo-as da apreciação judicial – ou condicionando o conteúdo de decisões judiciais subsequentes[43].

Antonio do Passo Cabral conceitua as convenções processuais como negócio jurídico plurilateral por meio do qual as partes – antes ou durante o processo e sem que seja necessária a intervenção de outros sujeitos – criam, modificam ou extinguem situações jurídicas processuais, ou alteram o procedimento[44].

É das convenções processuais que a presente pesquisa se ocupará[45].

---

42 Antonio Cabral aponta para a inadequação do termo "contrato" como sinônimo de todas as espécies de convenções processuais; defende que esta nomenclatura se relaciona a uma ideologia patrimonialista e obrigacional, dizendo respeito a interesses contrapostos, o que se verificaria apenas em algumas convenções processuais, a exemplo daquelas que dispõem sobre a distribuição de custos do processo de maneira diversa da estipulada em lei (CABRAL, Antonio do Passo. *Convenções Processuais*. 2 ed. rev., atual. e ampl. Salvador: Juspodivm, 2018, p. 57-59). Também entendendo pelo conteúdo patrimonial do termo "contrato" e pela necessária existência de interesses contrapostos: MOREIRA, José Carlos Barbosa. Convenções das partes sobre matéria processual. *Temas de direito processual*, 3a série, São Paulo: Saraiva, 1984, p. 88 - 89 e DIDIER JR., Fredie. Curso de direito processual civil. 17 ed. Salvador: Juspodivm, 2015, v. 1, p. 379. Contudo a nomenclatura depende da concepção que se tem de contrato, pois, ao adotar-se um conceito mais amplo, superando-se a ideia de sinalagma e vontades opostas e passando a compreendê-lo como um mecanismo utilizado para a elaboração de uma negociação, defende-se que é possível utilizar o termo contrato como sinônimo de convenção. Nesse sentido, AMRANI-MEKKI, Soraya. *Le temps et le procès civil*. Paris: Dalloz, 2002, p. 286: "Il est possible d'y voir un contrat en considérant le contrat, non plus comme une notion fonctionnelle, mais comme un mécanisme. Il y a contrat dès lors qu'il y a un mécanisme contractuel d'élaboration d'une acte: la négociation. La force obligatoire n'est plus un élément constitutif".

43 GRECO, Leonardo. Os atos de disposição processual – primeiras reflexões. *In*: MEDINA, José Miguel Garcia et al. (Coord.). *Os poderes do juiz e o controle das decisões judiciais*: estudos em homenagem à professora Teresa Arruda Alvim Wambier. São Paulo: RT, 2008, p. 291.

44 CABRAL, Antonio do Passo. *Convenções Processuais*. 2 ed. rev., atual. e ampl. Salvador: Juspodivm, 2018, p. 74.

45 Justifica-se o referido recorte na medida em que os negócios unilaterais probatórios – renúncia à determinada prova somente pelo autor, por exemplo – não vinculam a outra parte que, ainda assim, terá o direito de produzir provas, em atenção aos princípios da ampla defesa e do contraditório. Para o presente estudo importam os acordos bilaterais ou plurilaterais, a fim de verificar se eles prevaleceriam sobre os poderes instrutórios do juiz.

2.5 CONVENÇÕES PROCESSUAIS DISPOSITIVAS E OBRIGACIONAIS

O art. 190 do CPC/15 serve como parâmetro conceitual às convenções processuais, definindo-as como aquelas realizadas em processos que admitam autocomposição, por meio das quais as partes podem estipular mudanças no procedimento, a fim de ajustá-lo às especificidades da causa ou, ainda, convencionar acerca de seus ônus, poderes, faculdades e deveres processuais, antes ou durante o processo.

Antonio Cabral divide as convenções processuais em (i) *acordos dispositivos* e (ii) *acordos obrigacionais*[46].

Os *acordos dispositivos* – ou, na classificação realizada por Pedro Henrique Nogueira, *acordos de procedimento*[47] – são aqueles aptos a modificar regras processuais ou procedimentais[48]. Tais acordos servem para a derrogação de normas: na preexistência de acordo dispositivo a regra geral não incide. São, por exemplo, as convenções que versam sobre a prorrogação da competência[49].

Os *acordos obrigacionais*, por sua vez, não se prestam a alterar o procedimento, mas sim a criar, modificar ou extinguir obrigações processuais; convenciona-se o exercício ou o não exercício de prerrogativas processuais[50], a exemplo da convenção para inversão do ônus da prova ou o pacto de não executar provisoriamente a sentença.

Esmiuçando, assim, o art. 190 do CPC/15, é possível verificar que a primeira parte – "mudanças no procedimento para ajustá-lo às especificidades da causa" – se refere aos acordos dispositivos ou acordos sobre o procedimento, enquanto a segunda parte – "convencionar

---

46 CABRAL, Antonio do Passo. *Convenções Processuais*. 2 ed. rev., atual. e ampl. Salvador: Juspodivm, 2018, p. 79.

47 NOGUEIRA, Pedro Henrique. *Negócios jurídicos processuais*. 2 ed. rev., ampl e atual. Salvador: Juspodivm, 2016, p. 264-266.

48 Entendendo pela não correspondência entre a classificação das convenções em (i) convenções dispositivas e obrigacionais e em (ii) convenções sobre o procedimento e convenções sobre situações jurídicas processuais, por compreender que a primeira delas está relacionada aos efeitos do negócio, enquanto a segunda faz referência ao objeto da convenção: ALVES, Tatiana Machado. Ensaio sobre a classificação das convenções probatórias. In: CABRAL, Antonio do Passo; NOGUEIRA, Pedro Henrique (Coord.). *Negócios processuais*. Tomo II. Salvador: Juspodivm, 2020, p. 333.

49 CABRAL, Antonio do Passo. *Convenções Processuais*. 2 ed. rev., atual. e ampl. Salvador: Juspodivm, 2018, p. 79-80.

50 CABRAL, Antonio do Passo. *Convenções Processuais*. 2 ed. rev., atual. e ampl. Salvador: Juspodivm, 2018, p. 80.

sobre os seus ônus, poderes, faculdades e deveres processuais" – trata de acordos obrigacionais.

Em se tratando de convenções em matéria probatória – tema a ser explorado no decorrer do presente estudo –, estas podem ser tanto dispositivas, quanto obrigacionais, ou seja: as partes podem estipular apenas mudanças no procedimento probatório – alterando a ordem de produção das provas, por exemplo – e/ou podem dispor sobre seus ônus, poderes, faculdades e deveres – invertendo o ônus da prova, abrindo mão de determinado meio de prova, dentre outras possibilidades.

Salienta-se que nem sempre tais categorias serão facilmente identificadas, pois a imposição de uma mudança no procedimento pode impactar em uma determinada situação processual e vice-versa[51]. Entende-se que a vontade preponderantemente manifestada pelos sujeitos deve ser levada em consideração: se as partes direcionaram a manifestação de vontade à criação, modificação ou extinção de situações jurídicas processuais, ela será obrigacional; se o objetivo principal foi alterar o procedimento, a convenção será dispositiva[52].

2.6 CONVENÇÕES PROCESSUAIS TÍPICAS E ATÍPICAS

O critério para a classificação das convenções em típicas e atípicas deriva da existência de previsão legal: as convenções típicas são aquelas previstas expressamente pelo legislador, enquanto as atípicas são criadas pela autonomia privada, ainda que não haja na legislação a previsão de um modelo a ser adotado[53].

As convenções processuais típicas já são, há muito, conhecidas e aceitas pela doutrina, a exemplo da cláusula de eleição de foro, do compromisso arbitral, da suspensão convencional do processo e da distribuição convencional do ônus da prova[54].

---

51 Apontando a dificuldade em traçar um limiar entre os dois gêneros, especialmente em relação às convenções probatórias: ALVES, Tatiana Machado. Ensaio sobre a classificação das convenções probatórias. In: CABRAL, Antonio do Passo; NOGUEIRA, Pedro Henrique (Coord.). *Negócios processuais*. Tomo II. Salvador: Juspodivm, 2020, p. 331.

52 BARREIROS, Lorena Miranda. *Convenções processuais e poder público*. Salvador: Juspodivm, 2016, 219.

53 CABRAL, Antonio do Passo. *Convenções Processuais*. 2 ed. rev., atual. e ampl. Salvador: Juspodivm, 2018, p. 94.

54 Outros exemplos de convenções processuais típicas podem ser vislumbrados em GRECO, Leonardo. Os atos de disposição processual – primeiras reflexões. *In*: MEDINA, José Miguel Garcia et al. (Coord.). *Os poderes do juiz e o controle das decisões judiciais*: estudos em homenagem à professora Teresa

A dúvida pairava sobre a possibilidade de serem realizadas convenções processuais atípicas, ou seja, se caberia às partes, no exercício de sua autonomia privada, firmarem convenções processuais que não estivessem expressamente previstas na legislação.

Entende-se que o CPC/73 continha previsão expressa no sentido de autorizar a realização de convenções processuais[55], ao passo que a norma do art. 158 do CPC/73[56] (reproduzida no art. 200 do CPC/15[57]) conferia às partes a possibilidade de constituírem, modificarem ou extinguirem direitos processuais, por meio de declarações unilaterais ou bilaterais de vontade.

Não obstante tal previsão, grande parte da doutrina se posicionava no sentido de não admitir a realização de negócios jurídicos processuais[58], pautando-se, essencialmente, no argumento de que, no processo, os efeitos não decorrem direta e expressamente da vontade das partes, mas sim da lei ou, ainda, de intervenção judicial.

Arruda Alvim Wambier. São Paulo: RT, 2008, p. 303-304 e em ZUFELATO, Camilo. Flexibilização procedimental e gestão processual no direito brasileiro. *In*: ZUFELATO, Camilo; BONATO, Giovanni; SICA, Heitor Vitor Mendonça; CINTRA, Lia Carolina Batista (Org.). *I Colóquio Brasil-Itália de direito processual civil*. Salvador: Juspodivm, 2016, p. 259.

55 Nesse sentido, ANDRADE, Érico. A "Contratualização" do Processo. *In*: THEODORO JUNIOR, Humberto (Coord.). JAYME, Fernando Gonzaga; GONÇALVES, Gláucio Maciel; FARIA, Juliana Cordeiro de; FRANCO, Marcelo Veiga; ARAÚJO, Mayara de Carvalho; CREMASCO, Suzana Santi (Org.). *Processo Civil Brasileiro*: Novos Rumos a partir do CPC/2015. Belo Horizonte: Del Rey, 2016, p. 51 e CABRAL, Antonio do Passo. *Convenções Processuais*. 2 ed. rev., atual. e ampl. - Salvador: Juspodivm, 2018, p. 39.

56 Art. 158, CPC/73: Os atos das partes, consistentes em declarações unilaterais ou bilaterais de vontade, produzem imediatamente a constituição, a modificação ou a extinção de direitos processuais.

57 Art. 200, CPC/15: Os atos das partes consistentes em declarações unilaterais ou bilaterais de vontade produzem imediatamente a constituição, modificação ou extinção de direitos processuais.

58 Negando a existência de convenções em matéria processual no direito brasileiro, ainda sob a vigência do Código de Processo Civil de 1973 e, principalmente, pautados no argumento de que os atos de vontade praticados pelas partes produziriam no processo apenas os efeitos ditados pela lei, não cabendo a elas escolhê-los: DINAMARCO, Cândido Rangel. *Instituições de direito processual civil*. 6. ed. rev. e atual, v. II, São Paulo: Malheiros, 2009, p. 484; MITIDIERO, Daniel. *Colaboração no processo civil:* pressupostos sociais, lógicos e éticos. São Paulo: RT, 2009, p. 15-16; CÂMARA, Alexandre Freitas. *Lições de direito processual civil*. 25. ed., São Paulo: Atlas, v. 1, 2014, p. 276; GRECO FILHO, Vicente. *Direito processual civil brasileiro*. 20. ed., São Paulo: Saraiva, v. 2, n. 1, 2009, p. 6; SANTOS, Ernane Fidélis dos. *Manual de direito processual civil:* processo de conhecimento. 13. ed., São Paulo: Saraiva, v. 1, n. 341, 2009, p. 205-206. Registre-se que, após o CPC/15 alguns autores que antes se posicionavam contrários à existência de negócios processuais passaram a aceitá-los: CÂMARA, Alexandre Freitas. *O novo processo civil brasileiro*. 3 ed. São Paulo: Atlas, 2017; DINAMARCO, Cândido Rangel; LOPES, Bruno Vasconcelos Carrilho. *Teoria geral do novo processo civil*. São Paulo: Malheiros, 2016, p. 187. Mesmo após a edição do CPC/15, alguns autores afirmam que o art. 158 do CPC/73 não pode ser visto como uma cláusula geral de negociação processual, como, por exemplo: GAJARDONI, Fernando da Fonseca; DELLORE, Luiz; ROQUE, André Vasconcelos; OLIVEIRA JR., Zulmar Duarte de. *Teoria Geral do Processo: Comentários ao CPC de 2015*. Rio de Janeiro: Forense, 2015, p. 613-614.

Tal interpretação – alicerçada no viés publicista de processo – culminou na frequente limitação da atuação privada no processo civil, reduzindo a possibilidade de ingerência das partes às hipóteses típicas de negociação processual. Consequentemente, o debate sobre o tema das convenções processuais atípicas foi praticamente esquecido durante um longo período, não apenas pela processualística brasileira, mas por grande parte da doutrina processual ocidental[59].

Contudo, diante das modificações ocorridas no cenário processual[60], e forjado com base em modelo cooperativo[61], o CPC/15 ampliou a participação das partes na condução do processo, passando a prever expressamente a realização de negócios jurídicos processuais atípicos pelas partes, conforme art. 190.

Trata-se de cláusula geral de negociação processual[62], que, assim como aquela contida no art. 425 do CC/02 – que permite que as partes estipulem negócios jurídicos atípicos no âmbito do direito material –, possui escopo propositalmente vago, permitindo a oxigenação do direito[63] ao conferir liberdade criativa aos sujeitos do processo.

Com a previsão contida no art. 190 do CPC/15, deu-se um imenso passo rumo à ampliação da autonomia privada das partes no processo e do respeito ao autorregramento da vontade. Entende-se que não mais se vislumbra campo de debate sobre a possibilidade ou não de serem realizadas convenções processuais atípicas na atualidade, pois, ao que parece, entendimento nesse sentido iria de encontro à disposição legal expressa[64].

Assim, respeitadas as diretrizes fixadas pelo legislador, a cláusula geral permite a criação de novas hipóteses de convenções processuais

---

59 Remo Caponi assevera que a doutrina italiana se mantém em silêncio sobre o tema das convenções processuais, rompido, às vezes por alguma breve voz enciclopédica, por alguma nota de sentença ou por alguma observação de rodapé nos estudos doutrinários dedicados a outros assuntos. (CAPONI, Remo. Autonomia privata e processo civile: gli accordi processuale. *In:* CABRAL, Antonio do Passo; NOGUEIRA, Pedro Henrique (Coords.). *Negócios processuais.* 2. ed. rev. Atual. e ampl. - Salvador: Juspodivm, 2016, p. 208-209).

60 O tema foi abordado no primeiro capítulo da presente pesquisa.

61 MITIDIERO, Daniel. *Colaboração no processo civil*: pressupostos sociais, lógicos e éticos. São Paulo: RT, 2009.

62 THEODORO JÚNIOR, Humberto; NUNES, Dierle; BAHIA, Alexandre Melo Franco; PEDRON, Flávio Quinaud. *Novo CPC:* Fundamentos e Sistematização. Rio de Janeiro: Forense, 2ª Ed., 2015, p. 267.

63 MÜLLER, Julio Guilherme. *Negócios processuais e desjudicialização da produção da prova:* análise econômica e jurídica. São Paulo: RT, 2017, p. 95.

64 Nesse sentido, DIDIER JR., Fredie. *Curso de direito processual civil.* 17 ed. Salvador: Juspodivm, 2015, v. 1, p. 380.

pelos sujeitos do processo, tanto no âmbito da disposição sobre seus ônus, poderes, faculdades e deveres processuais, quanto no âmbito dos ajustes relacionados ao procedimento[65], adequando-o às especificidades do caso concreto.

A doutrina elenca diversas hipóteses de convenções processuais atípicas[66], a saber: (i) acordo de impenhorabilidade, (ii) acordo sobre a ordem de penhora, (iii) acordo de instância única[67], (iv) ampliação ou redução de prazos, (v) superação de preclusão, (vi) substituição de bem penhorado, (vii) rateio de despesas processuais[68], (viii) dispensa consensual de assistente técnico, (ix) acordo sobre efeito suspensivo de recursos, (x) acordo para não promover execução provisória, (xi) dispensa de caução em execução provisória[69], (xii) limitação do número de testemunhas, (xiii) autorização de intervenção de terceiros fora das hipóteses legais, (xiv) acordo para permitir decisão por equidade ou baseada em direito estrangeiro, (xv) acordo sobre pressupostos processuais, (xvi) pacto de mediação ou conciliação extrajudicial prévia obrigatória ou de exclusão da audiência de conciliação ou mediação do art. 334 do CPC, (xvii) acordo para disponibilização prévia de documentos (pacto de *disclosure*), (xviii) previsão de meios alternativos de comunicação entre as partes, (xix) produção antecipada de prova, (xx) acordo para que a parte contrária possa estar presente no depoimento pessoal da outra, (xxi) *pactum* de *non petendo*[70], (xxii)

65 A propósito, confira-se os enunciados 257 e 258 do FPPC: Enunciado 257: O art. 190 autoriza que as partes tanto estipulem mudanças do procedimento quanto convencionem sobre os seus ônus, poderes, faculdades e deveres processuais; Enunciado 258: As partes podem convencionar sobre seus ônus, poderes, faculdades e deveres processuais, ainda que essa convenção não importe ajustes às especificidades da causa.

66 Exemplos extraídos de DIDIER JR., Fredie. *Curso de direito processual civil.* 17 ed. Salvador: Juspodivm, 2015, v. 1, p. 381-382; Enunciado 19 do FPPC; ALMEIDA, Diogo Assumpção Rezende de. *Das convenções Processuais no Processo Civil.* Tese de Doutorado em Direito. Rio de Janeiro: Faculdade de Direito da Universidade do Estado do Rio de Janeiro. 2014, p. 119-124 e GRECO, Leonardo. Os atos de disposição processual – primeiras reflexões. *In*: MEDINA, José Miguel Garcia et al. (Coord.). *Os poderes do juiz e o controle das decisões judiciais:* estudos em homenagem à professora Teresa Arruda Alvim Wambier. São Paulo: RT, 2008.

67 Sobre convenções processuais sobre a fase recursal, cf. RETES, Tiago Augusto Leite. *Convenções processuais sobre recursos*. Rio de Janeiro: Lumen Juris, 2019.

68 CABRAL, Antonio do Passo. *Convenções sobre os custos da litigância (I)*: admissibilidade, objeto e limites. RePro, n. 277. São Paulo: Ed. RT, mar. 2018, p. 47-78.

69 Enunciado 262 do FPPC: (arts. 190, 520, IV, 521). É admissível negócio processual para dispensar caução no cumprimento provisório de sentença.

70 Sobre o tema, cf. SILVA, Paula Costa e. Pactum de non petendo: exclusão convencional do direito de acção e exclusão convencional da pretensão de direito material. *In*: CABRAL, Antonio do Passo; NOGUEIRA, Pedro Henrique (Coord.). *Negócios processuais*. Salvador: Juspodivm, 2015, p. 409-446.

dispensa de prova de determinado fato, (xxiii) escolha de avaliador de bem penhorado, (xxiv) convenção de utilização da alienação por iniciativa particular, (xxv) escolha do bem a ser penhorado, dentre outras hipóteses que podem vir a ser pensadas pelas partes.

Além da inserção da cláusula geral de negociação atípica, o CPC/15 ampliou o rol de negócios processuais típicos, inclusive em matéria probatória, como é caso da convenção para escolha consensual do perito (art. 471 CPC/15), da convenção sobre distribuição do ônus da prova, (art. 373 §§3º e 4º CPC/15) e da convenção de saneamento do processo (art. 357, § 2º, CPC/15).

Nesse aspecto, conforme será abordado em tópico específico do presente estudo, as convenções processuais típicas servem como importante parâmetro interpretativo às convenções atípicas, podendo ser utilizadas como método comparativo de aproximação e afastamento, graduação e analogia; elas favorecem a isonomia de tratamento em situações semelhantes e o alcance de uma interpretação coerente de todo o sistema[71].

Em matéria probatória, verifica-se a existência de convenções processuais típicas e atípicas, razão pela qual a presente pesquisa abordará ambas, a fim de responder ao problema proposto.

71 CABRAL, Antonio do Passo. *Convenções Processuais*. 2 ed. rev., atual. e ampl. Salvador: Juspodivm, 2018, p. 97.

REQUISITOS DE FORMAÇÃO E LIMITES GERAIS APLICÁVEIS ÀS CONVENÇÕES PROCESSUAIS

As convenções processuais – típicas e atípicas – figuram como instrumento de exercício da autonomia privada e, assim como todo exercício de liberdade, devem se submeter a certas limitações.

No que se refere às convenções típicas, a legislação, via de regra, traça limites mais claros quanto ao alcance da autonomia privada dos sujeitos. O mesmo não se verifica no campo das convenções processuais atípicas, previstas na cláusula geral de negociação processual, que traz poucos parâmetros a serem observados. Isso se dá justamente por ser uma cláusula geral que, abrindo espaço à criatividade dos sujeitos, abrange um sem número de situações.

Assim, um dos grandes desafios a ser transposto pela doutrina é a fixação de limites a serem observados pelas partes ao entabularem convenções processuais atípicas. A fixação de limites busca garantir certa previsibilidade quanto aos requisitos mínimos a serem observados, evitando, assim, que o instituto vire "letra morta" e deixe de ser utilizado pela ausência de segurança jurídica.

Para tanto, devem ser observados tanto os limites legais quanto aqueles traçados pela doutrina a fim de criar um cenário seguro para a realização de convenções processuais.

Inicialmente, destaca-se que, por serem espécie de negócio jurídico, além dos limites decorrentes do direito processual, as convenções processuais devem se submeter aos requisitos contidos nas normas de direito material[1], em verdadeiro exercício de corregulação[2].

---

1 THEODORO JÚNIOR, Humberto; NUNES, Dierle; BAHIA, Alexandre Melo Franco; PEDRON, Flávio Quinaud. *Novo CPC*: Fundamentos e Sistematização. Rio de Janeiro: Forense, 2ª Ed., 2015, p. 280-281.

2 CABRAL, Antonio do Passo. *Convenções Processuais*. 2 ed. rev., atual. e ampl. - Salvador: Juspodivm, 2018, p. 285.

No que se refere aos requisitos fixados pela legislação civil quanto à liberdade de contratar, aplicam-se os arts. 104[3] e 166[4] do CC/02, que dispõem que a validade dos negócios jurídicos depende (i) da capacidade dos contratantes[5], (ii) da licitude e (iii) da possibilidade de determinação do objeto do acordo, (iv) da observância da forma prescrita e não defesa em lei e, por fim, (v) da boa fé[6].

Já no panorama processual, tanto o *caput* quanto o parágrafo primeiro do art. 190 do CPC/15 traçam requisitos específicos atinentes à validade das convenções processuais atípicas, quais sejam: (i) o processo deve versar sobre direitos que admitam autocomposição, (ii) as partes devem ser plenamente capazes, (iii) não pode haver nulidade ou (iv) inserção abusiva de convenção processual em contrato de adesão e (v) não pode uma das partes encontrar-se em manifesta situação de vulnerabilidade.

Os requisitos de direito material e processual acima elencados têm sido agrupados pela doutrina em três planos: existência, validade e eficácia[7], de acordo com a clássica proposta de Pontes de Miranda[8],

---

3 Art. 104, CC/02: A validade do negócio jurídico requer: I - agente capaz; II - objeto lícito, possível, determinado ou determinável; III - forma prescrita ou não defesa em lei.

4 Art. 166, CC/02: É nulo o negócio jurídico quando: I - celebrado por pessoa absolutamente incapaz; II - for ilícito, impossível ou indeterminável o seu objeto; III - o motivo determinante, comum a ambas as partes, for ilícito; IV - não revestir a forma prescrita em lei; V - for preterida alguma solenidade que a lei considere essencial para a sua validade; VI - tiver por objetivo fraudar lei imperativa; VII - a lei taxativamente o declarar nulo, ou proibir-lhe a prática, sem cominar sanção.

5 Não obstante a exigência de capacidade das partes ter sido encampada expressamente pelo art. 190 do CPC/15, parece que a escolha desse requisito foi meramente aleatória e não afasta a incidência das demais disposições da legislação civil às convenções processuais.

6 CABRAL, Antonio do Passo. *Convenções Processuais*. 2 ed. rev., atual. e ampl. - Salvador: Juspodivm, 2018, p. 304-305.

7 Classificação também utilizada na obra Antônio Junqueira Azevedo, que, no âmbito do direito civil, elenca os elementos de existência, validade e eficácia da seguinte forma: 1) Elementos de existência: a) intrínsecos (constitutivos): forma, objeto e circunstâncias negociais e b) extrínsecos (pressupostos): agente, lugar e tempo do negócio. 2) Elementos de validade: a) declaração de vontade válida (ou seja, querida com plena consciência, escolhida com liberdade e deliberada de boa-fé); b) objeto lícito, possível e determinado ou determinável; c) forma livre ou conforme prescrição legal; d) circunstâncias negociais de acordo com a essência do próprio negócio; e) agente capaz e legitimado para o negócio; f) tempo útil e g) lugar apropriado. 3) *Elementos de eficácia*: a) fatores de atribuição da eficácia em geral, sem os quais o ato praticamente não produz efeitos, a exemplo do ato sob condição suspensiva; b) fatores de atribuição da eficácia diretamente visada, negócio produz efeitos, mas não os efeitos normais, a exemplo do negócio realizado entre o mandatário sem poderes e terceiro e c) fatores de atribuição de eficácia mais extensa, que são aqueles indispensáveis para que o negócio se torne oponível a terceiros. (AZEVEDO, Antônio Junqueira. *Negócio jurídico*: existência, validade e eficácia. 4ª ed. atual. de acordo com o novo Código Civil (Lei n. 10.406, de 10-1-2002). São Paulo: Saraiva, 2002, p. 34, 43 e 57).

8 MIRANDA, Pontes de. *Tratado de Direito Privado*, IV. Rio de Janeiro: Borsoi, 1954, p. 11-12.

Diversas são as proposições de classificação dos negócios jurídicos processuais de acordo com os três planos da escada ponteana, dentre as quais se destacam aquelas propostas por: Flávio Yarshell[9], Antonio do Passo Cabral[10], Humberto Theodoro Júnior, Dierle Nunes, Alexandre Bahia e Flávio Pedron[11], Pedro Henrique Nogueira[12], Robson Godinho[13], Jaldemiro Ataíde Júnior[14], César Fiuza[15] e Bruno

---

9 Flávio Yarshell aponta, no campo da existência e da validade dos negócios processuais, os seguintes requisitos: 1) plano da existência: (i) forma escrita; (ii) objeto relacionado à relação jurídica processual ou ao procedimento; (iii) agente; (iv) lugar e (v) tempo; 2) plano da validade: (i) vontade consciente; (ii) boa-fé; (iii) paridade de armas; (iv) objeto lícito, possível, determinado ou determinável; (v) direito substancial passível de autocomposição; (vi) observância ao devido processo legal; (vii) respeito a normas processuais cogentes; (viii) forma escrita e (ix) agente capaz (YARSHELL, Flávio Luiz. Convenção das partes em matéria processual: rumo a uma nova era? *In*: CABRAL, Antonio do Passo; NOGUEIRA, Pedro Henrique (Coord.). *Negócios processuais*. 2. ed. rev. Atual. e ampl. - Salvador: Juspodivm, 2016, p. 77 ss).

10 Antonio do Passo Cabral, tratando especificamente das convenções processuais – negócios bilaterais ou plurilaterais – traça os seguintes requisitos de existência e validade : 1) plano da existência: (i) manifestação de vontade e (ii) consentimento dos convenentes; 2) plano da validade: (i) subjetivos: capacidade; consentimento livre e informado; ausência de vícios na manifestação de vontade (ii) objetivos: licitude, possibilidade jurídica e determinação do objeto do acordo (objeto: normas procedimentais ou situações jurídicas processuais); forma prescrita e não defesa em lei, boa-fé. (CABRAL, Antonio do Passo. *Convenções Processuais*. 2 ed. rev., atual. e ampl. Salvador: Juspodivm, 2018, p. 290 ss e 304 ss).

11 Os autores elencam os seguintes requisitos de existência, validade e eficácia: 1) plano da existência: (i) agente (ii) vontade; (iii) autorregramento da vontade; (iv) objeto e (v) forma; 2) plano da validade: (i) capacidade do agente; (ii) liberdade (da vontade ou do consentimento); (iii) licitude, possibilidade e determinabilidade do objeto e (iv) adequação da forma; 3) plano da eficácia: (i) condição; (ii) termo; (iii) encargo e (iv) consequências do inadimplemento integral (THEODORO JÚNIOR, Humberto; NUNES, Dierle; BAHIA, Alexandre Melo Franco; PEDRON, Flávio Quinaud. *Novo CPC:* Fundamentos e Sistematização. 2ª ed. Rio de Janeiro: Forense, 2015, p. 282-285).

12 Pedro Henrique Nogueira utiliza a seguinte classificação: 1) plano da existência: (i) manifestação e vontade; (ii) autorregramento da vontade e (iii) referibilidade ao procedimento; 2) plano da validade: (i) capacidade processual; (ii) competência; (iii) imparcialidade; (iv) respeito ao formalismo; 3) plano da eficácia: (i) necessidade de homologação em alguns casos e (ii) elementos futuros subordinantes da eficácia, postos pelo exercício da vontade do próprio sujeito (NOGUEIRA, Pedro Henrique. *Negócios jurídicos processuais*. 2 ed. rev., ampl e atual. Salvador: Juspodivm, 2016, p. 206-213).

13 Robson Godinho adere à classificação proposta por Pedro Henrique Nogueira (GODINHO, Robson Renault. *Negócios processuais sobre o ônus da prova no novo CPC*. São Paulo: RT, 2015, p. 137).

14 Jaldemiro Ataíde Júnior, por sua vez, realiza a seguinte classificação: 1) plano da existência: (i) manifestação ou declaração consciente da vontade; (ii) poder de determinação em regulamento da categoria jurídica e (iii) referência a processo, ainda que realizado fora da sede processual; 2) plano da validade: (i) capacidade do agente; (ii) objeto e objetivo lícitos; (iii) forma prescrita ou não defesa em lei; (iv) manifestação de vontade perfeita; (v) versar sobre direitos que admitam autocomposição e (vi) convenção não inserida, abusivamente, em contrato de adesão, nem celebrada diante da manifesta situação de vulnerabilidade de uma das partes; 3) plano da eficácia: (i) participação de todos aqueles que tiveram sua esfera jurídica afetada e (ii) ato integrativo expressamente previsto em le (ATAÍDE JÚNIOR, Jaldemiro Rodrigues de. Negócios jurídicos materiais e processuais – existência, validade e eficácia – campo-invariável e campos-dependentes: sobre os limites dos negócios jurídicos processuais. *In:* CABRAL, Antonio do Passo; NOGUEIRA, Pedro Henrique (Coord.). *Negócios processuais*. 2. ed. rev. Atual. e ampl. - Salvador: Juspodivm, 2016, p. 279).

15 César Fiuza, tratando apenas dos requisitos de validade dos negócios processuais, aponta os seguintes elementos a serem considerados: (i) pluralidade de partes, (ii) boa-fé, (iii) liberdade de contratar, (iv) capacidade das partes, (v) possiblidade, determinabilidade, licitude do objeto e (vi) possibilidade de

Garcia Redondo[16], todas tratadas em nota de rodapé, a fim de garantir a fluidez do texto.

Diante das categorizações acima apontadas, propõe-se a seguinte classificação: 1) *plano da existência*: (i) agente; (ii) manifestação de vontade; (iii) objeto; (iv) forma; (v) lugar e (vi) tempo; 2) *plano da validade*: (i) capacidade do agente; (ii) declaração de vontade válida, baseada em consentimento livre e informado; (iii) objeto lícito, possível e determinado ou determinável; (iv) direito substancial passível de autocomposição; (v) respeito à boa-fé objetiva; (vi) forma prescrita e não defesa em lei; (vii) ausência de inserção abusiva em contrato de adesão e (viii) ausência de manifesta situação de vulnerabilidade de uma das partes (paridade de armas) e 3) *plano da eficácia*: (i) homologação quando prevista pela lei ou pela vontade das partes (ii) ocorrência de condição, termo ou encargo contratualmente previstos e (iii) análise dos limites subjetivos do negócio jurídico.

Passa-se, então, à análise dos pressupostos de existência e requisitos de validade das convenções processuais, bem como das condições de eficácia e demais limites apontados pela doutrina para que, no capítulo seguinte, se possa verificar quais são as limitações específicas atinentes às convenções processuais em matéria probatória.

3.1 REQUISITOS DE EXISTÊNCIA E VALIDADE DAS CONVENÇÕES PROCESSUAIS

A abordagem conjunta dos requisitos de existência e validade das convenções processuais se justifica na medida em que a análise da existência consiste em verificar quais elementos o negócio deve ter

---

autocomposição (FIUZA, César. Contratos Empresariais e negócios processuais. *In*: PERUCCI, Felipe Falconi; MAIA, Felipe Fernandes Ribeiro; LEROY, Guilherme Costa (Org.). *Os impactos do novo CPC no direito empresarial*. Belo Horizonte: D'Plácido, 2017, p. 38 a 42).

16 Bruno Garcia Redondo categoriza os negócios jurídicos processuais da seguinte forma: 1) plano da existência: (i) agente (capacidade para ser parte), (ii) vontade, (iii) autorregramento da vontade, (iv) objeto e (v) forma; 2) plano da validade: (i) capacidade processual e postulatória, (ii) liberdade da vontade, (iii) equilíbrio pautado na inexistência de vulnerabilidade ou hipossuficiência, (iv) licitude, determinabilidade e possibilidade do objeto, (v) direito substancial passível de autocomposição, (vi) adequação da forma, (vii) proporcionalidade/razoabilidade do conteúdo convencionado; 3) plano da eficácia: (i) eficácia objetiva: necessidade de homologação – quando prevista pela lei ou pela vontade das partes - e ocorrência condição termo ou encargo previstos pelas partes e (ii) eficácia subjetiva: eficácia em relação àqueles que participaram da celebração (REDONDO, Bruno Garcia. Negócios jurídicos processuais. *In*: WAMBIER, Luiz Rodrigues; WAMBIER, Teresa Arruda Alvim (Coord.). *Temas essenciais do novo CPC:* análise das principais alterações do sistema processual civil brasileiro. São Paulo: RT, 2016, p. 227-236).

para existir, e a análise da validade consiste na atribuição de qualidades a esses elementos[17]. Ambos os requisitos estão, portanto, interligados.

Veja-se dois exemplos: para que a convenção exista, deve haver a manifestação de vontade de um agente (elementos necessários) e, para que seja válida, o agente deve ser capaz e a manifestação de vontade deve se pautar em consentimento livre e informado (qualidades que os elementos devem ter); a existência da convenção depende de um objeto (elemento necessário) e, para que esta seja válida, o objeto deve ser lícito, possível, determinado ou determinável (qualidades que o elemento deve ter).

Feitas essas considerações, passa-se à análise dos requisitos de existência e validade das convenções processuais.

3.1.1 Tempo e lugar das convenções processuais

Diante da previsão legal contida no art. 190 do CPC/15, a discussão acerca da possibilidade de realização de convenções processuais prévias à existência de um processo parece ter-se tornado inócua. Ademais, conforme conceito adotado no presente trabalho, não é o local da celebração da convenção que lhe confere natureza processual, mas sim a possibilidade de produzir efeitos em processo futuro ou atual.

Assim, pela literalidade do art. 190 do CPC, as partes podem estipular mudanças no procedimento e/ou convencionar sobre situações jurídicas processuais dentro ou fora do ambiente processual (lugar), bem como antes ou depois do ajuizamento da ação (tempo), ou seja: mesmo antes de haver litígio, é possível convencionar sobre processo futuro.

Frisa-se que a última hipótese é ideal para a realização de convenções processuais, pois, a rigor, o cenário que antecede o litígio é mais favorável ao consenso do que aquele inaugurado após a propositura de ação judicial. Além disso, nesse momento é possível convencionar sobre atividades processuais extrajudiciais[18] como, por exemplo, a obrigatoriedade de realização de audiência de conciliação/mediação

---

17 AZEVEDO, Antônio Junqueira. *Negócio jurídico: existência, validade e eficácia*. 4ª ed. atual. de acordo com o novo Código Civil (Lei n. 10.406, de 10-1-2002). São Paulo: Saraiva, 2002, p. 42.

18 YARSHELL, Flávio Luiz. Convenção das partes em matéria processual: rumo a uma nova era? *In*: CABRAL, Antonio do Passo; NOGUEIRA, Pedro Henrique (Coord.). *Negócios processuais*. 2. ed. rev. Atual. e ampl. - Salvador: Juspodivm, 2016, p. 79.

antes da propositura de demanda judicial ou, ainda, acordo sobre a prévia disponibilização de documentação (pacto de *disclosure*). Tais acordos podem, inclusive, desestimular a propositura de eventual ação, o que, sem dúvida, é uma das grandes utilidades das convenções pré-processuais.

Segundo Cadiet, a convenção realizada previamente à existência de conflito entre as partes "é um exercício de sabedoria contratual", por ser esse o momento mais propício ao acordo, haja vista o conflito ainda não ter-se consolidado[19].

Certamente é mais fácil alcançar um acordo entre as partes antes da eclosão do litígio, especialmente no âmbito das convenções processuais obrigacionais. Isso porque é no momento da elaboração do contrato de direito material que as partes estão mais aptas ao consenso e até mesmo a abrir mão de certas garantias processuais em prol de benefícios negociais. Nada impede, por exemplo, que um fornecedor conceda desconto ao seu cliente caso este abdique de produzir determinada prova ou até mesmo renuncie a possível recurso em eventual ação judicial.

Nesse aspecto, ressalta-se o papel essencial do advogado na realização de convenções processuais prévias. Conforme será abordado neste capítulo, consiste em requisito de validade das convenções processuais a manifestação de vontade, traduzida no consentimento livre e informado daquele que firma a convenção. Assim, considerando que, não raras vezes, o leigo desconhece a legislação processual e as consequências de suas renúncias e direitos, é importante que seja assessorado de forma a ter consciência acerca dos termos da convenção firmada.

Apesar de ser desejável a realização das convenções de maneira prévia ao surgimento do conflito, a existência de dissenso quanto ao direito material não inviabiliza o consenso no âmbito do direito processual. As convenções, além de servirem como instrumento de antecipação convencional do regramento de conflitos, também se apresentam como forma de gestão do processo em curso[20].

---

19 CADIET, Loïc. *Perspectivas sobre o Sistema de Justiça Civil Francesa* – Seis Lições Brasileiras. São Paulo: RT, 2017, p. 80.

20 CADIET, Loïc. *Perspectivas sobre o Sistema de Justiça Civil Francesa* – Seis Lições Brasileiras. São Paulo: RT, 2017, p. 80.

No que tange às convenções realizadas durante o curso do processo, essas podem ser firmadas em qualquer uma das fases, inclusive em fase de recurso, na execução[21] e até mesmo em sede de ação rescisória[22], a depender, obviamente, da natureza da convenção e da fase em que o processo se encontra[23] – a convenção sobre citação deve ser realizada antes da formalização do referido ato, por exemplo.

No entanto, alguns momentos se mostram mais propícios à realização de convenções realizadas durante o curso do processo.

Dentre esses momentos, destaca-se a audiência de conciliação ou de mediação prevista no art. 334 do CPC/15[24]. Muitas vezes a audiência é infrutífera no que se refere à autocomposição do direito material envolvido no litígio, contudo isso não significa que as partes não possam alcançar composição relacionada ao processo. Para que isso ocorra, não basta a boa vontade das partes, também deve haver o treinamento de advogados, juízes e conciliadores para que esclareçam aos litigantes quais aspectos processuais podem ser acordados a fim de obterem tutela jurisdicional mais efetiva e adequada ao caso concreto.

Outro importante momento para a realização de convenções processuais durante o curso do processo é a audiência de saneamento compartilhado prevista no art. 357, §3º do CPC/15[25]. Primeiramente, o referido ato processual é realizado na presença do juiz, o que facilita a fixação de calendário processual (art. 190, CPC/15), bem como a definição de outras questões procedimentais. Além disso, a referida audiência se presta à delimitação das questões de fato sobre as quais recairá a atividade probatória, à delimitação das questões de direito relevantes para a decisão de mérito, e à distribuição do ônus da

21 CABRAL, Antonio do Passo. *Convenções Processuais*. 2 ed. rev., atual. e ampl. Salvador: Juspodivm, 2018, p. 327.

22 DIDIER JR., Fredie; BRAGA, Paula Sarno; OLIVEIRA, Rafael Alexandria de. *Curso de direito processual civil:* teoria da prova, direito probatório, ações probatórias, decisão, precedente, coisa julgada e antecipação dos efeitos da tutela. 14 ed. Salvador: Juspodivm, 2019, v. 2, p. 534.

23 COSTA, Marília Siqueira da. *Convenções processuais sobre intervenção de terceiros*. Salvador: Juspodivm, 2018, p. 133.

24 Tal constatação foi alcançada por pesquisa empírica realizada por Trícia Navarro Xavier Cabral, por meio da qual a autora verificou que, dentre os momentos mais propícios para a realização de atos de disposição - aí incluídos atos de disposição sobre o direito material e o processual - estão a audiência do art. 334 do CPC/15 e a audiência de saneamento (CABRAL, Trícia Navarro Xavier. *Limites da liberdade processual*. Indaiatuba: Editora Foco, 2019, p. 122-124 e 130).

25 DIDIER JR., Fredie. *Ensaios sobre os Negócios Jurídicos Processuais*. Salvador: Juspodivm, 2018, p. 33 e CABRAL, Trícia Navarro Xavier. *Limites da liberdade processual*. Indaiatuba: Editora Foco, 2019, p. 122-124 e 130.

prova. Ou seja, além de ser um excelente momento para a realização de convenções de natureza dispositiva, a audiência de saneamento compartilhado também é o momento propício à realização de convenções obrigacionais.

3.1.2 Capacidade do agente

Embora o *caput* do art. 190 do CPC/15 exija que as partes sejam capazes para que possam firmar negócios jurídicos processuais atípicos, a legislação não sinaliza qual tipo de capacidade se faz necessária à validade das convenções: se civil[26] ou processual.

No presente estudo, adota-se a posição de que a capacidade exigida das partes da convenção deve ser verificada a partir da corregulação entre os requisitos de direito material e de direito processual[27].

Conforme já pontuava Barbosa Moreira, a disciplina estabelecida pelo direito processual civil para os atos praticados no processo nem sempre coincide com aquela prevista pelo direito civil para os atos jurídicos privados[28]. Diferem, portanto, o conceito relativo à capacidade civil e à capacidade processual, conforme síntese abaixo realizada.

A capacidade civil se desdobra em capacidade de direito – que corresponde à capacidade de gozo e decorre da própria personalidade – e a capacidade de fato – que consiste na capacidade de exercício de direitos de forma pessoal e direta[29].

A incapacidade absoluta é adstrita aos sujeitos menores de dezesseis anos (art. 3º, CC/02), enquanto os maiores de dezesseis e menores de dezoito anos, os ébrios eventuais e viciados em tóxico, aqueles que não podem exprimir vontade e os pródigos são tidos pela legislação civil como relativamente incapazes.

---

26 Entendendo que a capacidade à qual o art. 190 do CPC/15 se refere é a capacidade civil: AMARAL, Paulo Osternack. *Provas*: atipicidade, liberdade e instrumentalidade. São Paulo: RT, 2017, p. 151.

27 Entendendo que a exigência do *caput* do art. 190 do CPC/15 é relacionada à capacidade processual: DIDIER JR., Fredie. Ensaios sobre os Negócios Jurídicos Processuais. Salvador: Juspodivm, 2018, p. 34 e NOGUEIRA, Pedro Henrique. *Negócios jurídicos processuais*. 2 ed. rev., ampl e atual. Salvador: Juspodivm, 2016, p. 275.

28 MOREIRA, José Carlos Barbosa. *Convenções das partes sobre matéria processual*. Temas de direito processual, 3a série, São Paulo: Saraiva, 1984, p. 92.

29 PEREIRA, Caio Mário da Silva. *Instituições de Direito Civil*. 23 ed. Rio de Janeiro: Forense, v. 1, 2009, p. 225-226.

Destaca-se, desde já, que a incapacidade civil não configura óbice à celebração de convenções processuais, na medida em que a incapacidade – absoluta ou relativa – pode ser sanada por meio de representação ou assistência[30], nos termos do art. 71 do CPC/15[31]. No caso da pessoa com deficiência que opte pela adoção de processo de tomada de decisão apoiada (art. 84, §2° da Lei 13.146/15 e do art. 1.783-A do CC/02) deverão ser ouvidos os apoiadores e, caso haja divergência de opiniões entre a pessoa apoiada e os apoiadores – em se tratando de negócio jurídico que possa trazer risco ou prejuízo relevante –, o juiz ouvirá o Ministério Público e decidirá sobre a questão (art. 1.783-A, §6°, CC/02).

A capacidade processual, por sua vez, desdobra-se em (i) capacidade de ser parte, (ii) capacidade de estar em juízo e (iii) capacidade postulatória. Veja-se quais delas se aplicam às convenções processuais.

A capacidade de ser parte (i) consiste na aptidão genérica para ser sujeito de situações jurídicas processuais e sua falta pode ser tida como defeito na manifestação de vontade[32].

Em regra, pessoas naturais e jurídicas podem ser parte de um processo (art. 1°, CC/02), sendo que as últimas devem estar devidamente representadas, assim como ocorre com os entes despersonalizados[33]. Da mesma forma, para firmar convenção processual – típica ou atípica – em nome da parte, o advogado deve estar dotado de poderes especiais para tanto, nos termos do art. 105 do CPC/15.

Nesse ponto, é relevante destacar que as convenções processuais podem ser celebradas não apenas pelos que ostentam personalidade civil[34] mas também por aqueles que, a despeito de não possuírem personalidade civil, possuem personalidade judiciária. É o caso, por

30 Entendendo que não há que se cogitar a celebração de negócio processual por incapaz, ainda que representado ou assistido: LUCCA, Rodrigo Ramina de. Liberdade, autonomia e convenções processua s. *In*: CABRAL, Antonio do Passo; NOGUEIRA, Pedro Henrique (Coord.). *Negócios processuais*. Tomo II. Salvador: Juspodivm, 2020, p. 38.

31 Art. 71, CPC/15: O incapaz será representado ou assistido por seus pais, por tutor ou por curador, na forma da lei.

32 CABRAL, Antonio do Passo. *Convenções Processuais*. 2 ed. rev., atual. e ampl. Salvador: Juspodivm, 2018, p. 312.

33 CABRAL, Antonio do Passo. *Convenções Processuais*. 2 ed. rev., atual. e ampl. Salvador: Juspodivm, 2018, p. 313.

34 YARSHELL, Flávio Luiz. Convenção das partes em matéria processual: rumo a uma nova era? *In*: CABRAL, Antonio do Passo; NOGUEIRA, Pedro Henrique (Coord.). *Negócios processuais*. 2. ed. rev. Atual. e ampl. - Salvador: Juspodivm, 2016, p. 87.

exemplo, do condomínio, da massa falida, da herança jacente, dos órgãos públicos e do Ministério Público[35], todos entes despersonalizados que, nos termos do art. 75 do CPC/15, possuem capacidade para ser parte[36]. Defende-se que eles podem firmar convenções processuais, dispondo, por exemplo, sobre a suspensão do feito ou o adiamento de audiência[37].

A capacidade de estar em juízo (ii) é aquela atribuída à toda pessoa que se encontre no exercício de seus direitos, conforme dispõe o art. 70 do CPC/15[38]. Conforme já dito, não obstante a incapacidade de estar em juízo de forma autônoma, os incapazes podem celebrar acordos processuais desde que representados ou assistidos.

A capacidade postulatória (iii), por sua vez, é a aptidão de dirigir requerimentos ao Estado-juiz, normalmente reservada ao advogado[39]. Esta não é sempre exigida para a celebração de convenções processuais. Em primeiro lugar, o ato negocial não é, em si, um ato postulatório e, em segundo lugar, as convenções podem ser firmadas antes do surgimento do litígio e fora do processo, não sendo necessária a atuação de advogado para que sejam válidas[40].

Além disso, o nosso ordenamento jurídico já admite atos e convenções de natureza processual por quem não tenha capacidade postulatória, como no caso dos juizados especiais e da convenção de arbitragem, ato por meio do qual as partes dispõem sobre o procedimento arbitral sem exigência da participação de advogado[41].

---

35 O Conselho Nacional do Ministério Público, inclusive, estimulou a realização de convenções processuais por meio da Resolução n.º 118/2014, conforme consta nos arts. 15 a 17. Sobre o tema, cf. CABRAL, Antonio do Passo. A resolução nº 118 do Conselho Nacional do Ministério Público e as convenções processuais. *In*: CABRAL, Antonio do Passo; NOGUEIRA, Pedro Henrique (Coord.). *Negócios processuais*. Salvador: Juspodivm, 2015, p. 677-693.

36 Ainda que não possuam personalidade jurídica, os entes despersonalizados firmam contratos cotidianamente: compram e vendem, emitem cheques, contratam empregados etc.

37 MOREIRA, José Carlos Barbosa. *Convenções das partes sobre matéria processual*. Temas de direito processual, 3a série, São Paulo: Saraiva, 1984, p. 94.

38 Art. 70, CPC/15: Toda pessoa que se encontre no exercício de seus direitos tem capacidade para estar em juízo.

39 Ressalvam-se as exceções previstas em lei: juizados especiais, *habeas corpus*, justiça do trabalho, execução penal, legitimados universais em ações de controle abstrato de constitucionalidade e advocacia em causa própria (CABRAL, Antonio do Passo. *Convenções Processuais*. 2 ed. rev., atual. e ampl. Salvador: Juspodivm, 2018, p. 316).

40 CABRAL, Antonio do Passo. *Convenções Processuais*. 2 ed. rev., atual. e ampl. Salvador: Juspodivm, 2018, p. 317.

41 CABRAL, Trícia Navarro Xavier. *Limites da liberdade processual*. Indaiatuba: Editora Foco, 2019, p. 102.

Parte da doutrina excepciona, contudo, as situações em que a lei exige a participação de advogado para a celebração do negócio jurídico de direito material – como nos casos de usucapião extrajudicial e da partilha e divórcio por escritura pública –, afirmando que, nesses casos, também seria exigida a assistência de advogado para celebração da convenção processual[42]. Esse, contudo, não é o posicionamento adotado no presente estudo.

Justifica-se: a necessidade de assistência por advogado nos exemplos citados não parece decorrer da convenção processual em si, mas sim da convenção de direito material,

Além disso, a convenção de direito processual e de direito material são autônomas[43], ou seja, eventual nulidade observada em uma delas não interfere na formação ou validade da outra[44]. Assim, se a convenção de direito material exigir a assistência por advogado e tal requisito não for cumprido, a invalidade da convenção de direito material não é capaz de invalidar eventual eleição de foro convencionada pelas partes, por exemplo.

A doutrina aponta, ainda, a exceção relativa à convenção processual realizada em sede judicial, hipótese em que seria necessária capacidade postulatória para a celebração[45]. Contudo, apesar da capacidade postulatória ser necessária para levar a convenção ao conhecimento do juiz, esta não precisa, necessariamente, ser firmada em conjunto com o advogado, podendo ser realizada pelas partes em documento apartado, que posteriormente será anexado aos autos pelo patrono[46]. Logicamente, quando o ato negocial estiver inserido em

42 CABRAL, Antonio do Passo. *Convenções Processuais*. 2 ed. rev., atual. e ampl. Salvador: Juspodivm, 2018, p. 317.

43 Tal é o disposto, por exemplo, na Lei de Arbitragem, art. 8º: A cláusula compromissória é autônoma em relação ao contrato em que estiver inserta, de tal sorte que a nulidade desse não implica, necessariamente, a nulidade da cláusula compromissória. Nesse sentido, ainda, enunciado 409 do FPPC: 'A convenção processual é autônoma em relação ao negócio em que estiver inserta, de tal sorte que a invalidade deste não implica necessariamente a invalidade da convenção processual".

44 CABRAL, Antonio do Passo. *Convenções Processuais*. 2 ed. rev., atual. e ampl. Salvador: Juspodivm, 2018, p. 105 e 420.

45 Nesse sentido cf. REDONDO, Bruno Garcia. Negócios jurídicos processuais. *In*: WAMBIER, Luiz Rodrigues; WAMBIER, Teresa Arruda Alvim (Coord.). *Temas essenciais do novo CPC*: análise das principais alterações do sistema processual civil brasileiro. São Paulo: RT, 2016, p. 227-236 e CABRAL, Antonio do Passo. *Convenções Processuais*. 2 ed. rev., atual. e ampl. Salvador: Juspodivm, 2018, p. 318.

46 Nesse sentido é o art. 842 do CC/02, que, ao que parece, pode ser usado por analogia às convenções processuais: "A transação far-se-á por escritura pública, nas obrigações em que a lei o exige, ou por instrumento particular, nas em que ela o admite; se recair sobre direitos contestados

ato postulatório – como no caso de petição conjunta que contenha acordo processual –, a capacidade postulatória será necessária.

Nesse ponto cabe uma ressalva: não obstante a inexigibilidade de patrocínio de advogado em grande parte das convenções processuais, isso é absolutamente *recomendável*[47], a fim de evitar desequilíbrios decorrentes de vulnerabilidade técnica.

Assim, no que tange à capacidade, é possível concluir que, para a análise da validade da convenção processual, é imprescindível verificar, em conjunto, a capacidade exigida pelo direito material – assegurada a possibilidade de assistência e representação –, bem como a capacidade processual dos sujeitos, nos seus desdobramentos: aptidão para ser parte, aptidão para estar em juízo e capacidade postulatória – quando a convenção estiver contida em ato postulatório.

Entende-se que tal corregulação deve se dar mesmo no âmbito das convenções processuais realizadas de maneira antecedente ao processo[48], na medida em que se destinam a produzir efeitos em processo futuro, devendo, portanto, respeitar pressupostos processuais[49].

Por fim, é possível afirmar que a verificação da capacidade deve se voltar ao ato da celebração da convenção[50]. Assim, ainda que eventual incapacidade superveniente venha a ser verificada, a convenção permanece válida.

---

em juízo, será feita por escritura pública, ou por termo nos autos, assinado pelos transigentes e homologado pelo juiz".

47 FARIA, Guilherme Henrique Lage. *Negócios Processuais no modelo constitucional de processo*. Salvador: Juspodivm, 2016, p. 96; YARSHELL, Flávio Luiz. Convenção das partes em matéria processual: rumo a uma nova era? *In*: CABRAL, Antonio do Passo; NOGUEIRA, Pedro Henrique Pedrosa (Coord.). *Negócios Processuais*. Salvador: Juspodivm, 2015, p. 88.

48 Esse é o posicionamento também adotado por CABRAL, Antonio do Passo. *Convenções Processuais*. 2 ed. rev., atual. e ampl. Salvador: Juspodivm, 2018, p. 311 e por RETES, Tiago Augusto Leite. *Convenções processuais sobre recursos*. Rio de Janeiro: Lumen Juris, 2019, p. 69-70. Posicionamento divergente - no sentido de que a capacidade nas convenções pré-processuais deve ser regida apenas pelo direito material - é adotado por ALMEIDA, Diogo Assumpção Rezende de. *Das convenções Processuais no Processo Civil*. Tese de Doutorado em Direito. Rio de Janeiro: Faculdade de Direito da Universidade do Estado do Rio de Janeiro. 2014, p. 126.

49 CABRAL, Antonio do Passo. *Convenções Processuais*. 2 ed. rev., atual. e ampl. Salvador: Juspodivm, 2018, p. 311-312. O autor salienta, contudo, que nos acordos processuais prévios não faria sentido, por exemplo, exigir-se capacidade postulatória.

50 CABRAL, Antonio do Passo. *Convenções Processuais*. 2 ed. rev., atual. e ampl. Salvador: Juspodivm, 2018, p. 319.

3.1.3 Declaração de vontade válida, baseada em consentimento livre e informado

As convenções processuais decorrem do exercício da autonomia privada dos sujeitos, que, por meio delas, exaram manifestação de vontade capaz de produzir efeitos em processo futuro ou atual. Como sabido, o resgate da vontade passa a ser elemento fundamental para a compreensão da formação dos negócios processuais[51].

Entretanto não basta a mera declaração de vontade pelo sujeito – até mesmo os atos jurídicos em sentido estrito são voluntários. Há que se verificar se a manifestação de vontade do sujeito coincide com os efeitos que ele pretende obter no processo[52].

Para tanto, a conduta voluntária deve se dar de forma *livre* e *informada*, isenta de vícios de consentimento, sob pena de possível invalidade da convenção processual[53].

Livre é a manifestação de vontade que respeita a *liberdade de celebração* – atinente à escolha de firmar ou não a convenção[54] – e a *liberdade de estipulação* – relativa à capacidade negocial de definir a forma e moldar o conteúdo[55] e os efeitos pretendidos por meio da convenção processual[56].

---

51 CABRAL, Antonio do Passo. *Convenções Processuais*. 2 ed. rev., atual. e ampl. Salvador: Juspodivm, 2018, p. 291.

52 CABRAL, Antonio do Passo. *Convenções Processuais*. 2 ed. rev., atual. e ampl. Salvador: Juspodivm, 2018, p. 292.

53 Robson Godinho assinala que, em relação ao consentimento relacionado às convenções processuais, há que se verificar três requisitos: (i) a capacidade processual, (ii) a voluntariedade e (iii) a informação (GODINHO, Robson Renault. *Negócios processuais sobre o ônus da prova no novo CPC*. São Paulo: RT, 2015, p. 255).

54 CABRAL, Antonio do Passo. *Convenções Processuais*. 2 ed. rev., atual. e ampl. Salvador: Juspodivm, 2018, p. 293.

55 SILVA, Paula Costa e. *Acto e Processo:* o dogma da irrelevância da vontade na interpretação e nos vícios do acto postulativo. Coimbra ed., 2003, p. 238-239.

56 Leonardo Carneiro da Cunha pontua "As noções de parte expressiva da doutrina consideram que a característica marcante dos negócios é a vontade ou a vontade declarada. Atribui-se à vontade um poder criativo de efeitos jurídicos, formando-se o chamado dogma da vontade. Desse modo, a declaração e os efeitos produzidos decorrem da vontade do sujeito de direito; a vontade humana produziria, por si, efeitos jurídicos". (CUNHA, Leonardo Carneiro da. Negócios jurídicos processuais no processo civil brasileiro. *In:* CABRAL, Antonio do Passo; NOGUEIRA, Pedro Henrique (Coord.). *Negócios processuais*. 2. ed. rev. Atual e ampl. - Salvador: Juspodivm, 2016, p. 41).

Além disso, a manifestação de vontade não pode estar viciada, ou seja, não deve ter sido resultado de erro substancial[57], dolo[58], estado de perigo[59], lesão[60] ou coação[61]. Além dos vícios de consentimento, devem ser analisadas questões como a falta de consistência e seriedade na declaração de vontade[62].

Por consentimento informado, entende-se que as partes devem estar cientes a respeito do sentido e do alcance da convenção entabulada, sendo capazes de vislumbrar quais as consequências decorrentes do acordo firmado. Nesse ponto, deve-se atentar à boa-fé e aos consectários do modelo cooperativo de processo[63].

Mais uma vez, assinala-se que, aprioristicamente, os atos processuais são válidos[64], podendo ser, inclusive, convalidados e aproveitados caso o vício seja suprimido, a manifestação de vontade, sanada, a forma, complementada ou, ainda, se atingida a finalidade do ato[65].

Também nunca é demais reiterar que, diante da noção de contraditório como poder de influência, o juiz deve conferir às partes a

57 Art. 138, CC/02: São anuláveis os negócios jurídicos, quando as declarações de vontade emanarem de erro substancial que poderia ser percebido por pessoa de diligência normal, em face das circunstâncias do negócio.

58 Art. 145, CC/02: São os negócios jurídicos anuláveis por dolo, quando este for a sua causa.

59 Art. 156, CC/02: Configura-se o estado de perigo quando alguém, premido da necessidade de salvar-se, ou a pessoa de sua família, de grave dano conhecido pela outra parte, assume obrigação excessivamente onerosa.

60 Art. 157, CC/02: Ocorre a lesão quando uma pessoa, sob premente necessidade, ou por inexperiência, se obriga a prestação manifestamente desproporcional ao valor da prestação oposta.

61 Art. 151, CC/02: A coação, para viciar a declaração da vontade, há de ser tal que incuta ao paciente fundado temor de dano iminente e considerável à sua pessoa, à sua família, ou aos seus bens.

62 Sobre a temática, cf. PINTO, Paulo Mota. *Declaração tácita e comportamento concludente no negócio jurídico*. Coimbra: Almedina, 2005, capítulo II e CABRAL, Antonio do Passo. *Convenções Processuais*. 2 ed. rev., atual. e ampl. Salvador: Juspodivm, 2018, p. 294-299.

63 GODINHO, Robson Renault. *Negócios processuais sobre o ônus da prova no novo CPC*. São Paulo: RT, 2015, p. 255.

64 Sobre a validade *prima facie* dos atos processuais – aqui tomados em sentido amplo, abarcando os negócios jurídicos processuais e, portanto, as convenções processuais - Antonio do Passo Cabral defende que "[p]elas características do nulo processual (que só o é depois de decretado) e pelo conjunto de regras e princípios do sistema de invalidade (que pretendem aproveitar os atos, mesmo defeituosos), constatamos que há uma *prioridade normativa* no sistema a favor da validade dos atos. Essa prioridade não é definitiva, mas apenas *prima facie* ou *pro tanto* (*prima facie Vorrang*, como diz Alexy), isto é, não resolve o juízo de invalidação, apenas gera um fluxo normativo (decorrente do sistema) e que aponta no sentido do aproveitamento do ato praticado. Para a inversão desta prioridade normativa, no caso concreto, o juiz tem que se desvencilhar de um peso argumentativo (*Argumentationslast*), que é um esforço de justificação maior para invalidar. (CABRAL, Antonio do Passo. Teoria das nulidades processuais no direito contemporâneo. *Revista de Processo* n. 255, São Paulo: RT, mai. 2016, p. 117-140).

65 CABRAL, Antonio do Passo. *Convenções Processuais*. 2 ed. rev., atual. e ampl. Salvador: Juspodivm, 2018, p. 289.

oportunidade de se manifestar acerca de eventual nulidade, mesmo que esta seja tida por absoluta[66]. Ademais, diante da validade *a priori* das convenções, o ônus argumentativo do magistrado ao decretar qualquer nulidade é reforçado.

Por fim, salienta-se que, ainda que haja nulidade na convenção processual, a decretação da invalidade poderá ser parcial[67] e não necessariamente atingirá o negócio jurídico de direito material em que estiver inserida[68].

3.1.4 Objeto lícito, possível, determinado ou determinável

Conforme dito, por serem espécie de negócio jurídico, aplicam-se às convenções processuais os limites contidos nas normas de direito material, inclusive aquele que determina que a validade da negociação está atrelada à licitude do objeto (arts. 104, II e 166, II do CC/02).

Os sujeitos não podem, portanto, negociar comportamentos ilícitos, a exemplo de convenção por meio da qual a parte aceite ser torturada no depoimento pessoal[69].

Além de lícito, o objeto deve ser possível, ou seja, a validade da convenção está atrelada à sua viabilidade, seja física ou legal[70]. A impossibilidade física resulta da própria natureza do objeto, a exemplo da convenção que determina a oitiva de testemunha já falecida[71]. A impossibilidade jurídica, por sua vez, implica a existência de obstáculo de natureza legal ou lógica quanto à produção de certo efeito jurídico[72], como por exemplo a convenção que dispõe sobre competência

66 Nesse ponto, cumpre destacar a crítica tecida por Antonio do Passo Cabral à tradicional classificação das invalidades em nulidades absolutas, nulidades relativas, anulabilidades e irregularidades (CABRAL, Antonio do Passo. Teoria das nulidades processuais no direito contemporâneo. *Revista de Processo* n. 255, São Paulo: RT, mai. 2016, p. 117-140).

67 Nesse sentido, o enunciado 134 do FPPC: "Negócio jurídico processual pode ser invalidado parcialmente".

68 Sobre o tema, o enunciado 409 do FPPC: "A convenção processual é autônoma em relação ao negócio em que estiver inserta, de tal sorte que a invalidade deste não implica necessariamente a invalidade da convenção processual".

69 DIDIER JR., Fredie. *Curso de direito processual civil.* 17 ed. Salvador: Juspodivm, 2015, v. 1, p. 387-388.

70 CARVALHO, Jorge Morais. *Os limites à liberdade contratual.* Lisboa: Almedina, 2017, p. 31.

71 RETES, Tiago Augusto Leite. *Convenções processuais sobre recursos.* Rio de Janeiro: Lumen Juris, 2019, p. 70-71.

72 CARVALHO, Jorge Morais. *Os limites à liberdade contratual.* Lisboa: Almedina, 2017, p. 38-39.

absoluta em razão da matéria (art. 62, CPC/15[73]) ou daquela que prevê a supressão do contraditório ou da boa-fé objetiva[74].

Quanto à determinabilidade do objeto, em atenção a um dos requisitos gerais de validade dos negócios jurídicos contidos na legislação civil (art. 104, II, CC/02), o objeto da convenção processual deve ser determinado ou, ao menos, determinável. Isso porque os sujeitos devem ter ciência acerca das consequências de suas estipulações e, ao firmarem convenções demasiadamente genéricas, acabam por afastar a previsibilidade que deve nortear a manifestação de vontade.

Ao renunciar, por exemplo, à produção de prova testemunhal em toda e qualquer demanda que vier a surgir, as partes devem ter ciência de quais espécies de litígios podem vir a ocorrer entre elas, a fim de avaliar – de forma livre e informada – quais os riscos envolvidos na ausência de oitiva de testemunha em processo futuro. Deve ser possível aferir qual a abrangência da convenção processual, sob pena de possível invalidade.

Assim, para que seja válida, a convenção processual deve versar sobre objeto lícito, possível, determinado ou, ao menos, determinável.

3.1.5 Direitos que admitam autocomposição

Como requisito genérico de validade dos negócios processuais, o *caput* do art. 190 do CPC/15 dispõe que o processo deve versar sobre direitos que admitam autocomposição, noção, *a priori*, mais abrangente do que aquela dada aos direitos disponíveis[75].

Nota-se que a legislação processual se afasta do conceito de disponibilidade do direito – utilizado pela Lei de Arbitragem[76] – e se aproxima do conceito traçado pela Lei de Mediação, que estabelece

---

73 Art. 62, CPC/15: A competência determinada em razão da matéria, da pessoa ou da função é inderrogável por convenção das partes.

74 RETES, Tiago Augusto Leite. *Convenções processuais sobre recursos*. Rio de Janeiro: Lumen Juris, 2019, p. 71.

75 O tema relacionado aos direitos disponíveis e indisponíveis será abordado com maior profundidade no capítulo 4, relativo aos limites específicos aplicáveis às convenções processuais probatórias.

76 Lei n.º 9.307/96, art. 1º: As pessoas capazes de contratar poderão valer-se da arbitragem para dirimir litígios relativos a direitos patrimoniais disponíveis. Nesse ponto, Antonio do Passo Cabral salienta que a Arbitragem, por representar uma abertura muito maior para a autonomia privada segue uma lógica mais restritiva, que não é o caso dos acordos processuais que encontram limites na estatalidade do processo. (CABRAL, Antonio do Passo. *Convenções Processuais*. 2 ed. rev., atual. e ampl. Salvador: Juspodivm, 2018, p. 340).

que o referido método de solução de controvérsias pode ser utilizado em demandas que versem sobre direitos disponíveis e indisponíveis que admitam autocomposição[77].

Entende-se que a possibilidade de autocomposição não deriva da patrimonialidade do direito, tampouco da possibilidade de renúncia – essa última muito mais atinente ao conceito de direitos disponíveis –, mas sim da possibilidade de *disposição negocial* sobre aspectos do direito litigioso. A autocomposição é, portanto, um meio de resolução do conflito aplicável mesmo no campo dos direitos indisponíveis[78].

É o caso do direito subjetivo a alimentos, que, apesar de sua indisponibilidade, comporta transação quanto ao valor, vencimento e forma de satisfação[79]; ou do direito ambiental, que admite composição quanto aos meios adotados para a conservação e preservação[80]. No mesmo sentido, o direito à guarda de menor que, apesar de ser indisponível, comporta transação quanto às condições de seu exercício.

Assim, não é razoável deixar de admitir determinados ajustes processuais em demandas que envolvam direitos indisponíveis, desde que esses acordos não visem, por meios indiretos, dispor sobre o próprio direito material.

Conclui-se que a indisponibilidade do direito material não configura óbice automático à realização de convenções processuais[81], razão pela

77 Lei n.º 13.140/2015. Art. 3º Pode ser objeto de mediação o conflito que verse sobre direitos disponíveis ou sobre direitos indisponíveis que admitam transação. [...] § 2º O consenso das partes envolvendo direitos indisponíveis, mas transigíveis, deve ser homologado em juízo, exigida a oitiva do Ministério Público.

78 YARSHELL, Flávio Luiz. Convenção das partes em matéria processual: rumo a uma nova era? In CABRAL, Antonio do Passo; NOGUEIRA Pedro Henrique Pedrosa (Coord.). *Negócios Processuais*. Salvador: Juspodivm, 2015, p. 69 e DIDIER JR., Fredie. *Curso de direito processual civil*. 17 ed. Salvador: Juspodivm, 2015, v. 1, p. 387. No mesmo sentido, o enunciado 135 do FPPC: "A indisponibilidade do direito material não impede, por si só, a celebração de negócio jurídico processual".

79 NOGUEIRA, Pedro Henrique. *Negócios jurídicos processuais*. 2 ed. rev., ampl. e atual. Salvador: Juspodivm, 2016, p. 273. Nesse sentido, o entendimento do STJ: [..] note-se, mesmo que assim não fosse, estaria o acordo dentro do feixe outorgado ao representante legal, pelo poder familiar, não vingando a tese de impossibilidade de renúncia à fração dos créditos. Irrenunciável, nos precisos ditames legais (art. 1.707 do CC-02) é o direito a alimentos, não o seu exercício." (REsp 1246711/MG, Rel. Ministra NANCY ANDRIGHI, TERCEIRA TURMA, julgado em 20/08/2013, DJe 28/02/2014).

80 GRINOVER, Ada Pellegrini. Conferência sobre arbitragem na tutela dos direitos difusos e coletivos. *Revista de Processo*. São Paulo: RT, n. 136, jun/2006, p. 252.

81 Sobre o tema, cf. enunciado n.º 135 do FPPC: "A indisponibilidade do direito material não impede, por si só, a celebração de negócio jurídico processual". Segundo Leonardo Greco: "isso não significa que os titulares de direitos indisponíveis não possam praticar atos de disposição, tanto no sentido de atos prejudiciais quanto de atos decisórios, mas apenas que não podem praticar os que, direta ou indiretamente, possam prejudicar ou dificultar a tutela desses direitos" (GRECO, Leonardo. Os

qual, havendo possibilidade de autocomposição – ainda que mínima –, sobre o objeto litigioso, a negociação processual é admitida[82].

3.1.6 Respeito à boa-fé objetiva

Nenhum ato deve prescindir de boa-fé, e não poderia ser diferente no que tange às convenções processuais. Em razão do caráter normalmente litigioso encontrado no processo, é possível verificar, não raras vezes, a adoção de estratégias ardilosas pelas partes em busca da obtenção de sucesso na demanda.

A legislação procura coibir tais comportamentos, induzindo os sujeitos do processo a agirem conforme padrões de conduta cooperativos, vedando e sancionando atos que não respeitem os cânones da boa-fé objetiva[83].

Além da disposição contida na legislação civil a respeito da observância dos princípios da probidade e boa-fé[84], o art. 5º do CPC/15[85], inserido nas normas fundamentais do processo civil, também estabelece que os sujeitos do processo devem se comportar de acordo com a boa-fé. Complementando a cláusula geral, os artigos 322, §2º[86]

---

atos de disposição processual – primeiras reflexões. *In:* MEDINA, José Miguel Garcia et al. (Coord.). *Os poderes do juiz e o controle das decisões judiciais: estudos em homenagem à professora Teresa Arruda Alvim Wambier*. São Paulo: RT, 2008, p. 292). No mesmo sentido, Antonio do Passo Cabral: "Os interesses materiais em disputa podem ser indisponíveis, mas ainda assim as partes podem acordar sobre inúmeros aspectos processuais, como a eleição de foro, redistribuição do ônus da prova, suspensão do processo, dilação de prazos, preclusões e formalidades dos atos do processo" (CABRAL, Antonio do Passo. *Convenções Processuais*. 2 ed. rev., atual. e ampl. Salvador: Juspodivm, 2018, p. 341). Contrário a tal posicionamento, pautado na necessidade de tutela efetiva dos direitos indisponíveis: TARTUCE, Flávio. *O novo CPC e o Direito Civil*: impactos, diálogos e interações. São Paulo: Método, 2015, p. 115.

82 NOGUEIRA, Pedro Henrique. *Negócios jurídicos processuais*. 2 ed. rev., ampl e atual. Salvador: Juspodivm, 2016, p. 273.

83 "A ideia de boa-fé processual (compreendida como boa-fé objetiva, *Treu und Glauben* para os alemães, e não a boa-fé crença ou boa-fé lealdade da concepção do antigo direito privado) e de cooperação (*Sammelmaxime*) é buscar no processo espaços de convergência entre individualismo e solidarismo, entre o público e o privado, entre o interesse das partes na vitória e a observância de padrões éticos mínimos na utilização dos instrumentos processuais. Afinal, o processo é público, um instrumento estatal que é posto à disposição das partes para a solução dos conflitos de interesses. Se assim é, não podem as partes se valerem dos atos processuais para objetivos escusos" (CABRAL, Antonio do Passo. Teoria das nulidades processuais no direito contemporâneo. *Revista de Processo* n. 255, São Paulo: RT, mai. 2016, p. 117-140).

84 Art. 422, CC/02: Os contratantes são obrigados a guardar, assim na conclusão do contrato, como em sua execução, os princípios de probidade e boa-fé.

85 Art. 5º, CPC/15: Aquele que de qualquer forma participa do processo deve comportar-se de acordo com a boa-fé.

86 Art. 322, CPC/15: O pedido deve ser certo. [...] § 2º A interpretação do pedido considerará o conjunto da postulação e observará o princípio da boa-fé.

e 489, §3º[87] da legislação processual de 2015 reforçam a busca pela ética no processo contemporâneo, assim como o próprio paradigma de processo cooperativo.

Assim, a boa-fé objetiva deve ser observada em todas as etapas da negociação processual - desde as tratativas, até a execução da convenção - sob pena de invalidade do negócio jurídico. É o que, sistematicamente, extrai-se dos artigos acima citados.

3.1.7 Forma das convenções processuais

Nos termos do que se extrai do art. 188 do CPC/15[88], ressalvados os casos expressamente previstos em lei, a celebração de convenções processuais independe de forma específica[89], razão pela qual podem ser firmadas, inclusive, verbalmente[90].

Assim, se a lei não dispuser expressamente em sentido contrário (como ocorre no caso do compromisso arbitral - art. 4º, §1º da Lei 9.307/96[91] - e da eleição de foro - art. 63, §1º do CPC/15[92] -, para as quais a legislação exige forma escrita), vige a liberdade das formas[93].

Defende-se, inclusive, que a convenção processual pode se dar de forma expressa ou tácita, como no caso em que a parte concorda

---

87 Art. 489, CPC/15: São elementos essenciais da sentença: [...] § 3º A decisão judicial deve ser interpretada a partir da conjugação de todos os seus elementos e em conformidade com o princípio da boa-fé.

88 Art. 188, CPC/15: Os atos e os termos processuais independem de forma determinada, salvo quando a lei expressamente a exigir, considerando-se válidos os que, realizados de outro modo, lhe preencham a finalidade essencial.

89 DIDIER JR., Fredie. *Ensaios sobre os Negócios Jurídicos Processuais*. Salvador: Juspodivm, 2018, p. 39.

90 Nesse sentido: DIDIER JR., Fredie. *Curso de direito processual civil.* 17 ed. Salvador: Juspodivm, 2015, v. 1, p. 389 e CABRAL, Antonio do Passo. *Convenções Processuais*. 2 ed. rev., atual. e ampl. Salvador: Juspodivm, 2018, p. 327. Em sentido contrário, entendendo pela necessidade de respeito à forma escrita: YARSHELL, Flávio Luiz. Convenção das partes em matéria processual: rumo a uma nova era? *In*: CABRAL, Antonio do Passo; NOGUEIRA, Pedro Henrique Pedrosa (Coord.). *Negócios Processuais*. Salvador: Juspodivm, 2015, p. 77 e CABRAL, Trícia Navarro Xavier. Reflexos das convenções em matéria processual nos atos judiciais. *In*: CABRAL, Antonio do Passo; NOGUEIRA, Pedro Henrique (Coord.). *Negócios processuais*. Salvador Juspodivm, 2015, p. 316.

91 Art. 4º, Lei 9.307/96: A cláusula compromissória é a convenção através da qual as partes em um contrato comprometem-se a submeter à arbitragem os litígios que possam vir a surgir, relativamente a tal contrato. § 1º A cláusula compromissória deve ser estipulada por escrito, podendo estar inserta no próprio contrato ou em documento apartado que a ele se refira.

92 Art. 63, CPC/15: As partes podem modificar a competência em razão do valor e do território, elegendo foro onde será proposta ação oriunda de direitos e obrigações.

§ 1º A eleição de foro só produz efeito quando constar de instrumento escrito e aludir expressamente a determinado negócio jurídico.

93 CABRAL, Antonio do Passo. *Convenções Processuais*. 2 ed. rev., atual. e ampl. Salvador: Juspodivm, 2018, p. 327.

com a alteração do foro de eleição pelo autor da ação, não se opondo a tal opção, ou quando não se manifesta expressamente pela intervenção atípica de terceiros, mas admite e viabiliza a participação do interveniente nos atos do processo[94].

Ou seja: para que se repute existente a convenção, no que se refere à manifestação de vontade, é suficiente que ela seja extraída de um comportamento das partes, o que pode ser vislumbrado pela formulação de cláusula contratual expressa ou, ainda, de uma omissão conclusiva[95] quando esta refletir uma transmissão eloquente de vontade[96].

Em que pese a lei não exigir forma específica a ser observada na elaboração de convenções processuais, salienta-se que a forma escrita é aconselhável, a fim de atribuir ao ato jurídico uma esfera adequada de segurança[97], razão pela qual a convenção deve ser realizada de forma preferencialmente documental[98].

3.1.8 Nulidade em caso de inserção abusiva em contrato de adesão

Contratos de adesão são aqueles que não resultam do livre debate entre as partes: uma delas aceita tacitamente cláusulas e condições previamente estabelecidas pela outra[99]. Em suma, são contratos engessados, aos quais o contratante adere ou não, sem que, via de regra, possa alterar suas cláusulas.

Conforme se verifica do parágrafo único do art. 190 do CPC/15, é possível a realização de convenções processuais em contratos de adesão, desde que sua inserção não seja tida por abusiva.

Assim como a invalidade da convenção por manifesta vulnerabilidade, tal disposição legal busca manter o equilíbrio entre as partes,

---

94 COSTA, Marília Siqueira da. *Convenções processuais sobre intervenção de terceiros*. Salvador: Juspodivm, 2018, p. 136-137.

95 COSTA, Marília Siqueira da. *Convenções processuais sobre intervenção de terceiros*. Salvador: Juspodivm, 2018, p. 137.

96 CABRAL, Antonio do Passo. Convenções Processuais. 2 ed. rev., atual. e ampl. Salvador: Juspodivm, 2018, p. 294-297.

97 CABRAL, Antonio do Passo. Convenções Processuais. 2 ed. rev., atual. e ampl. Salvador: Juspodivm, 2018, p. 327.

98 MÜLLER, Julio Guilherme. *Negócios processuais e desjudicialização da produção da prova: análise econômica e jurídica*. São Paulo: RT, 2017, p. 394.

99 PEREIRA, Caio Mário da Silva. *Instituições de Direito Civil*. 17 ed. Vol. III. Rio de Janeiro: Forense, 2013, p. 146.

evitando que uma delas se sujeite a negócio jurídico processual do qual não tem o devido conhecimento e, principalmente, sobre o qual não pode opinar. Para que o consentimento seja livre e informado, o contratante deve ter plena ciência das cláusulas às quais se vincula, sob pena de invalidade da convenção processual.

A fim de garantir a compreensão pelo aderente e evitar a posterior invalidade de convenção inserida em contrato de adesão, sugere-se a observância do disposto no art. 4º, §2º da Lei de Arbitragem[100], bem como do art. 54, §§ 3º e 4º do Código de Defesa do Consumidor[101], ou seja: deve ser estipulada por escrito, redigida em termos claros e com caracteres ostensivos e legíveis, preferencialmente em documento anexo ou em negrito, em fonte não inferior ao corpo doze, contendo assinatura ou visto especialmente para a cláusula[102].

Tais diretrizes apontam para o cumprimento das exigências de boa-fé e de cooperação que se espera nas negociações (arts. 5º e 6º do CPC/15).

3.1.9 Manifesta situação de vulnerabilidade

O parágrafo único do art. 190 do CPC/15 traz como parâmetro de controle de validade das convenções processuais a manifesta situação de vulnerabilidade de uma das partes.

Destaca-se que a vulnerabilidade assinalada pela legislação processual não possui relação direta com a capacidade civil da parte. Presume-se que o juridicamente incapaz é vulnerável, mas pode não o ser. Da mesma forma, pessoa absolutamente capaz pode ser tida como

---

100 Art. 4º, Lei 9.307/96: A cláusula compromissória é a convenção através da qual as partes em um contrato comprometem-se a submeter à arbitragem os litígios que possam vir a surgir, relativamente a tal contrato. [...] § 2º Nos contratos de adesão, a cláusula compromissória só terá eficácia se o aderente tomar a iniciativa de instituir a arbitragem ou concordar, expressamente, com a sua instituição, desde que por escrito em documento anexo ou em negrito, com a assinatura ou visto especialmente para essa cláusula.

101 Art. 54, CDC: Contrato de adesão é aquele cujas cláusulas tenham sido aprovadas pela autoridade competente ou estabelecidas unilateralmente pelo fornecedor de produtos ou serviços, sem que o consumidor possa discutir ou modificar substancialmente seu conteúdo. [...] § 3° Os contratos de adesão escritos serão redigidos em termos claros e com caracteres ostensivos e legíveis, cujo tamanho da fonte não será inferior ao corpo doze, de modo a facilitar sua compreensão pelo consumidor. § 4° As cláusulas que implicarem limitação de direito do consumidor deverão ser redigidas com destaque, permitindo sua imediata e fácil compreensão.

102 CABRAL, Antonio do Passo. *Convenções Processuais*. 2 ed. rev., atual. e ampl. Salvador: Juspodivm, 2018, p. 372-373.

vulnerável em certa relação jurídica, como é o caso do consumidor em relação ao fornecedor, ou do empregado em relação ao empregador.

No campo dos negócios jurídicos é natural que haja desigualdade entre as partes, seja ela econômica ou técnica. O que a legislação busca assegurar é a chamada "paridade de armas", evitando a perpetuação de desequilíbrios que afetem a livre manifestação de vontade e a igualdade que se espera entre os sujeitos do processo[103].

Nesse aspecto, a legislação processual exige que haja *manifesta* situação de vulnerabilidade para que o negócio jurídico processual seja anulado, o que sinaliza para a excepcionalidade da anulação.

Nesse mesmo sentido, o art. 421-A do CC/02[104], com redação dada pela Lei n. 13.874/19 – que dispõe sobre contratos civis e empresariais, mas que pode ser aplicada às convenções processuais –, aponta para a presunção de paridade e simetria dos contratos, até que sejam verificados elementos concretos que justifiquem o afastamento dessa presunção. O inciso III do mesmo dispositivo prevê que a revisão contratual se dará de maneira excepcional e limitada.

Ademais, ainda que haja desigualdade no plano substancial, o negócio jurídico processual pode manter sua validade, na medida em que se preste a garantir o exercício do contraditório e a igualdade real entre os sujeitos, equilibrando a relação processual[105]. Invalidar convenção que amplia os prazos processuais em favor da parte vulnerável, por exemplo, seria um equívoco.

Em razão dessas variáveis, a situação de vulnerabilidade deve ser aferida no caso concreto, sendo necessária a demonstração de que tal condição tenha afetado a formação do negócio jurídico e, portanto, o

---

103 YARSHELL, Flávio Luiz. Convenção das partes em matéria processual: rumo a uma nova era? *In*: CABRAL, Antonio do Passo; NOGUEIRA, Pedro Henrique Pedrosa (Coord.). *Negócios Processuais*. Salvador: Juspodivm, 2015, p. 68.

104 Art. 421-A, CC/02: Os contratos civis e empresariais presumem-se paritários e simétricos até a presença de elementos concretos que justifiquem o afastamento dessa presunção, ressalvados os regimes jurídicos previstos em leis especiais, garantido também que: I - as partes negociantes poderão estabelecer parâmetros objetivos para a interpretação das cláusulas negociais e de seus pressupostos de revisão ou de resolução; II - a alocação de riscos definida pelas partes deve ser respeitada e observada; e III - a revisão contratual somente ocorrerá de maneira excepcional e limitada.

105 YARSHELL, Flávio Luiz. Convenção das partes em matéria processual: rumo a uma nova era? *In*: CABRAL, Antonio do Passo; NOGUEIRA, Pedro Henrique Pedrosa (Coord.). *Negócios Processuais*. Salvador: Juspodivm, 2015, p. 69 e FARIA, Guilherme Henrique Lage. *Negócios Processuais no modelo constitucional de processo*. Salvador: Juspodivm, 2016, p. 88.

tenha desequilibrado[106]. Para isso, deve ser verificado um verdadeiro déficit para uma das partes em termos de possibilidade de participação e influência por meio do exercício do contraditório[107], afrontando a igualdade de possibilidades garantida pelo art. 7º do CPC/15[108].

Por fim, a ausência de assistência por advogado, apesar de ser tida como indício de vulnerabilidade[109], não implica, necessariamente, invalidade da convenção processual. Como dito, a manifestação de vontade de sujeitos capazes, *a priori*, é válida, cabendo ao sujeito demonstrar o desequilíbrio gerado pela convenção processual e, ao juiz, verificar se a convenção gera prejuízo que justifique sua anulação, fundamentando adequadamente sua decisão.

3.1.10 Demais limites apontados pela doutrina

Além dos requisitos de existência e validade acima apontados, a doutrina traça alguns limites que devem ser observados pelos sujeitos ao firmarem convenções processuais. Dentre estes, destacam-se: (i) o respeito aos bons costumes e à ordem pública, (ii) a reserva da lei e (iii) a vedação de transferência de custos e externalidades.

Parte da doutrina traça limites baseados em conceitos indeterminados como os "bons costumes" e a "ordem pública"[110]. Adota-se, na presente pesquisa, o entendimento de que tais conceitos são insuficientes e pouco trazem de concreto para o controle das convenções processuais, encampando as críticas tecidas por Antonio do Passo Cabral em relação a tais parâmetros.

---

106 DIDIER JR., Fredie. *Ensaios sobre os Negócios Jurídicos Processuais*. Salvador: Juspodivm, 2018, p. 35-36.

107 ABREU, Rafael Sirangelo de. A igualdade e os negócios processuais. *In:* CABRAL, Antonio do Passo; NOGUEIRA, Pedro Henrique (Coord.). *Negócios processuais*. 2. ed. rev. Atual. e ampl. - Salvador: Juspodivm, 2016, p. 296-297.

108 Art. 7º, CPC/15: É assegurada às partes paridade de tratamento em relação ao exercício de direitos e faculdades processuais, aos meios de defesa, aos ônus, aos deveres e à aplicação de sanções processuais, competindo ao juiz zelar pelo efetivo contraditório.

109 Enunciado 18 FPPC: Há indício de vulnerabilidade quando a parte celebra acordo de procedimento sem assistência técnico-jurídica.

110 Nesse sentido, Caponi aponta como limites às convenções processuais atípicas o respeito às normas imperativas, à ordem pública e aos bons costumes (CAPONI, Remo. Autonomia privata e processo civile: gli accordi processuale. *In:* CABRAL, Antonio do Passo; NOGUEIRA, Pedro Henrique (Coord.). *Negócios processuais*. 2. ed. rev. Atual. e ampl. - Salvador: Juspodivm, 2016, p. 211). Também entendendo pelo necessário respeito à ordem pública e aos bons costumes: CADIET, Loïc. *Perspectivas sobre o Sistema de Justiça Civil Francesa* – Seis Lições Brasileiras. São Paulo: RT, 2017, p. 120.

O citado autor critica a utilização do parâmetro dos "bons costumes", asseverando que, em uma sociedade plural contemporânea, dificilmente tem guarida uma cláusula vaga que remete a padrões de moralidade que, se aplicáveis às convenções de direito material no passado, certamente não se aplicam aos acordos processuais, de índole eminentemente técnica[111].

No que se refere ao parâmetro da "ordem pública"[112], Antonio do Passo Cabral pondera que a utilização de tal conceito por vezes deriva de uma ideologia autoritária, que sobrepunha os interesses estatais aos interesses privados, bem como de uma concepção superada de antagonismo entre público e privado no processo, que não se coadunam com as conquistas do século XX com relação aos direitos fundamentais, tampouco com o cenário cooperativo atual de processo[113].

Em substituição aos conceitos de "bons costumes" e "ordem pública", Antonio do Passo Cabral fixa como limites gerais de controle das convenções processuais: (i) a impossibilidade de convencionar acerca das hipóteses em que há reserva de lei para a norma processual (ii) respeito aos princípios da boa-fé e da cooperação, (iii) observância da igualdade e do equilibro de poder entre as partes e (iv) não transferência de custos e externalidades ao Judiciário ou a terceiros[114].

---

111 CABRAL, Antonio do Passo. *Convenções Processuais*. 2 ed. rev., atual. e ampl. Salvador: Juspodivm, 2018, p. 344-346.

112 Para Leonardo Greco as convenções processuais devem observar o que chama de "ordem pública processual", ou seja, os princípios e garantias fundamentais do processo: a independência, a imparcialidade e a competência absoluta do juiz; a capacidade das partes; a liberdade de acesso a tutela jurisdicional em igualdade de condições para todos os cidadãos; um procedimento previsível, equitativo, contraditório e público; a concorrência das condições da ação; a delimitação do objeto litigioso; o respeito ao princípio da iniciativa das partes e ao princípio da congruência; a conservação do conteúdo dos atos processuais; a possibilidade de ampliar e oportuna utilização dos meios de defesa; a intervenção do Ministério Público nas causas que versam sobre direitos indisponíveis; o controle da legalidade e da causalidade das decisões judiciais através da fundamentação; a celeridade do processo e a garantia de uma cognição adequada pelo juiz (GRECO, Leonardo. Os atos de disposição processual – primeiras reflexões. Rio de Janeiro: *Revista Quaestio Iuris*, v. 4, n. 1, 2007, p. 726). Também defendendo o necessário respeito à ordem pública processual: ALMEIDA, Diogo Assumpção Rezende de. *Das convenções Processuais no Processo Civil*. Tese de Doutorado em Direito. Rio de Janeiro: Faculdade de Direito da Universidade do Estado do Rio de Janeiro. 2014, p.144.

113 CABRAL, Antonio do Passo. *Convenções Processuais*. 2 ed. rev., atual. e ampl. Salvador: Juspodivm, 2018, p. 359-360.

114 O autor propõe, ainda, um sistema de controle dividido em três etapas: (i) identificação das garantias processuais afetadas pela convenção, (ii) verificação de parâmetros extraídos das convenções típicas e (iii) verificação da margem de disponibilidade da garantia processual afetada (CABRAL, Antonio do Passo. *Convenções Processuais*. 2 ed. rev., atual. e ampl. Salvador: Juspodivm, 2018, p. 360-390).

No que tange aos limites acima enumerados, a boa-fé objetiva, a cooperação e o equilibro de poder entre as partes já foram abordados no presente estudo, razão pela qual se passa à verificação dos limites relativos à (i) reserva de lei e (ii) à vedação de transferência de custos e externalidades a terceiros e ao Judiciário.

Quanto ao primeiro deles, é possível verificar que o exercício da autonomia privada pode ser restringido quando a disciplina de determinada matéria estiver reservada à lei, subtraindo de outras fontes a possibilidade de disciplinar a temática. No caso do direito processual, um dos exemplos de reserva legal é a criação de novas espécies de recurso, sendo inválida, portanto, convenção que crie recurso não previsto em lei[115]. Outro exemplo são as normas de competência absoluta que não podem ser mitigadas pelas partes[116].

Deve-se analisar, ainda, se a convenção processual transfere para terceiros ou para o Judiciário o impacto econômico da litigância, a exemplo de acordo que demande o deslocamento de funcionários e juiz local diverso da sede do juízo[117] ou, ainda, de acordo que imponha o julgamento de eventual demanda por cinco juízes. Assim, as convenções não devem gerar externalidades que não serão suportadas pelas partes, tampouco devem embaraçar a administração da justiça[118]. A invalidade não ocorre, todavia, quando a convenção reduzir os custos materiais e humanos investidos pelo Judiciário ou, ainda, quando as partes disponibilizarem meios para que a convenção seja cumprida sem ônus a terceiros, a exemplo da disponibilização de equipamento para a realização de atos por videoconferência[119].

---

115 DIDIER JR., Fredie. *Curso de direito processual civil.* 17 ed. Salvador: Juspodivm, v. 1, 2015, p. 388.

116 Nesse sentido, é o julgado do Tribunal de Justiça de Minas Gerais que usa o termo "ordem pública, mas que trata de matéria relacionada à reserva legal: "[...] É inválido o negócio jurídico processual celebrado entre as partes para suprimir norma de competência absoluta, ainda que casuisticamente, por se tratar de questão de ordem pública inderrogável. [...] (TJMG - Agravo Interno Cv 1.0382.17.000356-2/003, Relator(a): Des.(a) Adriano de Mesquita Carneiro, 3ª CÂMARA CÍVEL, julgamento em 07/06/2018, publicação da súmula em 19/06/2018).

117 CABRAL, Antonio do Passo. *Convenções Processuais.* 2 ed. rev., atual. e ampl. Salvador: Juspodivm, 2018, p. 375-377.

118 Abordando o que chama de "boa administração da justiça" na perspectiva de bom funcionamento e do correto emprego de recursos públicos na gestão da justiça cf. CADIET, Loïc. *Perspectivas sobre o Sistema de Justiça Civil Francesa* – Seis Lições Brasileiras. São Paulo: RT, 2017, p. 41-75. Também apontando a administração da justiça como um limite à liberdade das partes, CABRAL, Trícia Navarro Xavier. *Limites da liberdade processual.* Indaiatuba: Editora Foco, 2019, 145-146.

119 CABRAL, Antonio do Passo *Convenções Processuais.* 2 ed. rev., atual. e ampl. Salvador: Juspodivm, 2018. p. 3377-378.

3.2 CONDIÇÕES DE EFICÁCIA DAS CONVENÇÕES PROCESSUAIS

Conforme defendido no presente estudo, as condições de eficácia das convenções processuais se desdobram em: (i) homologação quando prevista pela lei ou pela vontade das partes, (ii) ocorrência de condição, termo ou encargo contratualmente previstos e (iii) na análise dos limites subjetivos do negócio jurídico.

No que se refere à homologação judicial das convenções processuais como requisito de eficácia[120], esta só é necessária quando exigida por lei ou pela vontade das partes. Isso porque, nos termos do art. 200 do CPC/15, os negócios jurídicos processuais possuem eficácia imediata[121]. Tal raciocínio também se extrai do parágrafo único do art. 190, ao dispor que o controle das convenções se dará *a posteriori* e está limitado aos vícios de inexistência e invalidade[122].

Quanto aos elementos que modulam os efeitos das convenções, têm-se a condição (relacionada a evento futuro e incerto), o termo (relacionado a evento futuro e certo) e o encargo (ônus decorrente de uma liberalidade), previstos pelos artigos 121 a 137 do CC/02. São fatores extrínsecos à convenção processual, ou seja, não a integram, mas contribuem para a obtenção do resultado mirado pelas partes[123] e, justamente por isso, são condições de eficácia a serem observadas[124].

---

120 Dedicou-se um item específico ao tema junto ao capítulo 5 da presente pesquisa.

121 Nesse sentido, o enunciado 133 do FPPC: "Salvo nos casos expressamente previstos em lei, os negócios processuais do art. 190 não dependem de homologação judicial" e o enunciado 261, também do FPPC: "O art. 200 aplica-se tanto aos negócios unilaterais quanto aos bilaterais, incluindo as convenções processuais do art. 190".

122 REDONDO, Bruno Garcia. Negócios jurídicos processuais. *In*: WAMBIER, Luiz Rodrigues; WAMBIER, Teresa Arruda Alvim (Coord.). *Temas essenciais do novo CPC:* análise das principais alterações do sistema processual civil brasileiro. São Paulo: RT, 2016, p. 227-236.

123 AZEVEDO, Antônio Junqueira. *Negócio jurídico: existência, validade e eficácia.* 4ª ed. atual. de acordo com o novo Código Civil (Lei n. 10.406, de 10-1-2002). São Paulo: Saraiva, 2002, p. 55.

124 Barbosa Moreira defendeu a impossibilidade de se praticar atos processuais sob condição ou termo, pois isso atentaria contra a exigência de segurança e certeza no desenvolvimento do processo (MOREIRA, José Carlos Barbosa. *Convenções das partes sobre matéria processual.* Temas de direito processual, 3a série, São Paulo: Saraiva, 1984, p. 95). Em sentido contrário, Antonio do Passo Cabral defende que as condições são plenamente possíveis na prática de qualquer ato processual, citando que, dentre as condições possíveis, as partes podem estabelecer que a eficácia de determinada convenção fique subordinada à homologação judicial (CABRAL, Antonio do Passo. O papel do juiz diante das convenções processuais. *In*: CABRAL, Antonio do Passo; NOGUEIRA, Pedro Henrique (Coord.). *Negócios processuais.* Tomo II. Salvador: Juspodivm, 2020, p. 149).

Por fim, se faz necessária a observância dos limites subjetivos do negócio jurídico. Nesse aspecto, tal qual ocorre com os negócios jurídicos em geral, a convenção processual só é eficaz perante os sujeitos que a firmaram ou com ela anuíram[125], à exceção dos herdeiros e sucessores do convenente, que se obrigam aos termos do negócio jurídico[126].

3.3 CONCLUSÃO PARCIAL

No presente capítulo analisaram-se os pressupostos de existência, os requisitos de validade e as condições de eficácia das convenções processuais, concluindo-se pela necessária observância dos seguintes limites: (i) agente capaz (capacidade verificada a partir da corregulação entre os requisitos de direito material e de direito processual); (ii) declaração de vontade válida, baseada em consentimento livre e informado; (iii) objeto lícito, possível e determinado ou determinável; (iv) direito substancial passível de autocomposição; (v) respeito à boa-fé objetiva; (vi) forma livre, desde que não prescrita em lei ou pelas partes; (vii) nulidade em caso de inserção abusiva em contrato de adesão; (viii) ausência de manifesta situação de vulnerabilidade de uma das partes (paridade de armas); (ix) a impossibilidade de convencionar acerca das hipóteses em que há reserva de lei para a norma processual; (x) vedação de transferência de custos e externalidades a terceiros e ao Judiciário; (xi) observância da homologação quando prevista pela lei ou pela vontade das partes; (xii) verificação da ocorrência de condição, termo ou encargo contratualmente previstos e (xiii) observância dos limites subjetivos do negócio jurídico.

Passa-se, então, à análise das convenções processuais probatórias e os limites específicos a elas aplicáveis.

---

125 Conforme enunciado 402 do FPCC: "A eficácia dos negócios processuais para quem deles não fez parte depende de sua anuência, quando lhe puder causar prejuízo" e, também, o enunciado 491: "É possível negócio jurídico processual que estipule mudanças no procedimento das intervenções de terceiros, observada a necessidade de anuência do terceiro quando lhe puder causar prejuízo".

126 Nesse sentido, o enunciado 115 do FPPC: "O negócio jurídico celebrado nos termos do art. 190 obriga herdeiros e sucessores".

LIMITES ESPECÍFICOS APLICÁVEIS ÀS CONVENÇÕES PROCESSUAIS PROBATÓRIAS ATÍPICAS QUE RESTRINGEM MEIOS DE PROVA

Delineados os limites gerais aplicados às convenções processuais, cumpre verificar a possibilidade de elaboração de convenções em matéria probatória, bem como examinar quais os limites específicos aplicáveis àquelas que visam restringir os meios de provas que podem ser utilizados em um processo. Estes são os objetivos do presente capítulo.

4.1 CONVENÇÕES PROCESSUAIS PROBATÓRIAS

As convenções probatórias são negócios processuais bilaterais ou plurilaterais, por meio dos quais os sujeitos regulam questões atinentes à prova, como, por exemplo, os meios e fontes de prova, o ônus probante[1], o procedimento de produção da prova, a valoração, o uso de presunções[2], dentre outros diversos exemplos que serão citados ao longo deste capítulo.

Em decorrência da já citada resistência doutrinária existente quanto aos negócios jurídicos processuais, diversos autores naturalmente se voltavam contra a admissibilidade de convenções probatórias. Conforme aponta Robson Godinho[3], a doutrina se fundava no enten-

1 RANGEL, Rui Manoel de Freitas. *O ônus da prova no processo civil*. 2ª ed. Coimbra: Almedina, 2002, p. 183.

2 Defendendo que os acordos que dispõem sobre presunções são convenções processuais probatórias: PEREIRA, Lara Dourado Mapurunga. *Negócios jurídicos processuais sobre presunções*. Salvador: Juspodivm, 2020.

3 GODINHO, Robson Renault. A possibilidade de negócios jurídicos processuais atípicos em matéria probatória. *In*: CABRAL, Antonio do Passo; NOGUEIRA, Pedro Henrique (Coord.). *Negócios processuais*. Salvador: Juspodivm, 2015, p. 549.

dimento de Chiovenda[4], no sentido de que as partes não poderiam interferir na atividade própria do juiz, razão pela qual não haveria que se falar, por exemplo, em inversão convencional do ônus da prova. Em sua obra, Chiovenda consignou, entretanto, que tais acordos seriam permitidos quando houvesse autorização legal para tanto.

Na esteira do entendimento de Chiovenda, centrado na impossibilidade de as partes regularem atividade alheia, Echandía[5] também se posiciona vigorosamente contra o que chama de "contratos probatórios". No mesmo sentido, Comoglio defende ser discutível o pacto que tenha por objeto a produção de provas, na medida em que a liberdade do juiz deve ser mantida intacta e as normas processuais que disciplinam a atividade do juiz no julgamento da causa são inderrogáveis[6].

Modernamente, alguns estudos também apontam para a inexistência de quaisquer níveis de disponibilidade das partes em matéria probatória[7] ou, ainda, classificam os acordos em matéria probatória não como convenções processuais, mas como negócios jurídicos de natureza substancial com efeitos processuais, a exemplo do defendido por Titina Maria Pezzani[8] e Cândido Rangel Dinamarco[9].

Conforme observa Robson Godinho, a resistência às convenções processuais em sentido amplo deriva de questões ideológicas no sentido de que a atividade probatória deve ser depurada, evitando interferências ao ato de julgar[10]. Tal visão solipsista não se sustenta

---

4 CHIOVENDA, Giuseppe. *Principios de derecho procesal civil*. Jose Casais y Santaló. Tomo II. Madrid: Instituto Editorial Reus, 2000, p. 293.

5 ECHANDÍA, Hernando Devis. *Teoria general de la prueba judicial*. Tomo I. 5ª ed. Bogotá: Temis, 2002, p. 489-496.

6 COMOGLIO, Luigi Paolo. *Le prove civili*. 2. ed. Torino: Utet, 2004, p. 281.

7 Nesse sentido, Gisele Fernandes Goes defendeu, em sua tese de doutoramento, datada de 2007, que as regras de direito probatório são, predominantemente, de ordem pública, incluindo aquelas que dispõem sobre o ônus da prova, razão pela qual não haveria qualquer nível de disponibilidade para as partes (GÓES, Gisele Santos Fernandes. *Proposta de sistematização das questões de ordem pública processual e substancial*. 2007. Tese (Doutorado) – Pontifícia Universidade Católica, São Paulo, p. 63-66). Na vigência do CPC/15, a autora alterou seu posicionamento, passando a aceitar a possibilidade de realização de convenções processuais em matéria probatória (GÓES, Gisele Santos Fernandes. Distribuição convencional do ônus da prova. *In*: MARCATO, Ana; GALINDO, Beatriz; GÓES, Gisele Fernandes; BRAGA, Paula Sarno; APRIGLIANO, Ricardo; NOLASCO, Rita Dias (Coord.). *Negócios Processuais*. Salvador: Juspodivm, 2017, p. 215).

8 PEZZANI, Titina Maria. *Il regime convenzionale delle prove*. Milão: Giuffrè, 2009, p. 76.

9 DINAMARCO, Cândido Rangel. *Instituições de direito processual civil*. 6. ed. rev. e atual, v. III, São Paulo: Malheiros, 2009, p. 77.

10 GODINHO, Robson Renault. *Negócios processuais sobre o ônus da prova no novo CPC*. São Paulo: RT, 2015, p. 226.

no atual cenário do direito processual, permeado pelo consenso e forjado em bases cooperativas.

O atual modelo propicia a participação das partes na construção da decisão de mérito, conferindo-lhes uma atuação mais ativa na condução do processo por meio do exercício da autonomia privada[11]. Nada mais natural do que conferir aos sujeitos do processo meios de regular a produção de provas que servirá de base para a decisão final de mérito. Ademais, as convenções probatórias não se prestam a dificultar o julgamento, mas sim a contribuir e legitimar sua formação[12].

Seguindo essa tendência, a abordagem do tema tomou novos rumos, sendo que grande parte da doutrina passou a entender pela admissão de convenções processuais probatórias. Tal posicionamento se coaduna com a expressa previsão legal acerca das convenções processuais atípicas, por meio das quais as partes podem convencionar sobre seus poderes, deveres e ônus processuais (art. 190 do CPC/15).

Além da cláusula geral de negociação processual, o CPC/15 enumera diversos acordos processuais típicos que possuem como objeto matérias probatórias, como é o caso do art. 373, §§3º e 4º do CPC/15, que dispõe sobre a inversão convencional do ônus da prova, e do art. 471 do CPC/15, que permite a indicação consensual do perito que irá atuar na produção da prova técnica.

A Declaração de Direitos de Liberdade Econômica (Lei n.º 13.874/2019) também trouxe uma hipótese de convenção processual probatória típica no artigo 18, I, que dispõe que as partes podem, de comum acordo, escolher qual o meio de comprovação eletrônica de autoria, integridade e confidencialidade de documento particular.

Assim, no cenário atual não se vislumbra nenhum óbice à realização de convenções processuais em matéria probatória. Muito pelo contrário: entende-se que a legislação incentiva as soluções consensuais e, por meio de um modelo cooperativo, confere às partes papel relevante na condução do processo em conjunto com o juiz.

11 ANDRADE, Érico. A "Contratualização" do Processo. *In*: THEODORO JUNIOR, Humberto (Coord.). JAYME, Fernando Gonzaga; GONÇALVES, Gláucio Maciel; FARIA, Juliana Cordeiro de; FRANCO, Marcelo Veiga; ARAÚJO, Mayara de Carvalho; CREMASCO, Suzana Santi (Org.). *Processo Civil Brasileiro:* Novos Rumos a partir do CPC/2015. Belo Horizonte: Del Rey, 2016, p. 53.

12 GODINHO, Robson Renault. *Negócios processuais sobre o ônus da prova no novo CPC*. São Paulo: RT, 2015, p. 227.

Pontua-se que a participação ativa das partes é ainda mais relevante na fase probatória, haja vista o impacto direto que a coleta de provas possui na resolução do mérito da demanda, objetivo derradeiro do processo. Ao versar sobre a admissibilidade, procedimento, valoração e inversão do ônus da prova, as partes podem estar delineando um cenário probante completamente diverso daquele que se verificaria naturalmente.

No que tange ao argumento de que as convenções probatórias possuem natureza de direito material, é possível verificar que, apesar da quase inevitável correlação entre acertos probatórios e direito objetivo, o fato de tais convenções também produzirem efeitos no processo já é suficiente para classificá-las como convenções processuais. Assim, ainda que a convenção probatória repercuta no direito material, isso não significa que não produza efeitos processuais de maneira simultânea[13].

A título de exemplo, a renúncia das partes quanto a determinada prova poderá alterar a percepção do juiz sobre os fatos e, consequentemente, afetar o julgamento da causa no que tange ao direito material. Contudo é inegável que tal convenção também altera o curso do procedimento, reduzindo o número de atos processuais e repercutindo na gestão do processo. Tal convenção possui, então, dupla repercussão: uma de direito material, e uma de direito processual. E tal duplicidade não retira do acordo probatório a qualidade de convenção processual.

O presente estudo parte, portanto, da premissa de que as convenções processuais probatórias são admitidas pelo sistema processual brasileiro, e, mais ainda, podem ser um importante instrumento de participação das partes na condução do processo[14].

A doutrina cita alguns exemplos de convenções probatórias[15], dentre os quais se destacam: (i) a redistribuição do ônus da prova, (ii) a

---

13 CABRAL, Antonio do Passo. *Convenções Processuais*. 2 ed. rev., atual. e ampl. Salvador: Juspodivm, 2018, p. 72.

14 GODINHO, Robson Renault. *Negócios processuais sobre o ônus da prova no novo CPC*. São Paulo: RT, 2015, p. 227.

15 Exemplos extraídos de RAATZ, Igor. *Autonomia privada e processo*: liberdade, negócios jurídicos processuais e flexibilização procedimental. 2ª ed. rev., atual. e ampl. - Salvador: Juspodivm, 2019, p. 232-233; ALMEIDA, Diogo Assumpção Rezende de. *Das convenções Processuais no Processo Civil*. Tese de Doutorado em Direito. Rio de Janeiro: Faculdade de Direito da Universidade do Estado do Rio de Janeiro. 2014, p. 121-123 e AMARAL, Paulo Osternack. *Provas: atipicidade, liberdade e instrumentalidade*. São Paulo: RT, 2017, p. 157.

previsão de utilização de meios atípicos de prova, (iii) a especificação de um só meio de prova possível para a demonstração da veracidade de um fato (estabelecimento convencional de prova legal), (iv) a permissão da livre valoração de todos os meios de prova quando a lei expressamente preveja um só modo de comprovação do fato (desconstituição de regra de prova legal prevista no ordenamento), (v) a criação de hierarquia entre os meios de prova, (vi) a dispensa de prova pela fixação em contrato da versão dos fatos que deve ser observada em juízo[16], (vii) a vedação de utilização de prova emprestada, (viii) a permissão de coleta de prova testemunhal escrita, (ix) vedação à participação de assistentes técnicos no processo, (x) a criação e derrogação de presunções[17], (xi) a disposição de que todas as provas devem ser trazidas aos autos juntamente com a petição inicial e a defesa, sendo vedada a dilação probatória, (xii) o negócio de certificação[18], (xiii) a escolha do meio de comprovação eletrônica de autoria, integridade e confidencialidade de documento particular, dentre outros.

A fim de classificar as convenções probatórias quanto ao seu conteúdo, Tatiana Machado Alves propõe o seguinte agrupamento: (i) convenções sobre o objeto da prova, (ii) convenções sobre os meios de prova, (iii) convenções sobre o procedimento de produção da prova, (iv) convenções sobre o *standard* de prova e (v) convenções sobre a valoração da prova[19].

Percebe-se, assim, que as convenções processuais – típicas e atípicas – encontram campo fértil na esfera probatória[20]. Contudo

---

16 Taruffo tece críticas à esta espécie de convenção probatória no artigo TARUFFO, Michele. Verdade negociada? Trad. Pedro Gomes de Queiroz. Revista eletrônica de Direito Processual – REDP, v. 13, 2014, p. 634-657. Dispon vel em: https://www.e-publicacoes.uerj.br/index.php/redp/article/view/11928/9340. Acesso em 31/12/2019.

17 Sobre as presunções como objeto de negócios jurídicos processuais em matéria probatória, defendendo a possibilidade de criação de presunções por meio de convenções processuais, mas negando a possibilidade de derrogação convencional de presunções, cf. PEREIRA, Lara Dourado Mapurunga. As presunções como objeto de negócios jurídicos processuais. *In:* CABRAL, Antonio do Passo; NOGUEIRA, Pedro Henrique (Coord.). *Negócios processuais*. Tomo II. Salvador: Juspodivm, 2020, p. 339-361 e PEREIRA, Lara Dourado Mapurunga. *Negócios jurídicos processuais sobre presunções*. Salvador: Juspodivm, 2020.

18 Sobre o tema, no direito civil, CHATEAUBRIAND FILHO, Hindemburgo. *Negócio de acertamento: uma abordagem histórico-dogmática*. Belo Horizonte: Del Rey, 2004.

19 ALVES, Tatiana Machado. Ensaio sobre a classificação das convenções probatórias. *In:* CABRAL, Antonio do Passo; NOGUEIRA, Pedro Henrique (Coord.). *Negócios processuais*. Tomo II. Salvador: Juspodivm, 2020, p. 336.

20 AMARAL, Paulo Osternack. *Provas:* atipicidade, liberdade e instrumentalidade. São Paulo: RT, 2017, p. 156.

a liberdade negocial não é ilimitada, razão pela qual o desafio está justamente na verificação das balizas a serem adotadas pelas partes ao firmarem tal espécie de negócio jurídico.

Assim, o próximo item abordará alguns limites específicos em tese aplicáveis às convenções probatórias, a saber: a indisponibilidade do direito material envolvido na demanda, a renúncia genérica aos meios de prova e a renúncia geral. Além disso, abordará quais os parâmetros extraídos das convenções processuais probatórias típicas são aplicáveis às convenções atípicas, a fim de traçar balizas interpretativas que auxiliem na busca por uma solução para o problema proposto.

4.2 CONVENÇÕES PROCESSUAIS PROBATÓRIAS EM DEMANDAS QUE VERSEM SOBRE DIREITOS INDISPONÍVEIS

Conforme pontuado no capítulo que tratou dos limites gerais a serem respeitados pelas partes, a redação do art. 190 do CPC/15 aponta para o cabimento de convenções processuais em demandas que tratam de *direitos que admitam autocomposição*, noção mais abrangente do que aquela dada aos direitos disponíveis[21].

No que tange aos direitos disponíveis, não há grandes dificuldades a serem enfrentadas, pois, não sendo o caso de aplicação das hipóteses do parágrafo único do art. 190 ou de afronta aos demais requisitos de existência, validade e eficácia apontados no capítulo 3 desta pesquisa, as convenções processuais em matéria probatória devem ser reputadas válidas e, portanto, devem ser respeitadas pelo juiz, conforme será abordado mais adiante.

Todavia, em se tratando de negociação processual probatória relacionada a litígios que envolvam direito material indisponível, a questão toma contornos mais sensíveis. Isso porque, nesses casos, há intrínseca relação entre direito processual e direito material, vinculando a tutela do direito substancial aos atos probatórios que se desenvolverão no decorrer do processo. Além de um ato de disposição de direito

21 NOGUEIRA, Pedro Henrique. *Negócios jurídicos processuais*. 2 ed. Rev., ampl e atual. - Salvador: Juspodivm, 2016, p. 272-275; AMBI, Eduardo; NEVES, Aline Regina das. Flexibilização procedimental no novo Código de Processo Civil. *In*: DIDIER JR, Fredie (Coord.). *Coleção novo CPC doutrina selecionada:* parte geral. Salvador: Juspodivm, v. 1, 2015. p. 506 e DIDIER JR., Fredie. *Curso de direito processual civil*. 17 ed. Salvador: Juspodivm, v. 1, 2015, p. 387.

processual, a restrição probatória pode vir a alterar substancialmente o resultado da demanda[22].

Assim, apesar de o CPC/15 possibilitar a realização de convenções processuais em demandas que versem sobre direitos indisponíveis, deve-se analisar se, no campo das convenções processuais probatórias, tal abrangência também se verifica ou se a disponibilidade do direito é um limite aplicável às convenções processuais probatórias.

Desta forma, importa à presente pesquisa averiguar o que seriam direitos disponíveis e indisponíveis, para, em seguida, examinar a aplicabilidade de tal limitação às convenções probatórias.

A princípio, a indisponibilidade decorre de legítima opção intervencionista do Estado no sentido de limitar liberdades individuais visando, por meio de restrições ao exercício de certos direitos ou interesses, a proteção de tais direitos contra lesões ou ameaças advindas de seus próprios titulares ou de terceiros[23].

A noção de indisponibilidade não é estática e depende de uma gama de fatores econômicos, sociais, político-ideológicos e jurídicos, devendo a melhor interpretação e conceituação se dar de maneira pragmática, com a intenção de projetar resultados efetivos quanto à proteção de tais direitos[24]. A definição é de extrema relevância tanto no direito material quanto no direito processual, pois a indisponibilidade acarreta consequências jurídicas diversas, inclusive para aferição de limites quanto às soluções consensuais, dentre elas, as convenções processuais.

Certo é que inexiste expressa conceituação legal a respeito do que seriam os direitos indisponíveis. Tal definição tampouco pode ser avistada na Lei de Mediação (Lei n.º 13.140/15) ou na Lei de Arbitragem (Lei n.º 9.307/96). Contudo é possível extrair algumas premissas dessas duas legislações.

Da Lei de Arbitragem é possível verificar que não se deve confundir patrimonialidade com disponibilidade, haja vista o referido

---

22 TALAMINI, Eduardo. *Um processo para chamar de seu:* nota sobre os negócios jurídicos processuais. Disponível em: http://www.migalhas.com.br/dePeso/16,MI228734,61044-um+processo+pra+chamar+de+seu+nota+sobre+os+negocios+juridicos. Acesso em: 10/03/2019, p. 16.

23 VENTURI, Elton. Transação de direitos indisponíveis? *Revista de Processo*. São Paulo: RT, n. 251, jan. 2016, p. 391-416.

24 VENTURI, Elton. Transação de direitos indisponíveis? *Revista de Processo*. São Paulo: RT, n. 251, jan. 2016, p. 391-416.

método heterocompositivo de solução de controvérsias poder ser utilizado para tratar de litígios que versem sobre direitos patrimoniais disponíveis. Pela lógica, a lei considera existirem direitos patrimoniais indisponíveis e direitos não patrimoniais disponíveis.

A Lei de Mediação, por sua vez, pode ser aplicada na resolução de conflitos que versem sobre direitos disponíveis ou sobre direitos indisponíveis que admitam transação (art. 3º, da Lei n.º 13.140/15[25]). Percebe-se, assim, que a legislação sinaliza para a possibilidade de utilização de métodos consensuais de resolução litígios ainda que o conflito envolva direitos indisponíveis. Logo, indisponibilidade não equivale a impossibilidade de transação[26].

Tampouco há correspondência entre direitos indisponíveis e direitos fundamentais[27]. Conforme pontua Virgílio Afonso da Silva, os direitos fundamentais servem, essencialmente, como forma de evitar a ingerência estatal em esferas estritamente individuais e, na medida em que tais direitos fundamentais consistem no exercício do direito geral de liberdade do cidadão – essência dos direitos fundamentais –, nada mais coerente que aceitar a liberdade de não exercitá-los, e, ainda, de dispor deles e a eles renunciar[28].

---

25 Art. 3º, Lei n. 13.140/15: Pode ser objeto de mediação o conflito que verse sobre direitos disponíveis ou sobre direitos indisponíveis que admitam transação.

26 Nesse sentido, Flávio Yarshell defende que o CPC/15 – seguindo a linha do que já fizera a lei n.º 10.444/2002 ao alterar a redação do art. 331 do CPC/73 –, tentou distinguir os conceitos de indisponibilidade e de possibilidade de transação. Não obstante, o autor ressalta que "mesmo no âmbito de direitos indisponíveis haveria eventual margem para autocomposição (YARSHELL, Flávio Luiz. Convenção das partes em matéria processual: rumo a uma nova era? *In*: CABRAL, Antonio do Passo; NOGUEIRA, Pedro Henrique (Coord.). *Negócios processuais*. 2. ed. rev. Atual. e ampl. - Salvador: Juspodivm, 2016, p. 81).

27 MARTEL, Letícia de Campos Velho. Direitos fundamentais indisponíveis: limites e padrões do consentimento para a autolimitação do direito à vida. Tese de Doutorado, UERJ, 2010, Disponível em: http://pct.capes.gov.br/teses/2010/31004016015P4/TES.PDF. Acesso em: 03/01/2020, p. 19: "Apesar de juristas de vários ramos do direito adotarem, em um primeiro olhar, a premissa da indisponibilidade dos direitos fundamentais, não se pode inferir a inexistência de um problema quanto ao assunto. De um lado, a Constituição não expressa notoriamente a indisponibilidade dos direitos fundamentais. De outro lado, questões práticas vêm recebendo respostas que se distanciam da premissa de indisponibilidade. A afirmação geral da indisponibilidade dos direitos fundamentais torna-se nebulosa, seja em face de elementos teóricos, seja em face da realidade que cotidianamente a desafia, mediante múltiplos exemplos de disposição de tais direitos e das consequências previstas em lei a respeito da consideração de um determinado direito como indisponível."

28 Silva, Virgílio Afonso da. *A constitucionalização do direito:* os direitos fundamentais nas relações entre particulares. Tese de Livre Docência. São Paulo: USP, 2004. p.163-167.

Como observa Antonio do Passo Cabral, corriqueiramente abdicamos de direitos fundamentais[29], seja abrindo mão do direito à intimidade – como no caso da frequente exposição a câmeras de vigilância – ou até mesmo à integridade física – quando alguém se submete voluntariamente a lesões corporais em uma luta profissional ou ao fazer uma tatuagem, por exemplo. Assim, o conceito de disponibilidade não deriva imediatamente do conceito de direito fundamental[30-31].

O conceito de indisponibilidade também não pode ser atrelado ao conceito de interesse público. Tal conceito era frequentemente utilizado para categorizar qualquer relação envolvendo a Administração Pública como indisponível[32], contudo, paulatinamente, a jurisprudência e a doutrina passaram a aceitar a submissão de litígios envolvendo a Administração Pública à arbitragem[33], método heterocompositivo de solução de controvérsias adstrito a demandas que versam sobre direitos disponíveis. Seguindo tal tendência, a Lei n.º 13.129/15 acresceu os §§ 1º e 2º ao art. 1º da Lei de Arbitragem, permitindo, expressamente, a utilização do método pela Administração Pública. Percebe-se, assim, que o conceito de indisponibilidade também não equivale ao conceito de interesse público.

A despeito da inexistência de consenso doutrinário e jurisprudencial[34], a noção de indisponibilidade está frequentemente atrelada

---

29 CABRAL, Antonio do Passo. *Convenções Processuais*. 2 ed. rev., atual. e ampl. Salvador: Juspodivm, 2018, p. 37.

30 Calmon de Passos defende que existem diversos graus de indisponibilidade, assinalando, por exemplo, que há indisponibilidade absoluta nos casos em que o próprio bem se vincula de modo indissociável ao sujeito, e relativa quando deriva dos limites fixados por lei ou por convenção (PASSOS, Calmon de. *Comentários ao Código de Processo Civil*. 9. ed. Rio de Janeiro: Forense, v. 3, 2005, p. 408-409).

31 Sobre o tema, cf. ADAMY, Pedro Augustin. *Renúncia a Direito Fundamental*. São Paulo: Malheiros, 2011.

32 CABRAL, Antonio do Passo. *Convenções Processuais*. 2 ed. rev., atual. e ampl. Salvador: Juspodivm, 2018, p. 342.

33 CABRAL, Antonio do Passo. *Convenções Processuais*. 2 ed. rev., atual. e ampl. Salvador: Juspodivm, 2018, p. 342-343.

34 Conforme pesquisa realizada por Letícia Martel, dentre todos os sentidos, quer os doutrinários, quer os legislativos e jurisprudenciais, opera-se a prevalência da conexão do conceito de indisponibilidade com a manifestação do titular para abdicar o direito (MARTEL, Letícia de Campos Velho. Direitos fundamentais indisponíveis: limites e padrões do consentimento para a autolimitação do direito à vida. Tese de Doutorado, Uerj, 2010, Disponível em: http://pct.capes.gov.br/teses/2010/31004016015P4/TES.PDF. Acesso em: 03/01/2020, p. 35). Também sobre a inexistência de consenso doutrinário e jurisprudencial: CABRAL, Antonio do Passo. *Convenções Processuais*. 2 ed. rev., atual. e ampl. Salvador: Juspodivm, 2018, p. 336-339.

à disposição que o sujeito tem sobre determinado direito, podendo dele desligar-se[35], ou seja, direitos indisponíveis são aqueles que não podem ser abdicados, ainda que parcialmente, por força da manifestação de vontade de seus titulares[36]. São direitos irrenunciáveis[37], inalienáveis e intransmissíveis[38].

Apesar da relevância da questão – especialmente no âmbito probatório –, a indisponibilidade do direito material não configura óbice automático à realização de convenções processuais[39-40].

Primeiramente, deve-se ter em mente o fato de que nem toda convenção processual probatória se prestará a suprimir a produção de uma prova ou a dificultar a apuração dos fatos. Ao contrário: a convenção poderá ampliar o leque de possibilidades, criando novos meios de prova ou dispondo sobre a melhor forma de produzi-las[41].

---

35 CARVALHO, Orlando de. *Teoria Geral do Direito Civil*. 3. ed. Coimbra: Ed. Coimbra, 2012, p. 150.

36 VENTURI, Elton. Transação de direitos indisponíveis? *Revista de Processo*. São Paulo: RT, n. 251, jan. 2016, p. 391- 416.

37 Ao tecer considerações acerca da disponibilidade do direito exigida pela Lei de Arbitragem, Eduardo Talamini entende que esta não se relaciona à possibilidade de renúncia ao direito, mas sim ao fato de a matéria litigiosa poder ser resolvida pelas próprias partes, independentemente de ingresso em juízo (TALAMINI, Eduardo. *A (in)disponibilidade do interesse público: consequências processuais (composições em juízo, prerrogativas processuais, arbitragem, negócios processuais e ação monitória) - versão atualizada para o CPC/2015*. RePro n. 264. São Paulo: Ed. RT, fev. 2017, p. 98-99).

38 FERRAJOLI, Luigi. *Los fundamentos de los derechos fundamentales*. Madrid: Editorial Trotta, 2001, p. 32.

39 Sobre o tema, cf. enunciado n.º 135 do FPPC: "A indisponibilidade do direito material não impede, por si só, a celebração de negócio jurídico processual".

40 Segundo Leonardo Greco: "[...] isso não significa que os titulares de direitos indisponíveis não possam praticar atos de disposição, tanto no sentido de atos prejudiciais quanto de atos decisórios, mas apenas que não podem praticar os que, direta ou indiretamente, possam prejudicar ou dificultar a tutela desses direitos" (GRECO, Leonardo. Os atos de disposição processual – primeiras reflexões. Rio de Janeiro: *Revista Quaestio Iuris*, v. 4, n. 1, 2007, p. 725). No mesmo sentido, Antonio do Passo Cabral: "Os interesses materiais em disputa podem ser indisponíveis, mas ainda assim as partes podem acordar sobre inúmeros aspectos processuais, como a eleição de foro, redistribuição do ônus da prova, suspensão do processo, dilação de prazos, preclusões e formalidades dos atos do processo" (CABRAL, Antonio do Passo. *Convenções Processuais*. 2 ed. rev., atual. e ampl. Salvador: Juspodivm, 2018, p. 341). Também entendendo pela possibilidade de realização de convenções processuais mesmo quando o direito litigioso for indisponível, Pedro Henrique Nogueira: "[...] mesmo direitos teoricamente indisponíveis, posto que irrenunciáveis, (por exemplo, direito subjetivo a alimentos), comportam transação quanto ao valor, vencimento e forma de satisfação" (NOGUEIRA, Pedro Henrique. *Negócios jurídicos processuais*. 2 ed. Rev., ampl e atual. - Salvador: Juspodivm, 2016, p. 273). Contrário a tal posicionamento, pautado na necessidade de tutela efetiva dos direitos indisponíveis: TARTUCE, Flávio. *O novo CPC e o Direito Civil: impactos, diálogos e interações*. São Paulo: Método, 2015, p. 115.

41 Veja-se o exemplo do *Redfern Schedule*, documento colaborativo utilizado na arbitragem, por meio do qual as partes organizam seus argumentos com relação à exibição de documentos. Sobre o tema, cf. DIDIER JR., Fredie; BRAGA, Paula Sarno; OLIVEIRA, Rafael Alexandria de. *Curso de direito*

Nesses casos, ainda que o litígio verse sobre direito indisponível[42], a convenção processual probatória pode beneficiar o titular do direito, ampliando sua proteção, e até mesmo favorecendo a solução da crise de direito material[43], razão pela qual invalidá-la seria, no mínimo, desarrazoado.

A inquietação, no entanto, dá-se nos casos em que há restrição dos meios de prova. Nesse aspecto, parte da doutrina tem-se posicionado no sentido de que as convenções que limitam os meios de prova só poderiam ser realizadas no bojo de demandas que versem sobre direito material disponível[44]. Para a parcela da doutrina que assim entende, ainda que haja convenção probatória no sentido de limitar a produção probatória, nas ações que tratem de direito indisponível o juiz pode determinar a produção de provas de ofício[45].

---

processual civil: teoria da prova, direito probatório, ações probatórias, decisão, precedente, coisa julgada e antecipação dos efeitos da tutela 14 ed. Salvador: Juspodivm, 2019, v. 2, p. 284-285.

42 Conforme ressaltado por Rodrigo Ramina de Lucca: "[...] embora o Código vede a confissão de fatos envolvendo direitos indisponíveis, tal qual faziam os seus antecessores, ela sempre foi admitida pela jurisprudência quando favorável à parte tida como mais fraca da relação; assim como sempre se admitiu o reconhecimento da procedência do pedido em benefício do titular do direito indisponível. Desse modo, admite-se a confissão da paternidade pelo pai, mas rejeita-se a confissão da mãe de que o réu não é o pai do filho (art. 1.602 do CC)" (LUCCA, Rodrigo Ramina de. *A Disponibilidade Processual:* os interesses privados das partes diante da natureza pública do processo. Tese de Doutorado. Faculdade de Direito. Universidade de São Paulo, 2018, p. 59).

43 MACÊDO Lucas Buril; PEIXOTO, Ravi de Medeiros. Negócio processual acerca da distribuição do ônus da prova. *Revista de processo.* São Paulo: RT, n. 241, fev. 2015, p. 480.

44 Leonardo Greco elenca a disponibilidade do direito material posto em juízo como um dos fatores a serem observados para a definição de limites entre os poderes do juiz e a autonomia das partes, juntamente com o respeito ao equilíbrio entre as partes, a paridade de armas e a preservação da observância dos princípios e garantias fundamentais do processo no Estado Democrático de Direito (GRECO, Leonardo. Os atos de disposição processual – primeiras reflexões. Rio de Janeiro: *Revista Quaestio Iuris*, v. 4, n. 1 2007, p. 724-725). Eduardo Talamini também entende que a disponibilidade do direito material é requisito para a realização de convenções probatórias: "Mas um ajuste probatório pode retratar também um ato de vontade das partes. Elas restringem a instrução à prova documental, por exemplo, não porque achem isso suficiente, mas porque assim o querem (porque desejam um procedimento célere e simplificado etc.). Nessa hipótese, a mera consideração de documentos pode não ser suficiente para reconstituir o passado – e pode, consequentemente, interferir o resultado final do processo (por via documental pode ser impossível provar um fato que efetivamente ocorreu e que ensejaria a incidência de outras normas, cuja não consideração conduz a solução jurídica diversa da que se teria com a plenitude probatória). Portanto, o pacto probatório como ato de vontade apenas pode ser admitido quando se estiver diante de direitos materiais disponíveis – hipótese em que, declarada e conscientemente, a parte opta por uma solução mais simples, mas que pode, todavia suprimir-lhe direito material" (TALAMINI, Eduardo. *Um processo para chamar de seu*: nota sobre os negócios jurídicos processuais. Disponível em: http://www.migalhas.com.br/dePeso/16,MI228734,61044-um+processo+pra+chamar+de+seu+nota+sobre+os+negocios+juridicos. Acesso em: 10/03/2019, p.18).

45 FERRADEIRA, Mariana. A prova emprestada como objeto de negócio jurídico processual. *In*: MARCATO, Ana; GALINDO, Beatriz; GÓES, Gisele Fernandes; BRAGA, Paula Sarno; APRIGLIANO, Ricardo; NOLASCO, Rita Dias (Coord.). *Negócios Processuais*. Salvador: JusPodivum, 2017, p. 400-401.

Contudo esse não é o posicionamento adotado na presente pesquisa. Entende-se que é possível a restrição probatória consensual mesmo nas demandas que versem sobre direito indisponível, desde que, no caso concreto, a convenção reforce a proteção a tal direito e facilite o debate, não o dificulte ou o impeça. Veja-se que o ponto central não está na restrição probatória em si, mas nas consequências de tal restrição no contexto da demanda que verse sobre direitos indisponíveis.

O que se deve ter em mente é que nem toda restrição probatória – seja ela consensual ou legal – dificulta o debate no processo. Muitas vezes ela o *favorece*. Tanto é que essa é uma técnica utilizada para a construção de procedimentos mais céleres (e tidos por mais efetivos), como é o caso do mandado de segurança – procedimento pelo qual induvidosamente se podem discutir direitos disponíveis e indisponíveis e o único meio de prova admitido é o documental.

Não há relação direta entre restrição probatória e restrição do direito discutido, razão pela qual cabe ao juiz verificar, no caso concreto, se é possível restringir a prova em um contexto de direitos indisponíveis. Caso verifique que a restrição probatória dificulta o debate, ou ainda, que afeta indireta ou reflexamente, a solução de questões referentes aos interesses materiais[46], o juiz poderá restringir o exercício da autonomia privada no que se refere a esse ponto[47], determinando a produção de provas de ofício.

---

46 Nesse sentido, Antonio do Passo Cabral: "[...] a indisponibilidade do direito material por vezes pode, somada a outras circunstâncias, levar à inadmissibilidade da convenção processual. Isso se dará porque, dependendo da seara do direito processual em que incide, a convenção processual poderá, indireta ou reflexamente, afetar a solução de questões referentes aos interesses materiais. Atos de disposição processual não podem atingir efeitos proibidos no direito material. A disposição de direitos processuais não pode, v.g., implicar indiretamente em renúncia a direitos materiais irrenunciáveis" (CABRAL, Antonio do Passo. *Convenções Processuais*. 2 ed. rev., atual. e ampl. Salvador: Juspodivm, 2018, p. 341-342).

47 "Entretanto, eventuais especificidades envolvendo direitos indisponíveis não permitem concluir que tais processos sejam regidos pelo princípio inquisitivo. O que há é uma restrição parcial da autonomia privada pela influência do direito material sobre o plano processual. Mais especificamente, as partes estão proibidas de criar fatos incontroversos vinculantes ao juiz e, em algumas hipóteses, renunciar à pretensão e reconhecer a procedência do pedido. No mais, permanece inteiramente vigente o princípio dispositivo com todas as consequências dele decorrentes: inércia jurisdicional; disponibilidade da ação, correlação entre demanda e pedido; monopólio pelas partes da causa de pedir e fatos extintivos, modificativos e impeditivos; processo regido por ônus processuais, e não por deveres; possibilidade de aquiescer à decisão judicial; disponibilidade recursal; disponibilidade da ação rescisória etc. A indisponibilidade do direito não permite ao juiz instaurar processos de ofício, alterar a demanda, obrigar a parte a recorrer etc. [...] Por tudo isso, não parece possível afirmar que são dispositivos os processos que envolvem direitos disponíveis e inquisitivos os que envolvem direitos indisponíveis. O que há, nestes é uma influência do direito material sobre o processual que

É o caso, por exemplo, de uma ação relativa à guarda de menor, na qual, apesar de passível de autocomposição, o direito é, em si, indisponível. Nesse contexto, ainda que as partes firmem convenção processual no sentido de impedir a realização de estudo psicossocial, o juiz pode transpor tal disposição, determinando, de ofício, a produção da prova, a fim de evitar que a convenção processual afete – ainda que indiretamente – direito indisponível da criança ou dificulte o debate sobre quem tem melhores condições de assumir a guarda da criança.

Nessa hipótese, apesar de se entender pela validade da convenção processual probatória que restrinja os meios de prova mesmo em demanda que verse sobre direitos indisponíveis, é possível concluir que tal convenção não necessariamente restringirá o poder instrutório do juiz.

Cabe, assim, a análise do caso concreto, a fim de verificar se, e em qual medida, a limitação probatória dificulta o debate ou afeta de maneira indireta a tutela de direito material indisponível.

Tal entendimento parece se coadunar com a intenção do legislador no que se refere à proteção dos direitos indisponíveis, na medida em que, verificando que a convenção processual prejudica a tutela do direito material de maneira indireta, o juiz poderá, de ofício, complementar a prova produzida pelas partes.

Contudo, para afastar convenção probatória válida cabe ao juiz, além de oportunizar o contraditório prévio e efetivo[48], cumprir com o dever de fundamentação, que, nesse caso, deve ser mais intenso e específico, em razão da prioridade sistêmica dada à liberdade de adaptação do procedimento pela vontade das partes[49].

---

implica a restrição parcial de algumas das consequências do princípio dispositivo; mas em qualquer hipótese, a autonomia privada das partes continua regendo o processo, ainda que um pouco limitada" (LUCCA, Rodrigo Ramina de. *A Disponibilidade Processual:* os interesses privados das partes diante da natureza pública do processo. Tese de Doutorado. Faculdade de Direito. Universidade de São Paulo, 2018, p. 58-60).

48 Enunciado n. 259 do FPPC: "A decisão referida no parágrafo único do art. 190 depende de contraditório prévio". Sobre o contraditório como direito de influência, cf. CABRAL, Antonio do Passo. Il Principio del Contraddittorio come Diritto D'influenza e Dovere di Dibattito. *Rivista di Diritto Processuale.* Disponível em: http://uerj.academia.edu/AntonioCabral/Papers/144620/Il_principio_del_contraddittorio_com e_diritto_dinfluenza_e_dovere_di_dibattito. Acesso em: 16/01/2019.

49 CABRAL, Antonio do Passo. *Convenções Processuais.* 2 ed. rev., atual. e ampl. Salvador: Juspodivm, 2018, p. 288 e 426.

Além disso, se for o caso, o juiz deverá determinar a oitiva do representante do Ministério Público para que esse se manifeste acerca dos termos da convenção processual[50].

Portanto, ao afastar a aplicação de um acordo processual probatório, o juiz deverá proceder a cuidadosa análise de suas implicações, alicerçando sua decisão em fundamentos capazes de demonstrar que a produção de prova de ofício é essencial à promoção do debate e/ou que o acordo processual afeta, ainda que indiretamente, o direito material indisponível.

4.3 RENÚNCIA GENÉRICA À PROVA

Ultrapassada a questão acima exposta, impende tratar dos limites relativos à renúncia genérica à prova.

A legislação processual possibilita a elaboração de convenções processuais anteriores à existência de processo entre as partes (art. 190, CPC/15). Dessa forma, é plenamente possível a realização de um acordo de natureza processual que vise restringir os meios de prova a serem realizados em um processo futuro. Todavia parece equivocado pensar que tal renúncia pode se dar de maneira genérica sobre qualquer crise de direito material que possa vir a ocorrer entre os sujeitos da convenção processual.

Isso porque a elaboração de convenções processuais está diretamente vinculada ao consentimento livre e informado daqueles que dela são partes[51] e, para que se possa renunciar a um direito, é necessário que o sujeito possa prever as consequências de sua renúncia, dispondo apenas daquilo cujo conteúdo conhece[52].

---

50 Tal parâmetro que pode ser extraído da Lei de Mediação, que prevê a necessidade de homologação judicial e oitiva do Ministério Público quando a autocomposição envolver direitos indisponíveis (art. 3º, §2º, da Lei n.º 13.140/15). Nesse mesmo sentido: LUCCA, Rodrigo Ramina de. Liberdade, autonomia e convenções processuais. *In*: CABRAL, Antonio do Passo; NOGUEIRA, Pedro Henrique (Coord.). *Negócios processuais*. Tomo II. Salvador: Juspodivm, 2020, p. 37.

51 "Como todo ato de disposição, deve ser livre e consciente: livre, por não ter sido resultado de qualquer coação ou intimidação por parte de outro sujeito que, em razão da sua posição de superioridade em relação ao disponente, impõe-lhe a sua vontade para sujeita-lo a um mal qualquer, ainda que justo; e consciente de que o ato de disposição pode lhe acarretar o julgamento desfavorável ou a perda o próprio direito material pleiteado em juízo" (GRECO, Leonardo. Os atos de disposição processual – primeiras reflexões. Rio de Janeiro: *Revista Quaestio Iuris*, v. 4, n. 1, 2007, p. 725).

52 CABRAL, Antonio do Passo. *Convenções Processuais*. 2 ed. rev., atual. e ampl. Salvador: Juspodivm, 2018, p. 85-86.

Assim, em atenção a um dos requisitos gerais de validade dos negócios jurídicos (art. 104, II, CC/02), o objeto da convenção processual deve ser determinado ou, ao menos, determinável, cabendo ao juiz o controle de validade de convenções genéricas formuladas em desatenção à necessária previsibilidade que deve nortear a manifestação de vontade do sujeito[53].

Por previsibilidade entende-se aquilo que era possível antever no ato da realização da convenção processual. A renúncia genérica à prova testemunhal contida em um contrato de locação que prevê que toda e qualquer demanda entre locador e locatário será resolvida apenas por prova documental, por exemplo, é válida na medida em que as partes podem prognosticar o leque de possíveis demandas decorrentes daquele contrato: ação renovatória, ação de cobrança, dentre outras. A previsibilidade, no entanto, não se verifica caso o inquilino e o locador se envolvam em um acidente automobilístico, evento que não guarda relação com o contrato de locação e sequer era previsível no ato em que a convenção processual foi firmada.

Conclui-se, assim, que a convenção processual genérica não é, *a priori*, inválida, podendo ser invalidada casuisticamente, a depender da análise do caso concreto, que deverá perpassar pela verificação de previsibilidade daquela situação no ato em que a convenção foi firmada.

4.4 RENÚNCIA GERAL À PROVA

Outro aspecto importante a ser considerado é a possibilidade de renúncia geral à prova, ou seja, a possibilidade de as partes firmarem, por meio de convenção processual, que uma delas está proibida de produzir qualquer prova em processo futuro ou atual.

O direito de defesa é um direito fundamental previsto na Constituição Federal em seu artigo 5º, LV, sendo assegurado a todos os litigantes em processo judicial ou administrativo. Impossibilitar a produção de qualquer meio de prova seria o mesmo que negar o

53 Barbosa Moreira já apontava para a preocupação da doutrina em evitar que as partes fossem privadas, por antecipação, de direitos e faculdades que a lei lhes confere, em momento que não é possível mensurar as consequências desfavoráveis do ato (MOREIRA, José Carlos Barbosa. *Convenções das partes sobre matéria processual*. Temas de direito processual, 3a série, São Paulo: Saraiva, 1984, p. 91-92).

direito de defesa à parte e isso, certamente, não atenderia aos escopos de um processo constitucionalmente alinhado.

Ademais, renunciar de maneira geral a todas as provas equivale a não cumprir com o ônus imputado pela própria legislação às partes, qual seja: o ônus do autor de provar o fato constitutivo de seu direito e o ônus do réu de provar a existência de fato impeditivo, modificativo ou extintivo do direito do autor, nos termos do art. 373 do CPC/15[54].

Sendo o ônus da prova uma tarefa atribuída à parte para que se desincumba de demonstrar a veracidade daquilo que alega, o não exercício desta faculdade acarreta o risco de obter um resultado contrário aos seus interesses[55]. Ao dispor que a parte não poderá produzir nenhuma prova no processo, os acordantes acabam por direcionar o resultado da demanda, na medida em que alegações sem provas possuem pouca ou nenhuma valia.

Pré-fixar o resultado da demanda não parece ser o propósito das convenções processuais. Apesar da limitação probatória ter vantagens visíveis, como a redução de custos e de tempo de tramitação do processo, deve-se atuar com boa-fé, permitindo que as partes tenham ao menos a mínima condição de provar suas alegações, ainda que tal possibilidade se restrinja à produção de prova documental ou testemunhal, por exemplo. Do contrário, a convenção processual consistiria em verdadeira disposição de direito material, concedendo pouca ou quase nenhuma chance a uma das partes de sair vencedora da demanda judicial.

Como dito, é necessário estabelecer um diálogo entre as convenções processuais típicas e as atípicas, a fim de obter-se uma interpretação sistemática de todo o ordenamento, verificando quais limites estabelecidos pelo legislador para as convenções processuais típicas podem ser empregados para as convenções atípicas.

No caso da renúncia geral podem-se extrair balizas interpretativas trazidas pelo art. 373, §3º do CPC/15, que restringe a autonomia das partes quando a convenção cria excessiva dificuldade de uma das partes exercitar o direito de defesa. Conforme restará exposto abaixo,

---

54 Art. 373, CPC/15: O ônus da prova incumbe: I - ao autor, quanto ao fato constitutivo de seu direito; II - ao réu, quanto à existência de fato impeditivo, modificativo ou extintivo do direito do autor.

55 AMARAL, Paulo Osternack. *Provas*: atipicidade, liberdade e instrumentalidade. São Paulo: RT, 2017, p. 44.

tal limitação não deve ser aplicada a todas as convenções processuais probatórias. Contudo é razoável afirmar que a renúncia geral a toda e qualquer prova iria de encontro a tal disposição legal, na medida em que se deve garantir, ao menos, a mínima possibilidade de exercício do direito de defesa pela parte[56].

Conclui-se, portanto, que apesar da limitação dos meios de prova ser perfeitamente viável, a renúncia geral culmina, essencialmente, em uma situação de desvantagem extrema, capaz de direcionar o resultado da demanda antes mesmo de sua propositura. E deliberar sobre direito material não deve ser o intuito das convenções processuais.

4.5 PARÂMETROS EXTRAÍDOS DAS CONVENÇÕES PROCESSUAIS TÍPICAS

Além dos limites acima delineados, ressalta-se a importância de uma interpretação sistemática de todo o ordenamento, sendo necessário estabelecer, no caso específico das convenções processuais, um diálogo entre as convenções típicas e as atípicas, a fim de extrair das primeiras as possíveis balizas interpretativas a serem utilizadas no que se refere aos negócios processuais atípicos[57].

Veja-se que a legislação processual possibilita a escolha do perito pelas partes, conforme art. 471 do CPC/15, desde que estas sejam dotadas de plena capacidade[58] e que a causa possa ser solucionada por meio de autocomposição. Tais limites se equiparam àqueles previstos pelo art. 190 do CPC/15 e, sem que sejam necessárias maiores ponderações, aplicam-se a todas as convenções processuais, inclusive probatórias.

56 "[...] não podem as partes renunciar ao direito fundamental ao contraditório o direito fundamental à prova de um modo geral, mas podem, conjuntamente, renunciar à determinado meio de prova ou à interposição de determinados recursos" (Nesse sentido, RAATZ, Igor. *Autonomia privada e processo:* liberdade, negócios jurídicos processuais e flexibilização procedimental. 2ª ed. rev., atual. e ampl. - Salvador: Juspodivm, 2019, p. 245).

57 CABRAL, Antonio do Passo. *Convenções Processuais.* 2 ed. rev., atual. e ampl. Salvador: Juspodivm, 2018, p. 381-383 e p. 95-97.

58 Entende-se capacidade como capacidade processual, na esteira da doutrina de NOGUEIRA, Pedro Henrique. *Negócios jurídicos processuais.* 2 ed. rev., ampl e atual. Salvador: Juspodivm, 2016, p. 275-277.

No que se refere às convenções sobre a distribuição do ônus da prova[59], o art. 373, §3º do CPC/15 restringe a autonomia privada em duas circunstâncias: a indisponibilidade do direito e a excessiva dificuldade de uma das partes exercitar o direito de defesa.

Quanto à indisponibilidade do direito, conforme dito alhures, sustenta-se o afastamento de convenção probatória que dificulte o debate e, de maneira transversa, atinja direito material indisponível[60], desde que o juiz o faça após oportunizar o contraditório efetivo e por meio de decisão fundamentada.

No que tange à criação de excessiva dificuldade quanto ao exercício do direito de defesa, esse não parece um limite aplicável irrestritamente a todas as convenções processuais probatórias. Isso porque, apesar de fazer sentido no que se refere às convenções que invertem o ônus da prova - que podem, por exemplo, imputar à parte a apresentação de documento que está em posse da parte contrária, tornando impossível o exercício do direito -, tal óbice não necessariamente se verifica quando as partes limitam os meios de prova, dado que toda limitação à produção de provas representa, em alguma medida, a criação de obstáculo ao exercício do direito de defesa.

Tal restrição é mais uma maneira de garantir que o acordo seja firmado de forma livre, evitando-se manipulações que decorram de eventual hipossuficiência de uma das partes, impedindo que as convenções sirvam para imposição de situações que impeçam ou dificultem sobremaneira o exercício do direito de defesa, ou ainda que agravem a desigualdade processual[61]. Nesse contexto, o juiz deve verificar se a abusividade não está sendo disfarçada de consenso[62]. Não sendo o caso, tal limite não se aplica às convenções probatórias válidas que restrinjam os meios de prova.

---

59 Sobre o tema cf. a indispensável obra de Robson Godinho: GODINHO, Robson Renault. Negócios processuais sobre o ônus da prova no novo CPC. São Paulo: RT, 2015.

60 ANDRADE, Érico. A "Contratualização" do Processo. *In*: THEODORO JUNIOR, Humberto (Coord.). JAYME, Fernando Gonzaga; GONÇALVES, Gláucio Maciel; FARIA, Juliana Cordeiro de; FRANCO, Marcelo Veiga; ARAÚJO, Mayara de Carvalho; CREMASCO, Suzana Santi (Org.). *Processo Civil Brasileiro:* Novos Rumos a partir do CPC/2015. Belo Horizonte: Del Rey, 2016, p. 58.

61 GODINHO, Robson Renault. *Negócios processuais sobre o ônus da prova no novo CPC*. São Paulo: RT, 2015, p. 258.

62 GODINHO, Robson Renault. *Negócios processuais sobre o ônus da prova no novo CPC*. São Paulo: RT, 2015, p. 258.

O que não se pode admitir, conforme já explicitado acima, é a renúncia geral à prova, pois aí sim a limitação impede completamente o exercício do direito de defesa e induz a um resultado em razão da aplicação das regras do ônus da prova como regra de julgamento.

Conforme restará melhor examinado ao longo da presente pesquisa, a produção da prova consiste em um ônus, e não em um dever da parte, razão pela qual não se vislumbram entraves automáticos à criação de restrições probatórias pelas partes que limitem a produção de determinada prova, desde que elas tenham consciência daquilo que estão renunciando e das implicações advindas de tal renúncia[63].

A fim de evitar futuras alegações de invalidade do acordo, sugere-se a inserção explícita na convenção processual da motivação que permeou a manifestação de vontade, bem como de eventuais contrapartidas que foram prestadas pelas partes em troca de acertos probatórios[64].

63 Sobre o tema, Robson Godinho vê a limitação legal como uma forma de proteção para que o acordo seja realizado de forma livre pelas partes evitando-se que a abusividade seja disfarçada de consenso, para o autor "[...] o que se deve evitar é uma forma oblíqua de impedir a tutela do direito, sem que disso tenha efetiva consciência a parte" (GODINHO, Robson Renault. *Negócios processuais sobre o ônus da prova no novo CPC*. São Paulo: RT, 2015, p. 258).

64 A exemplo de um desconto negocial dado em razão da limitação probatória em processo futuro. Sobre a possibilidade de negociação de valores do contrato em troca de negociações de cunho processual, cf. CABRAL, Antonio do Passo. *Convenções Processuais*. 2 ed. rev., atual. e ampl. Salvador: Juspodivm, 2018, p. 212-214.

O PAPEL DO JUIZ NAS CONVENÇÕES PROCESSUAIS

5.1 CONTROLE DE VALIDADE

Conforme dispõe o parágrafo único do art. 190 do CPC/15, não cabe ao juiz analisar a conveniência da convenção processual[1], mas tão somente controlar sua validade[2], recusando-lhe aplicação nos casos de nulidade ou de inserção abusiva em contrato de adesão ou, ainda, naqueles em que alguma parte se encontre em manifesta situação de vulnerabilidade.

Salvo exceções legais ou convencionais, o controle se dará *a posteriori*, pois, nos termos do art. 200 do CPC/15[3], as declarações de vontade das partes produzem efeitos tão logo pronunciadas, culminando na imediata constituição, modificação ou extinção de direitos processuais. Além disso, há de se considerar que as convenções podem ser realizadas antes mesmo de haver processo[4] – como no típico caso de eleição de foro –, razão pela qual o controle prévio não se justificaria e culminaria na teratológica necessidade de levar todos os negócios jurídicos ao conhecimento de um juiz.

1 CABRAL, Antonio do Passo. *Convenções Processuais*. 2 ed. rev., atual. e ampl. Salvador: Juspodivm, 2018, p. 258. Em sentido contrário, entendendo pela possibilidade de exame do conteúdo do acordo pelo juiz, atendendo ao princípio da proporcionalidade, REDONDO, Bruno Garcia. Negócios jurídicos processuais: existência, validade e eficácia. *In*: LUCON, Paulo Henrique dos Santos; OLIVEIRA, Pedro Miranda de (Coord.). *Panorama atual do novo CPC*. Florianópolis: Empório do Direito, 2016, p. 31. Ainda em sentido contrário, COSTA, Adriano Soares da. *Para uma teoria dos fatos jurídicos processuais*. RePro n. 270. São Paulo: Ed. RT, ago. 2017, p. 7.

2 O controle de validade se dará conforme os requisitos apontados no capítulo 3 da presente pesquisa.

3 Art. 200, CPC/15: Os atos das partes consistentes em declarações unilaterais ou bilaterais de vontade produzem imediatamente a constituição, modificação ou extinção de direitos processuais.

4 YARSHELL, Flávio Luiz. Convenção das partes em matéria processual: rumo a uma nova era? *In*: CABRAL, Antonio do Passo; NOGUEIRA, Pedro Henrique Pedrosa (Coord.). *Negócios Processuais*. Salvador: Juspodivm, 2015, p. 79.

A legislação processual prevê que a invalidade da convenção processual pode ser conhecida de ofício. Contudo, em atenção ao contraditório prévio e substancial previsto no art. 10 do CPC/15[5], o juiz deve oportunizar às partes a manifestação acerca da invalidade por ele avistada[6], cumprindo com os deveres de consulta, esclarecimento e prevenção[7]. Ademais, obedecendo ao sistema das invalidades processuais, a invalidade só deve ser decretada quando houver prejuízo[8].

Registre-se que o ônus argumentativo do magistrado deve ser reforçado, haja vista a presunção de validade da manifestação de vontade dos sujeitos[9], razão pela qual lhe incumbe não apenas apreciar com afinco as razões de validade como, também, a possibilidade ou não de convalidação dos atos processuais decorrentes da convenção processual[10].

5.2 HOMOLOGAÇÃO DAS CONVENÇÕES PROCESSUAIS

---

5 Art. 10, CPC/15: O juiz não pode decidir, em grau algum de jurisdição, com base em fundamento a respeito do qual não se tenha dado às partes oportunidade de se manifestar, ainda que se trate de matéria sobre a qual deva decidir de ofício.

6 Nesse sentido, o enunciado 259 do FPPC: "A decisão referida no parágrafo único do art. 190 depende de contraditório prévio".

7 Sobre o dever de consulta, inclusive sobre matérias que o juiz pode conhecer de ofício cf. MARINONI, Luiz Guilherme; ARENHART, Sérgio Cruz; MITIDIERO, Daniel. *Novo código de processo civil comentado*. São Paulo: Revista dos Tribunais, 2015, p. 209 e ANDRADE, Érico. *A atuação judicial e o contraditório: o art. 10 do CPC/2015 e as consequências da sua violação*. RePro, n. 283, São Paulo: Ed. RT, set/2018, p. 55-106.

8 DIDIER JR., Fredie. *Curso de direito processual civil.* 17 ed. Salvador: Juspodivm, 2015, v. 1, p. 384. No mesmo sentido, o enunciado 16 do FPPC: "O controle dos requisitos objetivos e subjetivos de validade da convenção de procedimento deve ser conjugado com a regra segundo a qual não há invalidade do ato sem prejuízo".

9 Dentre os vetores interpretativos sugeridos por Antonio do Passo Cabral para o controle da legalidade dos negócios jurídicos processuais, ressalta-se o *in dubio pro libertate* que, tomando como premissa a possibilidade de conformação do procedimento pelas partes, impõe ao juiz a necessidade de fundamentação mais intensa e específica para negar aplicação ao pacto processual. (CABRAL, Antonio do Passo. *Convenções Processuais*. 2 ed. rev., atual. e ampl. Salvador: Juspodivm, 2018, p. 288).

10 MÜLLER, Julio Guilherme. *Negócios processuais e desjudicialização da produção da prova:* análise econômica e jurídica. São Paulo: RT, 2017, p. 394.

Em regra, as convenções processuais não necessitam de homologação judicial para produzirem efeitos[11-12]. A exigência de homologação é excepcional[13] e decorre da lei ou da vontade dos sujeitos que firmam a convenção processual[14]. Em ambas as hipóteses, a homologação será tida como condição de eficácia da convenção processual[15].

Ressalta-se que a previsão legal de homologação não descaracteriza o ato como negócio jurídico, apenas amplia o grau de supervisão do juiz nos casos que o legislador entende como dotados de um interesse público maior[16] ou, como dito, naqueles em que as partes assim convencionam. Há, na verdade, uma restrição à autonomia privada em certas situações, o que é perfeitamente natural em se tratando de atos de exercício de liberdade, normalmente condicionados a limites.

No que tange às convenções probatórias, é importante destacar que estas podem se enquadrar tanto no cenário das convenções que não dependem de homologação judicial quanto no das que só serão eficazes após a chancela do juiz, a depender das disposições legais ou convencionais sobre tal exigência[17].

---

11 Antonio do Passo Cabral anuncia haver setor doutrinário minoritário que defende que os negócios jurídicos processuais só produzem efeitos após ato judicial que os reconhecem, como defendido por RAMOS MÉNDEZ, Francisco. *El sistema procesal español*. Barcelona: Bosch, 5ª ed., 2000, p. 310. (CABRAL, Antonio do Passo. Convenções Processuais. 2 ed. rev., atual. e ampl. Salvador: Juspodivm, 2018. p. 260-264).

12 Nesse sentido, o enunciado n. 133 do FPPC: "Salvo nos casos expressamente previstos em lei, os negócios processuais do art. 190 não dependem de homologação judicial".

13 Vale ressaltar o posicionamento de THEODORO JÚNIOR, Humberto; NUNES, Dierle; BAHIA, Alexandre Melo Franco; PEDRON, Flávio Quinaud. *Novo CPC:* Fundamentos e Sistematização. Rio de Janeiro: Forense, 2ª Ed., 2015, p. 267, no sentido de que os acordos processuais independem de homologação, cabendo ao juiz apenas o controle de admissibilidade e validade.

14 "Diante de convenção que distribua o *onus probandi* de modo diferente do previsto no art. 333, o que cabe ao órgão judicial é, pura e simplesmente, se for o caso, e desde que o ato não seja nulo, aplicar as regras convencionais, em vez das legais, para decidir a lide. Não há necessidade de procedimento homologatório, salvo disposição legal em contrário" (MOREIRA, José Carlos Barbosa. *Convenções das partes sobre matéria processual*. Temas de direito processual, 3a série, São Paulo: Saraiva, 1984, p. 98).

15 Nesse sentido, o enunciado n. 260 do FPPC: "A homologação, pelo juiz, da convenção processual, quando prevista em lei, corresponde a uma condição de eficácia do negócio".

16 DIDIER JR., Fredie; NOGUEIRA, Pedro Henrique Pedrosa. *Teoria dos fatos jurídicos processuais*. Salvador: Juspodivm, 2ª ed., 2012, p. 61-64.

17 Fredie Didier Jr. pontua que os negócios jurídicos processuais que tenham por objeto situações jurídicas processuais - ônus, faculdades, poderes e deveres - dispensam homologação judicial, enquanto aqueles que versam sobre mudanças no procedimento podem se sujeitar à homologação (DIDIER JR., Fredie. *Curso de direito processual civil*. 17 ed. Salvador: Juspodivm, 2015, v. 1, p. 379-380). Contudo tal generalização não se aplica pois, além de a exigência de homologação poder ser objeto de acordo entre as partes, existem convenções obrigacionais que dependem de homologação, a exemplo da desistência da ação (art. 200, CPC/15).

Não é necessária, por exemplo, a homologação judicial de convenções processuais atípicas que limitam a produção de provas, enquanto as convenções que dizem respeito ao saneamento consensual do processo pelas partes (art. 357, §2° do CPC/15[18]) se submeteriam a tal exigência[19].

No cenário das convenções probatórias que necessitam de homologação, a questão relativa ao poder instrutório do juiz diante de convenções processuais probatórias estaria ultrapassada, pois o juízo estaria vinculado ao conteúdo da convenção que homologou[20]. Assim, ao homologar delimitação consensual de provas realizada pelas partes na qual há especificação dos meios de prova admitidos, não cabe ao juiz extrapolar o que fora firmado na convenção homologada.

Importa ressaltar que a homologação de convenção processual pelo juiz vincula o juízo, razão pela qual se entende que o acordo homologado não pode ser afastado por juiz que posteriormente vier a assumir o julgamento da causa. Tal entendimento busca garantir a segurança jurídica e a previsibilidade necessárias ao bom andamento processual. Do contrário, as partes ficariam à mercê das corriqueiras promoção e remoção de juízes das varas e o procedimento seria alterado a todo tempo.

5.3 FOMENTO AO CONSENSO

Além da função de controle de validade, cumpre ao magistrado incentivar a solução consensual dos conflitos, conforme se extrai

---

18 Art. 357, CPC/15: Não ocorrendo nenhuma das hipóteses deste Capítulo, deverá o juiz, em decisão de saneamento e de organização do processo: [...] § 2° As partes podem apresentar ao juiz, para homologação, delimitação consensual das questões de fato e de direito a que se referem os incisos II e IV, a qual, se homologada, vincula as partes e o juiz.

19 Cumpre destacar posicionamento de Murilo Teixeira Avelino no sentido de que não há homologação do saneamento consensual, mas sim participação do juiz como parte da convenção, com ela consentindo (AVELINO, Murilo Teixeira. A posição do magistrado em face dos negócios jurídicos processuais – já uma releitura. *In:* CABRAL, Antonio do Passo; NOGUEIRA, Pedro Henrique (Coord.). *Negócios processuais*. Salvador: Juspodivm, 2015, p. 385).

20 Em sentido contrário, entendendo que a convenção vincula o juiz e não o juízo: CABRAL, Trícia Navarro Xavier. *Limites da liberdade processual*. Indaiatuba: Editora Foco, 2019, p. 107. No que tange ao calendário processual, cf. o enunciado n. 414 do FPPC: "O disposto no §1° do artigo 191 refere-se ao juízo".

dos §§ 2º e 3º do art. 3º do CPC/15[21]. E, nesse ponto, está incluído o fomento às convenções processuais[22].

Partindo da premissa de que as convenções processuais são meio de gestão do processo e se prestam a possibilitar o alcance de uma tutela mais efetiva do direito material, nada mais lógico do que o Judiciário as incentivar.

Entende-se, assim, que o juiz deve esclarecer às partes a possibilidade de convencionarem sobre seus ônus, poderes, faculdades e deveres processuais, bem como sobre mudanças no procedimento, com vistas a garantir a melhor gestão do processo. Conforme já destacado no presente estudo, a audiência do art. 334 do CPC/15 e a audiência de saneamento compartilhado do processo parecem ser momentos propícios a tal incentivo, mas nada impede que o juiz o faça por meio de decisões, sugerindo acordos que entender pertinentes ao melhor andamento do processo.

5.4 PARTICIPAÇÃO DO JUIZ NAS CONVENÇÕES PROCESSUAIS

Tema polêmico com relação às convenções processuais é o atinente à participação do juiz como sujeito do acordo.

No que tange às convenções processuais probatórias, ainda que o juiz não atue como parte e não seja caso de homologação, ele se vincula ao que foi pactuado pelas partes – assim como se vincula aos negócios jurídicos de direito material – na medida em que deve respeitar normas jurídicas válidas, inclusive as consensuais[23]. Con-

---

21 Art. 3º, CPC/15: [...] §2º O Estado promoverá, sempre que possível, a solução consensual dos conflitos. §3º A conciliação, a mediação e outros métodos de solução consensual de conflitos deverão ser estimulados por juízes, advogados, defensores públicos e membros do Ministério Público, inclusive no curso do processo judicial.

22 CABRAL, Antonio do Passo. *Convenções Processuais*. 2 ed. rev., atual. e ampl. Salvador: Juspodivm, 2018, p. 99 e p. 257-260.

23 A respeito da vinculação do juiz às normas jurídicas válidas cf. CABRAL, Antonio do Passo. *Convenções Processuais*. 2 ed. rev., atual. e ampl. Salvador: Juspodivm, 2018, p. 255 e GODINHO, Robson Renault. *Negócios processuais sobre o ônus da prova no novo CPC*. São Paulo: RT, 2015, p. 229: "A vinculação a algum ato judicial é precisamente a mesma que decorre de qualquer negócio jurídico, ou seja, deve ser observado se existente, válido e eficaz". Nesse sentido, a jurisprudência do Tribunal de Justiça de Minas Gerais: "[...] II- O negócio jurídico processual trata da liberdade conferida às partes para transacionarem mudanças no procedimento, dentro dos limites fixados no próprio ordenamento jurídico, com fulcro no Art. 190 do CPC, e configura fonte de norma jurídica processual, vinculando, assim, o órgão julgador, que, em um Estado de Direito, deve observar e fazer cumprir as normas

tudo, cumpre adotar um posicionamento em razão da existência de convenções probatórias que dependem da participação do juiz, conforme restará demonstrado.

A doutrina se divide em duas grandes correntes: a primeira – defendida por Fredie Didier Jr.[24], Pedro Henrique Nogueira[25], Leonardo Carneiro da Cunha[26], Érico Andrade[27], Igor Raatz[28], Murilo Teixeira Avelino[29] e Lara Dourado Pereira[30] –, entende que o juiz pode figurar como parte das convenções; enquanto a segunda – defendida por Antonio do Passo Cabral[31], Flávio Yarshell[32] e Julio Guilherme Muller[33] –, afasta esta possibilidade.

Para Antonio do Passo Cabral, o juiz não possui capacidade negocial pois ela está adstrita àqueles que falam em nome de algum interesse, que não é o caso do Estado-juiz, que não titulariza interesses próprios no processo e deve agir com imparcialidade[34]. Nesse mesmo

jurídicas válidas, inclusive as convencionais" (TJMG - Agravo de Instrumento-Cv 1.0000.19.026277-4/001, Relator(a): Des.(a) João Câncio, 18ª CÂMARA CÍVEL, julgamento em 30/07/2019, publicação da súmula em 30/07/2019).

24 DIDIER JR., Fredie. *Curso de direito processual civil.* 17 ed. Salvador: Juspodivm, 2015, v. 1, p. 383.

25 NOGUEIRA, Pedro Henrique. *Negócios jurídicos processuais*. 2 ed. rev., ampl e atual. Salvador: Juspodivm, 2016, p. 198.

26 CUNHA, Leonardo Carneiro da. Negócios jurídicos processuais no processo civil brasileiro. *In:* CABRAL, Antonio do Passo; NOGUEIRA, Pedro Henrique (Coords.). *Negócios processuais*. 2. ed. rev. Atual. e ampl. - Salvador: Juspodivm, 2016, p. 65 e CUNHA, Leonardo Carneiro da. Calendário Processual: negócio típico previsto no art. 191 do CPC. *In*: MARCATO, Ana; GALINDO, Beatriz; GÓES, Gisele Fernandes; BRAGA, Paula Sarno; APRIGLIANO, Ricardo; NOLASCO, Rita Dias (Coord.). *Negócios Processuais*. Salvador: Juspodivm, 2017, p. 300.

27 ANDRADE, Érico. Gestão processual flexível, colaborativa e proporcional: a importância dos negócios processuais para a implementação das novas tendências no CPC/2015. *In:* CABRAL, Antonio do Passo; NOGUEIRA, Pedro Henrique (Coord.). *Negócios processuais*. Tomo II. Salvador: Juspodivm, 2020, p. 55-85.

28 RAATZ, Igor. *Autonomia privada e processo civil: Negócios jurídicos processuais, flexibilização procedimental e o direito à participação na construção do caso concreto*. Salvador: Juspodivm, 2016, p. 238.

29 AVELINO, Murilo Teixeira. A posição do magistrado em face dos negócios jurídicos processuais – já uma releitura. *In:* CABRAL, Antonio do Passo; NOGUEIRA, Pedro Henrique (Coord.). *Negócios processuais*. Salvador: Juspodivm, 2015, p. 383-385.

30 PEREIRA, Lara Dourado Mapurunga. *Negócios jurídicos processuais sobre presunções*. Salvador: Juspodivm, 2020, p. 111.

31 CABRAL, Antonio do Passo. *Convenções Processuais*. 2 ed. rev., atual. e ampl. Salvador: Juspodivm, 2018, p. 251-255.

32 YARSHELL, Flávio Luiz. Convenção das partes em matéria processual: rumo a uma nova era? *In*: CABRAL, Antonio do Passo; NOGUEIRA, Pedro Henrique Pedrosa (Coord.). *Negócios Processuais*. Salvador: Juspodivm, 2015, p. 91.

33 MÜLLER, Julio Guilherme. *Negócios processuais e desjudicialização da produção da prova: análise econômica e jurídica*. São Paulo: RT, 2017, p. 167.

34 CABRAL, Antonio do Passo. *Convenções Processuais*. 2 ed. rev., atual. e ampl. Salvador: Juspodivm, 2018, p. 252-253.

sentido, Julio Müller aponta que a imparcialidade e a neutralidade que se esperam do magistrado dificultaria sua atuação como agente do negócio processual.

Além disso, outro argumento utilizado por Antonio do Passo Cabral[35] e também adotado por Flávio Yarshell[36] é de que a presença do juiz como parte do negócio jurídico processual seria incompatível com a função de controle sobre a validade da convenção.

Apesar dos respeitáveis entendimentos acima expostos, na presente pesquisa adota-se a corrente que entende pela possibilidade de participação do juiz como parte das convenções processuais.

Do ponto de vista legislativo, ressalta-se que o art. 190 trata de convenções atípicas realizadas pelas partes, razão pela qual não é na cláusula geral que reside o fundamento da capacidade negocial do magistrado[37]. Contudo a legislação processual prevê convenções processuais típicas que são realizadas pelas partes em conjunto com o juiz[38] na forma de convenções plurilaterais, como é o caso do calendário processual (art. 191 do CPC/15[39]) e do saneamento compartilhado do processo (art. 357, §3º do CPC/15).[40-41]

Especialmente no que tange ao calendário processual, Érico Andrade aponta que, no âmbito do direito francês, a doutrina parece

---

35 CABRAL, Antonio do Passo. *Convenções Processuais*. 2 ed. rev., atual. e ampl. Salvador: Juspodivm, 2018, p. 253.

36 YARSHELL, Flávio Luiz. Convenção das partes em matéria processual: rumo a uma nova era? *In*: CABRAL, Antonio do Passo; NOGUEIRA, Pedro Henrique Pedrosa (Coord.). *Negócios Processuais*. Salvador: Juspodivm, 2015, p. 91.

37 AVELINO, Murilo Teixeira. A posição do magistrado em face dos negócios jurídicos processuais – já uma releitura. *In:* CABRAL, Antonio do Passo; NOGUEIRA, Pedro Henrique (Coord.). *Negócios processuais*. Salvador: Juspodivm, 2015, p. 383.

38 DIDIER JR., Fredie. *Curso de direito processual civil*. 17 ed. Salvador: Juspodivm, 2015, v. 1, p. 383.

39 Art. 191, CPC/15: De comum acordo, o juiz e as partes podem fixar calendário para a prática dos atos processuais, quando for o caso.

40 Art. 357, CPC/15: [...] § 3º Se a causa apresentar complexidade em matéria de fato ou de direito, deverá o juiz designar audiência para que o saneamento seja feito em cooperação com as partes, oportunidade em que o juiz, se for o caso, convidará as partes a integrar ou esclarecer suas alegações.

41 Cumpre destacar posicionamento defendido por Antonio do Passo Cabral no sentido de que tanto o calendário processual, quanto o saneamento compartilhado, não podem ser considerados convenções processuais, mas sim atos conjuntos das partes, apresentados ao juiz para deferimento ou indeferimento (CABRAL, Antonio do Passo. O papel do juiz diante das convenções processuais. *In*: CABRAL, Antonio do Passo; NOGUEIRA, Pedro Henrique (Coord.). *Negócios processuais*. Tomo II. Salvador: Juspodivm, 2020, p. 14[illegible]).

caminhar para a natureza negocial da referida convenção[42-43] pois, ainda que o juiz não possa negociar suas competências legais e não lhe sejam aplicadas sanções pelo descumprimento, o compartilhamento do exercício do poder estatal por meio de negociação com as partes - diferentemente da direção unilateral do processo - seria suficiente para qualificar o calendário como negocial ou convencional, ainda que haja dificuldade em enquadrar tais convenções no âmbito do modelo contratual clássico[44].

Assim, tanto a existência de convenções típicas que contam com a participação do magistrado quanto a direção compartilhada do processo apontam para a capacidade negocial do juiz[45].

Da mesma forma, a participação do juiz nas convenções processuais possui base principiológica no processo civil hodierno.

Para Murilo Teixeira Avelino a fonte da capacidade negocial do juiz está no princípio da adequação, na medida em que cabe ao juiz adequar o procedimento às nuances do caso concreto, quando isso for necessário à prestação da tutela jurisdicional[46].

Contudo parece que não é necessário fundar-se no princípio da adequação para aferir a capacidade do juiz de participar como sujeito de negócios processuais. Isso porque o próprio princípio da cooperação (art. 6º do CPC/15) confere bases para a modificação do procedimento e participação do juiz nas convenções.

Nesse contexto, o cenário cooperativo - mais rente à principiologia constitucional do processo - enseja a participação de todos os agentes, culminando na postura mais ativa do juiz no que tange ao

---

42 AMRANI-MEKKI, Soraya. *Le temps et le procès civil*. Paris: Dalloz, 2002, p. 285-286.

43 Cadiet defende que na fixação de calendário processual o juiz é, necessariamente, parte na convenção, uma vez que a fixação de prazos procedimentais é ofício que lhe incumbe a lei (CADIET, Loïc. *Perspectivas sobre o Sistema de Justiça Civil Francesa - Seis Lições Brasileiras*. São Paulo: RT, 2017, p. 97).

44 ANDRADE, Érico. Gestão processual flexível, colaborativa e proporcional: a importância dos negócios processuais para a implementação das novas tendências no CPC/2015. *In:* CABRAL, Antonio do Passo; NOGUEIRA, Pedro Henrique (Coord.). *Negócios processuais*. Tomo II. Salvador: Juspodivm, 2020, p. 79.

45 Para Pedro Henrique Nogueira, as decisões judiciais podem ser tratadas como negócios jurídicos (NOGUEIRA, Pedro Henrique. *Negócios jurídicos processuais*. 2 ed. rev., ampl e atual. Salvador: Juspodivm, 2016, p. 198).

46 AVELINO, Murilo Teixeira. A posição do magistrado em face dos negócios jurídicos processuais - já uma releitura. *In:* CABRAL, Antonio do Passo; NOGUEIRA, Pedro Henrique (Coord.). *Negócios processuais*. Salvador: Juspodivm, 2015, p. 383-385.

gerenciamento processual[47]. E é sob a perspectiva gerencial do processo que a posição do magistrado diante dos acordos processuais deve ser analisada.

Anota-se, aqui, que o juiz não irá pactuar sobre questões de direito material – nas quais realmente não deve interferir –, mas sim sobre questões processuais, adequando o processo ao caso concreto. Além disso, o juiz pode adaptar o procedimento por meio de atos de império, o que lhe certifica, ainda mais, a fazê-lo em conjunto com as partes.

Ademais, não há qualquer prejuízo na participação do juiz como parte das convenções processuais, pelo contrário: a participação cooperativa do magistrado pode ser um importante instrumento de gestão processual. Percebe-se, aqui, que há interesse do Estado-juiz na realização da convenção, razão pela qual haveria sim capacidade negocial.

No que tange ao problema levantado pela doutrina quanto ao controle de validade, o juiz pode exercer a fiscalização no momento em que adere à convenção. O controle se dá de imediato, diante da participação ativa do magistrado nos atos de gestão. Como pontua Fredie Didier Jr., negociar sem a interferência do juiz é mais do que negociar com a participação do juiz[48]. E, ainda que assim não se entenda, o controle de validade pode se dar em instância superior.

Conclui-se, assim, pela possibilidade de participação do juiz nas convenções processuais.

---

47 ANDRADE, Érico. A "Contratualização" do Processo. *In*: THEODORO JUNIOR, Humberto (Coord.). JAYME, Fernando Gonzaga; GONÇALVES, Gláucio Maciel; FARIA, Juliana Cordeiro de; FRANCO, Marcelo Veiga; ARAÚJO, Mayara de Carvalho; CREMASCO, Suzana Santi (Org.). *Processo Civil Brasileiro:* Novos Rumos a partir do CPC/2015. Belo Horizonte: Del Rey, 2016, p. 64.

48 DIDIER JR., Fredie. *Curso de direito processual civil.* 17 ed. Salvador: Juspodivm, 2015, v. 1, p. 383.

CONVENÇÕES PROCESSUAIS PROBATÓRIAS E PODERES INSTRUTÓRIOS DO JUIZ

Conforme abordado no primeiro capítulo, o modelo eminentemente publicista de processo confere ao juiz o papel central da relação processual, enquanto as partes figuram, contraditoriamente, como meras espectadoras da solução do litígio de direito material por elas protagonizado[1].

No plano probatório, o hiperpublicismo culminou na atribuição de ampla iniciativa ao juiz, sendo-lhe conferidos poderes autônomos na produção da prova[2], com vistas a garantir a busca pela "verdade real" e a concretização da justiça material. Esta era a interpretação tradicionalmente feita a partir do art. 130 do CPC/73[3], cuja redação foi essencialmente mantida pelo art. 370 do CPC/15. O referido dispositivo legal dispõe que a produção de provas também é prerrogativa do juiz e, *a priori*, pode ser determinada de ofício, diante da perplexidade do julgador ou de dúvida acerca do cenário probante do caso concreto[4].

Além da previsão genérica atualmente contida no art. 370 do CPC/15, a iniciativa probatória do juiz também está prevista no CPC/15 no art. 139, VIII, relativo à possibilidade de interrogatório das partes; no art. 139, VI, que permite ao juiz a alteração da ordem

---

1 Sobre a adoção do modelo publicista de processo e o protagonismo do juiz, cf. CUNHA, Leonardo Carneiro da. Negócios jurídicos processuais no processo civil brasileiro. *In:* CABRAL, Antonio do Passo; NOGUEIRA, Pedro Henrique (Coords.). *Negócios processuais*. 2. ed. rev. Atual. e ampl. - Salvador: Juspodivm, 2016, p. 48-49.

2 CABRAL, Antonio do Passo. *Convenções Processuais*. 2 ed. rev., atual. e ampl. Salvador: Juspodivm, 2018, p. 115-126 e 152.

3 Art. 130, CPC/73: Caberá ao juiz, de ofício ou a requerimento da parte, determinar as provas necessárias à instrução do processo, indeferindo as diligências inúteis ou meramente protelatórias.

4 Sobre a interpretação tradicionalmente dada ao tema cf. BEDAQUE, José Roberto dos Santos. Poderes Instrutórios do Juiz. 2 ed. rev. e ampl. São Paulo: RT, 1994, em especial o capítulo 3.

e produção dos meios de prova; nos arts. 396 e 438, relacionados à produção de prova documental; no art. 480, que dispõe sobre a possibilidade de o juiz determinar, de ofício, a realização de nova prova pericial quando a matéria não estiver suficientemente esclarecida, dentre outros.

A partir da inauguração da cláusula geral de negociação processual e da ampliação das hipóteses de convenções processuais típicas em matéria probatória pelo CPC/15, fomentou-se o debate acerca dos limites da autonomia privada diante dos poderes instrutórios do juiz, despontando o seguinte questionamento: o juiz está vinculado à convenção processual probatória que limita a produção de provas, ou pode, ainda assim, determiná-las de ofício, em atenção aos poderes instrutórios que a legislação lhe confere[5]?

Parte da doutrina nega a possibilidade de interferência das partes nos poderes instrutórios do juiz, baseando-se, notadamente, em argumentos que envolvem a busca pela “verdade real”[6-7], o direito do juiz de chegar à cognição exauriente acerca dos fatos a fim de proferir

---

5 Perguntas semelhantes são realizadas por Müller: "Alguns questionamentos se fazem pertinentes: (i) deve o juiz, nesse caso, intervir para determinar a produção de provas em processo no qual as partes ditam de comum acordo os rumos de desenvolvimento do procedimento? (ii) em um modelo cooperativo de processo deve o juiz, entendendo que as provas são insuficientes ou que não lhe eliminam as dúvidas para o acertamento dos fatos, determinar que outras sejam realizadas ou repetidas contrariando os interesses manifestados pelas partes? (iii) existindo convenção válida das partes em matéria probatória, deve o juiz respeitar os desígnios negociados pelas partes e sua liberdade processual ou intervir mesmo assim para determinar produção de prova que lhe parecer relevante?; e (iv) quando as provas são produzidas diretamente pelas partes extrajudicialmente por intermédio de negócio pessoal, deve o juiz admiti-las, desconsiderá-las ou renová-las?" (MÜLLER, Julio Guilherme. *Negócios processuais e desjudicialização da produção da prova:* análise econômica e jurídica. São Paulo: RT, 2017, p. 268).

6 Nesse sentido, Leonardo Greco pontua: "Inócuas, e até mesmo nulas, seriam outras espécies de convenções probatórias, como, por exemplo, a designação de comum acordo do perito único ou a limitação da investigação probatória à produção de provas orais. No sistema brasileiro, não podem as partes limitar os poderes do juiz na investigação da verdade" (GRECO, Leonardo. Os atos de disposição processual – primeiras reflexões. *In*: MEDINA, José Miguel Garcia et al. (Coord.). *Os poderes do juiz e o controle das decisões judiciais:* estudos em homenagem à professora Teresa Arruda Alvim Wambier. São Paulo: RT, 2008, p. 741).

7 Também pautados na busca pela verdade como limitação à autonomia privada: ALMEIDA, Diogo Assumpção Rezende de. *Das convenções Processuais no Processo Civil*. Tese de Doutorado em Direito. Rio de Janeiro: Faculdade de Direito da Universidade do Estado do Rio de Janeiro. 2014, p. 172; THEODORO JR., Humberto. *Código de Processo Civil Anotado*/ Humberto Theodoro Júnior: colaboradores, Humberto Theodoro Neto, Adriana Mandim Theodoro de Mello, Ana Vitória Mandim Theodoro. ⊠ 20. ed. Revista e atualizada ⊠ Rio de Janeiro: Forense, 2016; MARINONI, Luiz Guilherme. *El acuerdo sobre la prueba y los objetivos del proceso civil*. Barcelona: Atelier, 2018, p. 79-104 e FARIA, Marcela Kohlbach de. *Vinculación del juez a las convenciones en materia de prueba*. *In*: NOGUEIRA, Pedro Henrique; CAVANI, Renzo (Coord.). *Convenciones procesales: estudios sobre negocio jurídico y processo*. Lima: Raguel, 2015, p. 393.

decisão justa e satisfatória[8]; o dever de propiciar às partes tutela jurisdicional baseada em sua convicção[9], bem como a impossibilidade de negociar a respeito da esfera jurídica de terceiros[10]. Para alguns, a convenção processual serviria, tão somente, como uma sugestão das partes, não vinculando o magistrado[11], que pode, ou não, concordar com os termos da negociação[12].

Por outro lado, corrente diversa entende que deve prevalecer a autonomia privada exarada na convenção processual[13], especialmente nos casos de convenções que tratam de direitos disponíveis, cabendo ao magistrado a análise de validade do ato negocial e o julgamento do caso à luz das provas produzidas pelas partes, atendo-se ao ônus da prova como regra de julgamento[14]. Esse parece ser o entendimento mais adequado, conforme será verificado a seguir.

---

8 Marcelo Bonizzi defende que, pesar da busca pela verdade não ser o objetivo do processo, a decisão será mais justa se estiver mais próxima à realidade dos fatos, razão pela qual defende que as partes não podem celebrar convenções processuais probatórias que restrinjam o poder instrutório do juiz (BONIZZI, Marcelo José Magalhães. *Fundamentos da Prova Civil: teoria geral da prova e provas em espécie segundo o novo CPC*. São Paulo: RT, 2017, p. 24-25).

9 MARINONI, Luiz Guilherme. *El acuerdo sobre la prueba y los objetivos del proceso civil*. Barcelona: Atelier, 2018, p. 79-104; CABRAL, Trícia Navarro Xavier. *Limites da liberdade processual*. Indaiatuba: Editora Foco, 2019, p. 143-144 e DOTTI, Rogéria; LUNARDI, Thais A. Paschoal. Evidência negociada e poderes instrutórios do juiz *In*: DIDIER JR., Fredie; JOBIM, Marco Félix; FERREIRA, William Santos (Coord.). *Direito Probatório*. 3. ed. rev., e ampl. – Salvador: Juspodivm, 2018, p. 829.

10 LUCON Paulo Henrique dos Santos. Capítulo XII. Das Provas. *In*: CABRAL, Antonio do Passo; CRAMER, Ronaldo (Coord.). *Comentários ao novo Código de Processo Civil*. Rio de Janeiro: Forense, 2015, p. 575.

11 GRECO, Leonardo. Os atos de disposição processual – primeiras reflexões. *In*: MEDINA, José Miguel Garcia et al. (Coord.). *Os poderes do juiz e o controle das decisões judiciais: estudos em homenagem à professora Teresa Arruda Alvim Wambier*. São Paulo: RT, 2008, p. 742.

12 Nesse sentido, FARIA, Marcela Kohlbach de. Vinculación del juez a las convenciones en materia de prueba. *In*: NOGUEIRA, Pedro Henrique; CAVANI, Renzo (Coord.). *Convenciones procesales: estudios sobre negocio jurídico y proceso*. Lima: Raguel, 2015, p. 393.

13 Para Remo Caponi, seria possível abrir o processo a uma fonte de regulamentação negocial, defendendo que os atos de disposição realizados pelas partes prevaleceriam sobre a norma que confere poderes de ofício ao magistrado, limitando, assim, a atividade do juiz em matéria probatória (CAPONI, Remo. *Autonomia privata e processo civile: gli accordi processuale*. *In:* CABRAL, Antonio do Passo; NOGUEIRA, Pedro Henrique Nogueira (Coord.). *Negócios Processuais*. Salvador: Juspodivm, 2015, p. 211-212).

14 Nesse sentido, PONTE, Marcelo Dias; ROMÃO, Pablo Freire. Negócio jurídico processual e flexibilização do procedimento: as influências da autonomia privada no paradigma publicista do direito processual civil. *Revista eletrônica de Direito Processual* – REDP. Vol. 16. 2015. p. 305; CÂMARA, Alexandre Freitas. *O novo processo civil brasileiro*. 3 ed. São Paulo: Atlas, 2017, p.127-128; GODINHO, Robson Renault. A possibilidade de negócios jurídicos processuais atípicos em matéria probatória. *In:* CABRAL, Antonio do Passo; NOGUEIRA, Pedro Henrique (Coord.). *Negócios processuais*. Salvador: Juspodivm, 2015, p. 545-554; DIDIER JR., Fredie; BRAGA, Paula Sarno; OLIVEIRA, Rafael Alexandria de. *Curso de direito processual civil*: teoria da prova, direito probatório, ações probatórias, decisão, precedente, coisa julgada e antecipação dos efeitos da tutela. 14 ed. Salvador: Juspodivm, 2019, v. 2, p. 108-109; FERRADEIRA, Mariana. A prova emprestada como objeto de negócio jurídico processual. *In*: MARCATO, Ana; GALINDO, Beatriz; GÓES, Gisele Fernandes; BRAGA, Paula Sarno; APRIGLIANO, Ricardo;

6.1 ARGUMENTOS QUE SINALIZAM A PREPONDERÂNCIA DA CONVENÇÃO PROBATÓRIA EM FACE DOS PODERES INSTRUTÓRIOS DO JUIZ

Passa-se à análise de alguns dos argumentos que, em princípio, apontam para a prevalência das convenções processuais diante dos poderes conferidos ao magistrado no sentido de determinar a produção de provas de ofício.

Importa ressaltar que as convenções processuais das quais este capítulo trata são aquelas que respeitam os limites gerais e específicos apontados nos capítulos 3 e 4. Ou seja: analisa-se a questão partindo do pressuposto de que a convenção processual probatória é existente, válida e eficaz.

6.1.1 Primeiras balizas interpretativas em favor das convenções em matéria probatória que limitam os poderes instrutórios do juiz

Passa-se à análise de algumas balizas interpretativas que sinalizam para o respeito às convenções processuais probatórias diante dos poderes instrutórios do juiz – quais sejam: (i) o necessário respeito e fomento ao consenso, (ii) o respeito à máxima *in dubio pro libertate*, (iii) o abandono da ideia de jurisdição apenas como manifestação de poder, (iv) a participação das partes como co-gestoras do processo, (v) o necessário gerenciamento de recursos públicos a fim de prestar um serviço público efetivo, (vi) a interpretação das convenções conforme a vontade das partes, (vii) a subsidiariedade da intervenção judicial e (viii) a excepcionalidade da revisão contratual.

Para compreendermos a nova lógica processual, uma das primeiras premissas que se deve ter em mente é a necessária ruptura com o sistema anteriormente vigente[15]. Deve-se olhar para o CPC/15 com

---

NOLASCO, Rita Dias (Coord.). *Negócios Processuais*. Salvador: Juspodivm, 2017, p. 387-408; LUCCA, Rodrigo Ramina de. *A Disponibilidade Processual: os interesses privados das partes diante da natureza pública do processo*. Tese de Doutorado. Faculdade de Direito. Universidade de São Paulo, 2018, p. 70-71 e SILVA, Beclaute Oliveira. Verdade como objeto do negócio jurídico processual. *In*: CABRAL, Antonio do Passo; NOGUEIRA, Pedro Henrique (Coord.). *Negócios processuais*. Salvador: Juspodivm, 2015, p. 540-541.

15 Sobre a necessidade de rompimento com o sistema anterior e assimilação do novo paradigma, cf. REDONDO, Bruno Garcia. Negócios processuais: necessidade de rompimento radical com o sistema do CPC/1973 para a adequada compreensão da inovação do CPC/15. *In:* CABRAL, Antonio do Passo; NOGUEIRA, Pedro Henrique (Coord.). *Negócios processuais*. Salvador: Juspodivm, 2015, p. 357-366.

lentes diversas daquelas com que se olhava para a legislação anterior, sob pena de criar resistência automática e infundada em torno dos novos institutos – restringindo-os a ponto de negar-lhes vigência – e de não perceber as sensíveis alterações naqueles já existentes.

Assim ocorre com os poderes instrutórios do juiz previstos na redação do art. 130 do CPC/73, que, apesar de terem sido reafirmados pelo art. 370 do CPC/15, devem ser vistos à luz de um novo paradigma de compreensão[16], por meio da interpretação sistemática de todo o ordenamento processual e do próprio contexto evolutivo do direito público – cada vez mais poroso à influência da autonomia privada.

Tal interpretação perpassa, inicialmente, pela assimilação da norma fundamental contida no art. 3º, §§ 2º e 3º, do CPC/15, que determina o respeito e o estímulo estatal à solução consensual de conflitos. Tal dispositivo deve ser tido como baliza geral à compreensão do modelo cooperativo de processo, pautado no crescente empoderamento das partes e na valorização do consenso como ferramenta primordial de solução das crises de direito material.

E não se perca de vista que, à luz do art. 190 do CPC/15, a solução consensual à qual o Estado deve dar respaldo não se limita àquela que põe fim à demanda; o texto normativo também trata daquela que busca propiciar a prestação de tutela jurisdicional efetiva, mais condizente com as peculiaridades do caso concreto, por meio, por exemplo, do rearranjo do procedimento.

Assim, em um contexto cooperativo, além de estimular as partes a convencionarem sobre o objeto litigioso, o Estado também detém o papel de incentivar a composição relativa a questões processuais. Deve-se assimilar, portanto, que uma das funções atuais do Judiciário é fomentar e, sobretudo, respeitar a autonomia das partes.

Ainda sobre a autonomia privada, outro vetor interpretativo que deve ser levado em consideração é a máxima do *in dubio pro libertate*[17], premissa que estabelece a preferência normativa em prol da liberdade de adaptação do processo pela vontade das partes[18]. Para inverter essa

16 STRECK, Lênio Luiz; NUNES, Dierle; CUNHA, Leonardo Carneiro da. *Comentários ao Código de Processo Civil*. São Paulo: Saraiva, 2016, p. 550.

17 CABRAL, Antonio do Passo. *Convenções Processuais*. 2 ed. rev., atual. e ampl. Salvador: Juspodivm, 2018, p. 127.

18 CABRAL, Antonio do Passo. *Convenções Processuais*. 2 ed. rev., atual. e ampl. Salvador: Juspodivm, 2018, p. 127. Aderindo a tal premissa: DIDIER JR., Fredie. *Curso de direito processual civil*. 17 ed. Salvador: Juspodivm, v. 1, 2015, p. 387.

prioridade sistêmica e negar aplicação ao acordo processual, impõe-se ao juiz uma fundamentação mais intensa e específica[19]. A nova legislação precisa ser analisada, portanto, sob a ótica da valorização da autonomia privada e do consenso no processo.

A essas premissas se integra a concepção de jurisdição não apenas como manifestação de poder estatal mas também como serviço público[20]. Conforme salientam Humberto Theodoro Jr. e Érico Andrade, tanto a doutrina francesa quanto a italiana têm conferido uma nova perspectiva à justiça, de forma que essa não seja concebida apenas como função/poder estatal, mas também como um serviço público voltado à resolução de conflitos[21].

Desta concepção, extraem-se dois importantes aspectos a serem observados com relação às convenções probatórias.

---

19 CABRAL, Antonio do Passo. *Convenções Processuais*. 2 ed. rev., atual. e ampl. Salvador: Juspodivm, 2018, p. 127 e 288.

20 Sobre a concepção de justiça como serviço público e não apenas como manifestação de poder: ANDRADE, Érico. A "Contratualização" do Processo. *In*: THEODORO JUNIOR, Humberto (Coord.). JAYME, Fernando Gonzaga; GONÇALVES, Gláucio Maciel; FARIA, Juliana Cordeiro de; FRANCO, Marcelo Veiga; ARAÚJO, Mayara de Carvalho; CREMASCO, Suzana Santi (Org.). *Processo Civil Brasileiro: Novos Rumos a partir do CPC/2015*. Belo Horizonte: Del Rey, 2016, p. 50; CAPONI, Remo. *O princípio da proporcionalidade na justiça civil: primeiras notas sistemáticas*. Revista de processo, v. 36, n. 192, fev. 2011, p. 397-415; PUNZI, Carmine. *Dalla crisi del monopolio statale della giurisdizione al superamento dell´alternativa contrattualità – giurisdizionalità della'arbitrato. Rivista di Diritto Processuale*, n. 1, jan-fev, 2014, p. 21: *"Del tutto condivisibile mi sembra, infatti, l'opinione secondo la quale 'in una visione liberale dei rapporti tra Stato e cittadino, la tutela giurisdizionale non deve essere vista come l'oggetto di un monopolio da parte dell'organizzazione dello Stato, ma come un servizio per chi ne ha bisogno'"*. GRINOVER, Ada Pellegrini. *Ensaio sobre a processualidade*: fundamentos para uma nova teoria geral do processo. Brasília: Gazeta Jurídica, 2016, p. 20. Fundamental, ainda, a lição de Robson Godinho: "[...] trabalhamos com uma ciência feita para ser inclusiva e democrática e não um modelo doutrinário encastelado, que apenas infla o poder estatal, que, saturado, não presta um serviço público compatível com as exigências sociais. Neste sentido, o processo pode se tornar apenas um campo de exercício e de demonstração de poder, valendo-se da democracia apenas como artifício retórico para coonestar solilóquios autoritários" (GODINHO, Robson Renault. *Negócios processuais sobre o ônus da prova no novo CPC*. São Paulo: RT, 2015, p. 25-26).

21 "Assim, considerando que a jurisdição, uma das funções estatais ao lado das tradicionais funções executiva e legislativa, não pode ser excluída do contexto geral do direito público, tem-se, como anota a doutrina francesa (em concepção pouco explorada no direito brasileiro) , a jurisdição deve ser encarada como serviço público, sob os aspectos formal e material, e como tal sujeita aos princípios gerais do serviço público como continuidade, igualdade e eficiência. Na mesma linha tem se encaminhado a doutrina italiana mais atual, em que se aponta que o destaque da jurisdição como função essencial do Estado para atuar a vontade da lei tem sido deixada de lado para dar maior destaque à justiça como serviço público, ou seja, o serviço-justiça, voltado a efetivação dos direitos subjetivos dos usuários, ganhando assim o colorido de serviço público, focado também na utilidade que rende ao usuário, sem deixar, claro, de ser poder. Trata-se de agregar nova perspectiva para a justiça, de modo que esta não pode ser concebida só como função /poder estatal, mas como serviço público voltado para a composição de conflitos" (THEODORO JR., Humberto; ANDRADE, Érico. Impactos da Constituição Federal na evolução do processo civil. *In*: *30 anos da Constituição Federal e o direito brasileiro*. Rio de Janeiro: Forense-Gen, 2018, p. 335-336).

O primeiro deles, diretamente relacionado à noção de modelo cooperativo de processo, relaciona-se ao abandono da ideia de jurisdição unicamente como manifestação de autoridade e poder. Passa-se a respaldar a participação das partes na construção da decisão de mérito e tal participação não pode ser ignorada ao argumento de que os poderes do magistrado devem preponderar. Frisa-se: no modelo cooperativo não deve haver ascendência injustificada de poderes, especialmente se tal predomínio advém, tão somente, da concepção arraigada no modelo processual antecedente de que o juiz é o "senhor das provas"[22].

É necessário perceber que, em um modelo cooperativo de processo, as partes são alçadas ao *status* de co-gestoras, não sendo possível negar sua participação no recorte da fase probatória. Assim, se o juiz, como gestor do processo, tem o poder de indeferir provas que entender desnecessárias[23], não se pode negar às partes o poder de afastar ou limitar a produção dos meios de prova que entenderem despiciendos ou demasiadamente onerosos.

Essa nova perspectiva retira do magistrado a capa da infalibilidade[24], reforçando a ideia de que, além de também serem destinatárias da prova[25], as partes são as profundas conhecedoras do caso concreto e, consequentemente, as mais aptas a planejar o cenário probante dos autos.

O segundo aspecto se refere à natureza de serviço público dada à jurisdição, que, como tal, deve ser gerida a fim de possibilitar a

22 "Lembre-se da nociva ideia, dita com ares de verdade absoluta por quase toda a jurisprudência e grande parte da doutrina de que "o juiz é o destinatário da prova", o que leva às conhecidas e autoritárias fórmulas pronunciadas em audiências como "não preciso de mais provas" ou "dispenso as testemunhas porque já estou satisfeito", como se produção de prova fosse uma espécie de refeição processual para alimentar o intelecto pessoal do juiz" (GODINHO, Robson Renault. *Negócios processuais sobre o ônus da prova no novo CPC*. São Paulo: RT, 2015, p. 95).

23 A exemplo do art. 464, II do CPC, que prevê que o juiz poderá indeferir a prova pericial quando entendê-la desnecessária em vista de outras provas, bem como o parágrafo único do art. 370, que autoriza o indeferimento de provas pelo juiz quando as tiver por inúteis ou protelatórias.

24 Sobre o dogma do protagonismo judicial cf. NUNES, Dierle José Coelho. *Processo jurisdicional democrático*. Curitiba: Juruá, 2008, p.177-200.

25 Sobre o tema cf. DIDIER JR. Fredie. Produção antecipada da prova. *In*: MACÊDO, Lucas Buril de; PEIXOTO, Ravi; FREIRE, Alexandre. *Processo de Conhecimento – Provas*. Salvador: Juspodivm, 2015, p. 532, e, ainda, GODINHO, Robson Renault. *Negócios processuais sobre o ônus da prova no novo CPC*. São Paulo: RT, 2015, p. 95: "Lembre-se da nociva ideia, dita com ares de verdade absoluta por quase toda a jurisprudência e grande parte da doutrina de que "o juiz é o destinatário da prova", o que leva às conhecidas e autoritárias fórmulas pronunciadas em audiências como "não preciso de mais provas" ou "dispenso as testemunhas porque já estou satisfeito", como se produção de prova fosse uma espécie de refeição processual para alimentar o intelecto pessoal do juiz".

prestação de tutela jurisdicional efetiva, por meio do correto gerenciamento dos recursos, alocando maior tempo e energia em demandas que realmente deles necessitem[26].

Nesse contexto, cabe ao juiz gerenciar não apenas o processo individual, mas também analisar a relação entre a complexidade do caso e o tempo que deve empregar nos demais processos[27]. Assim, se as partes pretendem a simplificação do procedimento de maneira consensual, cumpre ao juiz, diante de seu papel de gestor de um serviço público, zelar pelo correto emprego de energia e recursos estatais, dando respaldo à convenção processual válida.

Outras importantes balizas que podem ser utilizadas na interpretação das convenções processuais podem ser extraídas da Lei de Liberdade Econômica (Lei n.º 13.874/2019). Em que pese as críticas à referida Lei, que se afastam do escopo da presente pesquisa, é inegável que ela traz inovações quando à interpretação dos negócios jurídicos no âmbito do direito civil que devem ser observadas também no âmbito das convenções processuais, especialmente aquelas contidas na atual redação dos arts. 113, 421 e 421-A do CC/02.

A nova redação do art. 113, §1º, V, do CC/02 dispõe que, além da boa-fé e dos usos do lugar de sua celebração, a interpretação dos negócios jurídicos deve corresponder ao que as partes razoavelmente negociariam no momento da celebração, considerando, para isso, as demais disposições do contrato e a racionalidade econômica das partes.

O contrato deve, portanto, ser interpretado em sua integralidade, cabendo ao intérprete, na medida do possível, aferir qual era a vontade das partes ao negociarem os termos da convenção processual. Além disso, diante de convenção processual válida, presume-se que as partes estavam cientes das consequências de suas manifestações de vontade e, naquele momento, elas lhes pareceram convenientes.

Além disso, é importante verificar se eventuais renúncias ou limitações probatórias culminaram em vantagens à parte, a fim de

---

26 Sobre a necessária racionalização dos recursos disponíveis, com o objetivo de otimizar o sistema judicial, cf. GONÇALVES, Gláucio Maciel; BRITO, Thiago Carlos de Souza. Gerenciamento dos processos judiciais: notas sobre a experiência processual civil na Inglaterra pós-codificação. *Revista da Faculdade de Direito UFMG*. Belo Horizonte, n. 66, jan/jun, 2015, p. 291-326.

27 BIAVATI, Paolo. Flexibilidade, simplificação e gestão do processo civil: A perspectiva Italiana. *In*: ZUFELATO, Camilo; BONATO, Giovanni; SICA, Heitor Vitor Mendonça; CINTRA, Lia Carolina Batista (Org.). *I Colóquio Brasil-Itália de direito processual civil*. Salvador: Juspodivm, 2016, p. 229.

evitar que o desrespeito a tais convenções acarrete desequilíbrio da relação contratual substancial. As relações processual e material não podem ser dissociadas na interpretação do contrato.

A Lei n.º 13.874/2019 também introduziu ao Código Civil o parágrafo único do art. 421, que dispõe que, nas relações contratuais privadas, prevalecerão os princípios da intervenção mínima e da excepcionalidade da revisão contratual. O referido dispositivo legal é reflexo do princípio da "intervenção subsidiária e excepcional do Estado sobre o exercício de atividades econômicas", adotado pela referida Lei em seu art. 2º, III.

Logicamente, nem todas as convenções processuais probatórias derivarão de negociação com fins econômicos, contudo tal caráter não pode ser desconsiderado, até mesmo pela possibilidade de uma convenção estar atrelada diretamente a uma vantagem econômica, como é o caso da concessão de desconto negocial em troca de renúncia a determinadas provas que podem, estrategicamente, afetar o resultado de demanda futura ou, ainda, prolongar o tempo de solução do litígio.

O referido dispositivo enaltece o respeito à autonomia privada em detrimento das revisões judiciais do que foi pactuado. Assim, diante de uma convenção processual probatória válida firmada em contrato que verse sobre relações privadas, a intervenção judicial deve ser mínima e subsidiária, enquanto a revisão contratual deve ser excepcional.

Em síntese, as balizas interpretativas ora delineadas parecem sinalizar para o imprescindível respeito às convenções processuais probatórias que visem restringir os meios de provas a serem produzidas, devendo o juiz se abster de determinar, de ofício, a produção de provas não desejadas pelas partes.

6.1.2 Possibilidade de desistência da ação e de renúncia ao bem litigioso como argumento favorável à prevalência da convenção processual probatória

Para além dos primeiros apontamentos anteriormente realizados, é importante reafirmar que, conforme redação do art. 190 do CPC/15, as convenções processuais só são admitidas em litígios que versam sobre direitos que admitam autocomposição.

Registre-se que são as partes que definem os contornos da demanda, elegem os fatos que compõem sua causa de pedir, alegam fatos constitutivos, extintivos, modificativos ou impeditivos do direito, assim como determinam os fatos controversos que serão objeto de prova, vinculando o juiz[28].

Além disso, depois de proposta a ação, as partes podem transigir, o autor pode desistir da demanda ou renunciar ao seu direito, enquanto o réu pode reconhecer a procedência do pedido[29]. Em nenhuma dessas situações caberá ao juiz analisar a conveniência dos atos de disposição, razão pela qual, sendo válidos, resta ao juiz - quando a lei ou a convenção assim dispuser - homologá-los.

Assim, não admitir rearranjos processuais relativos à produção probatória, quando as partes podem, inclusive, renunciar ao bem jurídico litigioso, parece ilógico. É a aplicação da máxima "quem pode mais pode menos": se a parte pode desistir da própria demanda ou renunciar ao direito que afirma ter, é razoável que possa renunciar a meio de prova que entender desnecessário ou demasiadamente oneroso.

6.1.3 Poderes instrutórios do juiz: poderes subsidiários ou autônomos?

Inicialmente, frisa-se que os poderes instrutórios do juiz ganham contornos distintos a depender do modelo de processo em que estão inseridos. Enquanto no modelo adversarial de processo - informado pelo princípio dispositivo - cabe às partes a iniciativa probatória e não compete ao juiz perseguir a verdade dos fatos, no modelo publicista - informado pelo princípio inquisitivo - o poder instrutório tem o propósito de permitir a completa investigação sobre os fatos, razão pela qual são atribuídos maiores poderes ao juiz, cabendo-lhe uma postura mais ativa na fase instrutória[30]. O modelo cooperativo de processo busca, por sua vez, o equilíbrio participativo entre as partes

---

28 LUCCA, Rodrigo Ramina de. *A Disponibilidade Processual*: os interesses privados das partes diante da natureza pública do processo. Tese de Doutorado. Faculdade de Direito. Universidade de São Paulo, 2018, p. 52.

29 LUCCA, Rodrigo Ramina de. *A Disponibilidade Processual*: os interesses privados das partes diante da natureza pública do processo. Tese de Doutorado. Faculdade de Direito. Universidade de São Paulo, 2018, p. 52.

30 DIDIER JR., Fredie; BRAGA, Paula Sarno; OLIVEIRA, Rafael Alexandria de. *Curso de direito processual civil*: teoria da prova, direito probatório, ações probatórias, decisão, precedente, coisa julgada e antecipação dos efeitos da tutela. 14 ed. Salvador: Juspodivm, 2019, v. 2, p.100-102.

e o juiz, sem que haja relação de hierarquia ou supremacia entre os sujeitos do processo[31].

Dessa forma, assim como se verifica com relação a outros institutos processuais, o tema dos poderes instrutórios do juiz deve ser revisitado diante do modelo cooperativo de processo civil adotado pelo CPC/15[32], na medida em que o papel das partes no cenário processual foi reforçado e a autonomia privada é um elemento que deve ser considerado[33].

Assim, apesar de o CPC/15 haver mantido essencialmente o disposto no art. 130 do CPC/73[34], garantindo ao juiz poderes instrutórios para, de ofício ou a requerimento da parte, determinar a produção de provas que entender necessárias ao julgamento do mérito[35], atualmente tal poder deve ser compatibilizado com a autonomia das partes em matéria de disposição probatória.

Certo é que, nos termos do art. 190 do CPC/15, as partes não podem dispor sobre poderes de terceiros – aí incluídos os poderes do juiz – por meio de convenções processuais. Todavia, se estes poderes forem subordinados ao agir das partes, é possível que o exercício da autonomia privada os restrinja, ainda que indiretamente. Assim, com relação aos poderes instrutórios do juiz, a fim de compatibilizá-los

---

31 CABRAL, Antonio do Passo. *Convenções Processuais*. 2 ed. rev., atual. e ampl. Salvador: Juspodivm, 2018, p. 275.

32 DIDIER JR., Fredie; BRAGA, Paula Sarno; OLIVEIRA, Rafael Alexandria de. *Curso de direito processual civil:* teoria da prova, direito probatório, ações probatórias, decisão, precedente, coisa julgada e antecipação dos efeitos da tutela. 14 ed. Salvador: Juspodivm, 2019, v. 2, p. 105.

33 "No novo CPC, reproduziu-se regra anterior: art. 370: Caberá ao juiz, de ofício ou a requerimento da parte, determinar as provas necessárias ao julgamento do mérito. Entretanto, tal regra deverá ser lida em conjunto com a estrutura do novo Código, não podendo ser interpretada como se ainda estivéssemos diante de um autoritário Código produzido a partir da cultura obtida na primeira metade do século XX. Tal atividade instrutória, por exemplo, há que conviver com o princípio do autorregramento da vontade pelas partes" (GODINHO, Robson Renault. *Negócios processuais sobre o ônus da prova no novo CPC*. São Paulo: RT, 2015, p. 90).

34 "O Poder Judiciário deve se dar conta de que, mesmo que o texto de um dispositivo do CPC/2015 seja igual ao anterior - o que é o caso - a norma a ser, todavia, produzida, necessariamente não é a mesma. Isto é, mesmo textos podem produzir novas normas, se produzidas sob novos tempos e novos paradigmas" (STRECK, Lênio Luiz. Limites do juiz na produção de prova de ofício no artigo 370 do CPC. Disponível em https://www.conjur.com.br/2016-set-15/senso-incomum-limites-juiz--producao-prova-oficio-artigo-370-cpc. Acesso em 13/12/2019.

35 A presente pesquisa não visa a discutir a constitucionalidade do art. 370 do CPC/15, partindo-se do pressuposto de que a legislação prevê que o juiz possui poderes instrutórios. O que se almeja é aferir se estes se sustentam caso haja convenção processual que limite os meios de prova no processo. Defendendo a inconstitucionalidade dos poderes instrutórios de ofício do juiz: RIBEIRO, Sérgio Luiz de Almeida. Por que a prova de ofício contraria o devido processo legal? *In*: DIDIER JR., Fredie; NALINI, José Renato; RAMOS, Galuco Gumerato; LEVY, Wilson (Coord.). *Ativismo judicial e garantismo processual*. Salvador: Juspodivm, 2013, p. 639-647.

com a autonomia privada em matéria probatória, deve-se verificar se a iniciativa do magistrado independe da atuação das partes ou se lhe é subordinada[36].

José Roberto dos Santos Bedaque, pautado na prevalência do interesse público sobre o interesse privado, entende que os poderes instrutórios do juiz são irrestritos, podendo ele participar efetivamente da produção da prova, não devendo se contentar apenas com a atividade das partes[37]. Posicionamento similar é adotado por Humberto Theodoro Jr., que sustenta que o juiz tem o dever de buscar a verdade, não podendo adotar postura neutra ou indiferente, na medida em que lhe cabe assegurar aos litigantes a efetiva e justa composição do litígio[38]. Barbosa Moreira também defendeu que o poder instrutório do juiz é autônomo e decorre do dever do juiz de julgar bem[39].

Por outro lado, diversos autores entendem que os poderes instrutórios do juiz são subsidiários à iniciativa probatória das partes. Adianta-se: esse é o posicionamento adotado na presente pesquisa.

Leonardo Greco defende que, em causas que versem sobre direitos disponíveis, o juiz poderá suprir deficiências probatórias em caráter subsidiário, enquanto nas demandas que versem sobre direitos indisponíveis o juiz poderá adotar postura mais ativa determinando a produção de provas de ofício[40]. Flávio Yarshell também defende

---

36 Antonio do Passo Cabral sinaliza para a importância de tal verificação: "Por outro lado, as partes não podem, através de convenções processuais, dispor sobre prerrogativas do juiz. Toda vez que ao magistrado forem atribuídas iniciativas independentes da atuação das partes, o juiz poderá atuar, a despeito de também ter o dever de dar cumprimento à convenção das partes. Mas se os poderes do juiz forem subordinados pelo agir das partes, é possível que o exercício da autonomia, por meio dos acordos, reduza ou impeça a atuação judicial. Na esfera dos acordos probatórios, esta discussão é muito cadente. A depender da visão que se tenha sobre os poderes probatórios do juiz (se são autônomos ou subsidiários em relação à iniciativa das partes), pode-se chegar a conclusões diversas" (CABRAL, Antonio do Passo. *Convenções Processuais*. 2 ed. rev., atual. e ampl. Salvador: Juspodivm, 2018, p. 256-257).

37 BEDAQUE, José Roberto dos Santos. *Poderes Instrutórios do Juiz*. 2 ed. rev. e ampl. São Paulo: RT, 1994, p. 73.

38 THEODORO JR., Humberto. Prova - princípio da verdade real - poderes do juiz - ônus da prova e sua eventual inversão - provas ilícitas - prova e coisa julgada nas ações relativas à paternidade (dna). *Revista de Direito Privado*, São Paulo, v. 17, jan. 2004, p. 8-9.

39 "Quando o juiz determina a realização de prova para melhor esclarecimento dos fatos relevantes, não está, em absoluto, usurpando a função da parte; não está agindo no lugar dela, fazendo algo que a ela, e só a ela, incumbia fazer. Sua iniciativa não é, a rigor, um sucedâneo da iniciativa da parte: é qualquer coisa de inerente à sua missão de julgador. Ele não atua como substituto da parte, atua como juiz – como juiz empenhado em julgar bem" (BARBOSA MOREIRA, José Carlos. *Temas de direito processual*: 9ª série. São Paulo: Saraiva, 2007, p. 96).

40 GRECO, Leonardo. *Instituições de processo civil*: introdução ao direito processual civil. 3. ed. rev., atual. e ampl. Rio de Janeiro: Forense, v. 2, 2015, p. 120 e GRECO, Leonardo. Os atos de disposição processual – primeiras reflexões. Rio de Janeiro: *Revista Quaestio Iuris*, v. 4, n. 1, 2007, p. 721.

que a iniciativa probatória do juiz pode ser admitida em maior ou menor grau, a depender da análise da natureza da relação jurídica controvertida[41].

Pautado no necessário tratamento isonômico entre as partes, Arruda Alvim defende que a atividade probatória do juiz deve ser sempre subsidiária e, mesmo assim, só deve ocorrer quando o juiz se sentir incapaz de julgar a demanda diante do quadro probatório produzido pelas partes, e não for possível solucionar a lide com a utilização do ônus da prova como regra de julgamento ou, ainda, quando a lide envolver direitos indisponíveis[42].

Fredie Didier Jr., Paula Sarno Braga e Rafael Alexandria de Oliveira entendem que a atividade probatória do juiz é complementar à das partes, podendo ser substitutiva apenas em caso de vulnerabilidade técnica ou econômica[43].

Julio Guilherme Müller, procurando o equilíbrio entre publicismo e privatismo, também defende que a iniciativa probatória do juiz deve ser supletiva e excepcional e deve ocorrer após o diálogo com as partes e mediante decisão adequadamente fundamentada, afastando a discricionariedade e o autoritarismo[44].

Marcelo Bonizzi defende que o juiz pode determinar a produção de provas para sanar dúvidas que ainda restaram, mas não o deve fazer se as partes agiram com descaso com a instrução do processo e não produziram nenhuma prova, pois, nesse caso, não haveria dúvida a ser sanada e a produção de provas de oficio poderia afetar a imparcialidade do juiz[45]. A função do juiz, portanto, seria de complementar o conjunto probatório quando, esgotadas as atividades das partes, ainda não fosse possível dizer quem tem razão.

---

41 YARSHELL, Flávio Luiz. Breves considerações acerca dos poderes do juiz em matéria probatória (exame à luz de proposta inserta no projeto de Código Comercial). *In*: DIDIER JR., Fredie; NALINI, José Renato; RAMOS, Galuco Gumerato; LEVY, Wilson (Coord.). *Ativismo judicial e garantismo processual*. Salvador: Juspodivm, 2013, p. 199-206.

42 ALVIM, Arruda. *Direito Processual Civil*. 4. ed. rev., atual. e ampl. São Paulo: RT, 2012, p. 518- 521.

43 DIDIER JR., Fredie; BRAGA, Paula Sarno; OLIVEIRA, Rafael Alexandria de. *Curso de direito processual civil*: teoria da prova, direito probatório, ações probatórias, decisão, precedente, coisa julgada e antecipação dos efeitos da tutela. 14 ed. Salvador: Juspodivm, 2019, v. 2, p. 108.

44 MÜLLER, Julio Guilherme. *Negócios processuais e desjudicialização da produção da prova:* análise econômica e jurídica. São Paulo: RT, 2017, p. 276.

45 BONIZZI, Marcelo José Magalhães. *Fundamentos da Prova Civil:* teoria geral da prova e provas em espécie segundo o novo CPC. São Paulo: RT, 2017, p. 43-44.

Moacyr Amaral Santos, apesar de reconhecer a atividade oficiosa do juiz no campo da instrução probatória, defende que esta deve ser vista como uma exceção à regra da produção da prova pelas partes, afirmando que o poder de iniciativa judicial deverá ser entendido como supletivo da iniciativa das partes, sendo utilizado somente nos casos em que houver necessidade de melhor esclarecimento da verdade[46].

Michele Taruffo, apesar de defender que a busca pela verdade não afeta a parcialidade do juiz, entende que os poderes conferidos ao juiz devem ser acessórios e integrativos em relação à iniciativa instrutória das partes[47].

Cândido Rangel Dinamarco aponta que a fórmula do equilíbrio consiste na manutenção da postura inerte do juiz como norma geral, concedendo-lhe iniciativa probatória em certos casos. Para o autor, o juiz deve determinar de ofício a produção de provas em causas associadas ao estado ou à capacidade das pessoas, em ações coletivas ou em causas de qualquer espécie, quando verificar que a omissão decorre de hipossuficiência material, cultural ou técnica; por outro lado, deve se manter inerte quando os direitos materiais envolvidos forem disponíveis – predominando, nestes casos, o princípio dispositivo – com vistas a garantir a imparcialidade[48].

Vicente Greco Filho defende que a produção de provas de ofício deve ser supletiva ao poder das partes e só deve ser determinada em procedimentos que versem sobre matéria de interesse público e, nos demais processos, de maneira complementar a alguma prova já requerida pela parte, quando a que foi produzida for insatisfatória para o seu convencimento, sob pena de violar a isonomia entre as partes e a imparcialidade[49].

Joan Picó i Junoy, por sua vez, entende que a atividade probatória do juiz só pode ser exercida validamente no processo quando: (i) se restringir aos fatos controvertidos ou alegados pelas partes em

---

46 SANTOS, Moacyr Amaral. *Primeiras linhas de direito processual civil*. 12. ed. Vol. 2. São Paulo: Saraiva, 1989, p. 351.

47 TARUFFO, Michele. *Uma simples verdade. O juiz e a construção dos fatos*. Tradução de Vitor de Paula Ramos. São Paulo: Marcial Pons, 2012, p. 206.

48 DINAMARCO, Cândido Rangel. *Instituições de direito processual civil*. 6. ed. rev. e atual, v. III, São Paulo: Malheiros, 2009, p. 52-56.

49 FILHO, Vicente Greco. *Direito Processual Civil Brasileiro*, 17 ed. São Paulo: Saraiva, 2003, v. 1, p. 227-228.

razão da observância do princípio dispositivo[50]; (ii) se referir a fontes probatórias que constam no processo, não cabendo ao juiz exercer o poder instrutório para determinar a produção de provas a partir de seu conhecimento privado e (iii) for respeitado o contraditório das partes na admissão e na produção da prova[51-52].

O entendimento adotado na presente pesquisa é de que a iniciativa probatória do juiz é subsidiária e complementar à atividade probatória das partes[53-54], restringindo-se aos fatos controvertidos e alegados por elas, com a finalidade de suprir eventuais deficiências probatórias – causadas pela inércia das partes – que impossibilitem ou dificultem o julgamento do mérito.

Ademais, o juiz deve determinar a produção de provas de ofício apenas em processos que versem sobre direitos indisponíveis, isso porque, não havendo indisponibilidade do direito não cabe ao juiz equacionar a relação processual, determinando a produção de provas que as partes – por desídia ou opção – deixaram de produzir, a despeito do ônus legal que lhes recai. Lembra-se que, em se tratando de direitos disponíveis, a parte pode, inclusive, renunciar ao direito,

---

50 Também entendendo pela limitação dos poderes instrutórios aos fatos alegados pelas partes, Rodrigo Ramina de Lucca: "[...] os 'poderes' instrutórios têm alguma legitimidade desde que coordenados com o princípio dispositivo, atrelando-os *estritamente* aos fatos alegados pelas partes e limitando-os, nos processos que versam sobre direitos disponíveis, às questões controversas" LUCCA, Rodrigo Ramina de. *A Disponibilidade Processual:* os interesses privados das partes diante da natureza pública do processo. Tese de Doutorado. Faculdade de Direito. Universidade de São Paulo, 2018, p. 63.

51 JUNOY, Joan Picó i. *O juiz e a prova: estudo da errônea recepção do brocardo iudex iudicare debet secundum allegata et probata, non secundum conscientiam e sua repercussão atual.* Tradução de Darci Guimarães Ribeiro. Porto Alegre: Livraria do Advogado, 2015, p. 102-103.

52 Sobre o dever do juiz de dialogar com as partes antes de decidir pela produção de prova de ofício: TARUFFO, Michele. *Uma simples verdade.* O juiz e a construção dos fatos. Tradução de Vitor de Paula Ramos. São Paulo: Marcial Pons, 2012, p. 205-206.

53 Nesse mesmo sentido, ainda: STRECK, Lênio Luiz; NUNES, Dierle; CUNHA, Leonardo Carneiro da. *Comentários ao Código de Processo Civil.* São Paulo: Saraiva, 2016, p. 550; CAMBI, Eduardo. *A prova civil.* Admissibilidade e relevância. São Paulo: RT, 2006, p. 21; ALVIM, Arruda. Questões controvertidas sobre os poderes instrutórios do juiz, a distribuição do ônus probatório e a preclusão *pro judicato* em matéria de prova. *In*: DIDIER JR., Fredie; NALINI, José Renato; RAMOS, Galuco Gumerato; LEVY, Wilson (Coord.). *Ativismo judicial e garantismo processual.* Salvador: Juspodivm, 2013, p. 104.

54 A jurisprudência do STJ sinaliza no mesmo sentido: "[...] A produção de provas no processo civil, sobretudo quando envolvidos interesses disponíveis, tal qual se dá no caso em concreto, incumbe essencialmente às partes, restando ao juiz campo de atuação residual a ser exercido apenas em caso de grave dúvida sobre o estado das coisas, com repercussão em interesses maiores, de ordem pública. Impossível, assim, exigir-se a anulação da sentença de primeira instância, mediante a pueril alegação de que ao juízo incumbia determinar a realização de provas *ex officio*. Tal ônus compete exclusivamente à parte interessada na diligência. [...] (AgRg no REsp 1105509/RN, Rel. Ministro MARCO BUZZI, QUARTA TURMA, julgado em 04/12/2012, DJe 18/12/2012).

não cabendo ao juiz nenhuma postura nesse sentido, o que confirma a subsidiariedade dos poderes instrutórios do juiz nesse cenário.

Não obstante os respeitáveis entendimentos em sentido contrário[55], é possível verificar que a postura ativa do juiz pode ferir a isonomia e macular a imparcialidade pois, ao determinar a realização de certa prova, mediante exercício de poder discricionário e casuístico[56], o juiz inevitavelmente favorece uma das partes[57]. E, ainda que o magistrado não saiba quem será favorecido pela produção da prova, é certo que sabe a quem desfavorece a sua não realização[58].

Por fim, em atenção ao modelo cooperativo de processo, é possível concluir que a produção de provas de ofício só deve ocorrer após oportunizado o exercício do contraditório pelas partes e mediante decisão fundamentada que aponte a necessidade de produzir provas complementares.

Assim, a atividade probatória oficiosa do juiz deve respeitar os seguintes parâmetros: (i) o poder instrutório do juiz deve ser *complementar* à atividade probatórias das partes, (ii) deve se restringir aos fatos controvertidos e alegados nos autos, (iii) deve se dar apenas em processos que versem sobre *direitos indisponíveis*, sob pena de comprometer a isonomia e macular a imparcialidade, (iv) deve ocorrer

---

55 MOREIRA, José Carlos Barbosa. *Os poderes do juiz na direção e na instrução do processo*. Temas de direito processual, 4a série, São Paulo: Saraiva, 1989, p. 48; GRINOVER, Ada Pellegrini. Verdade real e verdade formal?: um falso problema. *In*: PEREIRA, Flavio Cardoso (Coord.). *Verdade e prova no processo penal: estudo em homenagem ao professor Michele Taruffo*. Brasília: Gazeta Jurídica, 2016, p. 6.

56 Sobre os perigos do descontrole dos poderes instrutórios do juiz, na medida em que a iniciativa instrutória é exercida como atividade discricionária cf. GODINHO, Robson Renault. *Reflexões sobre os poderes instrutórios do juiz: o processo não cabe no "leito do Procusto"*. Revista de processo, n. 235. São Paulo: RT, 2014, p. 107-108 e p. 113. Em obra diversa, Robson Godinho aponta que tanto a ação quanto a omissão judicial em matéria probatória possuem potencial para favorecer uma das partes, podendo haver abuso nas duas situações, assinalando que a preocupação, no entanto, está na discricionariedade, no exercício casuístico do poder instrutório do juiz que torna a iniciativa probatória oficiosa uma espécie de "roleta processual", sobre a qual dificilmente há possibilidade de controle pelas partes: "A preocupação sobre essa questão está menos no desinteresse genérico do juiz acerca da instrução da causa, ainda que haja ampla autorização normativa para que participe efetivamente da instrução do processo, do que no não exercício desse poder casuisticamente. Ou seja: a utilização eletiva e arbitrária da instrução oficial pode configurar um grave problema, como se a iniciativa probatória fosse uma roleta processual" (GODINHO, Robson Renault. *Negócios processuais sobre o ônus da prova no novo CPC*. São Paulo: RT, 2015, p. 92- 96).

57 "Quem tem o ônus da alegação tem o ônus de provar; e se o juiz supre eventuais omissões de uma das partes, estará obviamente beneficiando-a em detrimento da outra" (LUCCA, Rodrigo Ramina de. *A Disponibilidade Processual*: os interesses privados das partes diante da natureza pública do processo. Tese de Doutorado. Faculdade de Direito. Universidade de São Paulo, 2018, p. 66-67).

58 YARSHELL, Flávio Luiz. *Antecipação da prova sem o requisito da urgência e direito autônomo à prova*. São Paulo: Malheiros, 2009, p. 131.

após oportunizado o exercício efetivo do contraditório e, por fim, (v) deve ser dar mediante decisão fundamentada.

Tendo em vista que o poder instrutório do juiz é subsidiário, cumpre analisá-lo sob duas perspectivas: a primeira relacionada aos processos nos quais as partes nada convencionaram sobre matéria probatória e a segunda relativa aos processos que possuem convenções processuais probatórias que restrinjam os meios de prova.

No primeiro cenário o juiz não encontra qualquer obstáculo de ordem negocial à produção de provas de ofício, razão pela qual o poder instrutório do magistrado será mais amplo do que aquele verificado no segundo cenário e deverá respeitar apenas os parâmetros acima delineados.

Contudo, no segundo cenário, além da observância dos parâmetros acima descritos, mais um aspecto deve ser considerado: *as disposições contidas na convenção probatória.*

Os poderes instrutórios do juiz devem ser conjugados com a autonomia das partes, razão pela qual cabe ao juiz verificar se há alguma restrição probatória contida na convenção processual[59]. Havendo restrições e sendo o poder instrutório do juiz subsidiário, não cabe a ele complementar a prova, pois, nesse caso, não há inércia das partes, mas sim vontade expressa no sentido de não produzir determinada prova[60].

Assim, considerando que a iniciativa probatória do juiz não é autônoma, mas sim subsidiária e complementar à prova realizada pelas partes, a limitação dos poderes do magistrado, por meio de convenção processual válida, é corolário lógico da limitação da produção de provas pelas partes, cabendo ao juiz se abster de determinar a produção de

---

59 Considera-se, nesse ponto, uma convenção plenamente válida, que atenda a todos os requisitos já aportados no presente estudo, inclusive com relação às convenções probatórias que tenham por objeto processo que verse sobre direitos indisponíveis.

60 "A parte pode expressamente dispor do seu direito de produzir determinada prova, seja unilateralmente, seja mediante acordo firmado com a parte adversária (pode ser que as partes resolvam firmar um acordo de, por exemplo, não realização de perícia; elas podem imaginar que não vale a pena aguardar pela produção dessa modalidade de prova para que o litígio alcance um desfecho). Pode ser, ainda, que uma das partes, sozinha, resolva expressamente abrir mão da perícia, ou de qualquer outro meio de prova. Não há *inércia*, mas *vontade manifestada*: não se quer a produção de determinado meio de prova" (DIDIER JR., Fredie; BRAGA, Paula Sarno; OLIVEIRA, Rafael Alexandria de. *Curso de direito processual civil:* teoria da prova, direito probatório, ações probatórias, decisão, precedente, coisa julgada e antecipação dos efeitos da tutela. 14 ed. Salvador: Juspodivm, 2019, v. 2, p. 109).

provas de ofício e julgar a demanda com base nas disposições legais ou convencionais relativas ao ônus da prova[61].

6.1.4 Apontamentos sobre o ônus da prova

Passa-se à análise do ônus da prova, abordando seus aspectos objetivo e subjetivo, bem como as implicações de ambos no cenário da limitação convencional da prova pelas partes. Por fim, aborda-se o ônus financeiro e temporal da prova, concluindo, parcialmente, pela prevalência de convenção processual probatória que limite a produção de provas em detrimento do poder instrutório de ofício do juiz.

6.1.4.1 Aspecto objetivo e subjetivo do ônus da prova

O ônus da prova comporta duas perspectivas: uma objetiva, que consiste no método de julgamento de que o juiz se valerá na hipótese de a matéria de fato não lhe parecer suficientemente comprovada; e uma subjetiva, que atribui às partes encargos para obtenção de êxito no processo[62]. Enquanto o ônus subjetivo guia as partes na fase instrutória, o ônus objetivo guia o juiz na sentença.

O ônus subjetivo é uma autêntica norma de procedimento para as partes, pois é por meio dele que todos envidam esforços para produzir as provas que lhes competem, a fim de obter resultado favorável na demanda judicial[63].

As regras de distribuição do ônus da prova estão contidas, essencialmente, nos incisos I e II do art. 373 do CPC/15, podendo o juiz (§1º, art. 373, CPC/15) ou as partes, por meio de convenção processual típica realizada antes ou durante o processo (§§3º e 4º, art. 373, CPC/15), distribuir o ônus da prova de maneira diversa.

São regras que orientam as partes acerca de sua atividade probatória e, na medida em que há prévia ciência acerca de seus encargos probatórios, o ônus da prova traz consigo a noção de responsabili-

61 Nesse sentido, cf. DIDIER JR., Fredie; BRAGA, Paula Sarno; OLIVEIRA, Rafael Alexandria de. *Curso de direito processual civil*: teoria da prova, direito probatório, ações probatórias, decisão, precedente, coisa julgada e antecipação dos efeitos da tutela. 14 ed. Salvador: Juspodivm, 2019, v. 2, p. 109.

62 AMARAL, Paulo Osternack. *Provas:* atipicidade, liberdade e instrumentalidade. São Paulo: RT, 2017, p. 46.

63 BONIZZI, Marcelo José Magalhães. *Fundamentos da Prova Civil:* teoria geral da prova e provas em espécie segundo o novo CPC. São Paulo: RT, 2017, p. 59-60.

dade: a produção de provas é facultada às partes[64], contudo elas se submetem aos riscos de sofrer consequências desfavoráveis pela sua não produção[65].

Assim, o ônus consiste em uma tarefa atribuída à parte, cujo exercício pode lhe trazer uma situação de vantagem e o não exercício implica a ideia de risco[66] de obter um resultado contrário aos seus interesses[67].

Nesse aspecto, o ônus se trata de um comportamento exigido para a satisfação de interesse próprio, pelo que não se confunde com dever jurídico[68]. Isso porque a relação obrigacional consiste no vínculo jurídico por meio do qual o sujeito pode exigir do outro o cumprimento de uma prestação, sob pena de sanção. O não exercício do ônus, por sua vez, não gera sanções, apenas tem aptidão para produzir consequências desfavoráveis àquele que dele não se desincumbiu[69-70], razão pela qual não se pode impor à parte a prática de atos probatórios.

O desenvolvimento do processo é marcado por uma sucessão de ônus processuais que, como tal, são facultativos[71]: as partes não são

---

64 "Não há um dever de provar, nem à parte contrária assiste o direito de exigir a prova do adversário. Há um simples ônus, de modo que o litigante assume o risco de perder a causa se não provar os fatos alegados dos quais depende a existência do direito subjetivo que pretende resguardar por meio da tutela jurisdicional" (THEODORO JÚNIOR, Humberto. *Curso de Direito Processual Civil* – Teoria geral do direito processual civil, processo de conhecimento e procedimento comum. Vol. I. 58. ed. rev., atual. e ampl. Rio de Janeiro: Forense, 2017, p. 1123).

65 AMARAL, Paulo Osternack. *Provas: atipicidade, liberdade e instrumentalidade*. São Paulo: RT, 2017, p. 46-47.

66 "O sistema processual não determina, a rigor, quem deve produzir a prova, mas, sim, quem assume o risco em caso de prova não produzida" (GODINHO, Robson Renault. *Negócios processuais sobre o ônus da prova no novo CPC*. São Paulo: RT, 2015, p. 167).

67 AMARAL, Paulo Osternack. *Provas:* atipicidade, liberdade e instrumentalidade. São Paulo: RT, 2017, p. 44.

68 GODINHO, Robson Renault. *Negócios processuais sobre o ônus da prova no novo CPC*. São Paulo: RT, 2015, p.165 e 171. Diferenciando ônus e dever, em quadro didático, RAMOS, Vitor de Paula. *Ônus da prova no processo civil:* do ônus ao dever de provar. 2. ed. São Paulo: RT, 2018, p. 70-71.

69 LUCCA, Rodrigo Ramina de. *A Disponibilidade Processual:* os interesses privados das partes diante da natureza pública do processo. Tese de Doutorado. Faculdade de Direito. Universidade de São Paulo, 2018, p. 49-50.

70 AMARAL, Paulo Osternack. *Provas*: atipicidade, liberdade e instrumentalidade. São Paulo: RT, 2017, p. 45.

71 Nelson Nery afirma que o ônus consiste na "situação jurídica subjetiva de que está titulado certo sujeito de direito, no sentido de que a atuação de determinado comportamento é-lhe tão somente facultada, existindo, portanto, uma esfera de liberdade entre fazer ou não fazer, entre adotar ou não adotar determinada conduta" (NERY JR., Nelson. Ações de indenização fundadas no uso de tabaco. Responsabilidade civil pelo fato do produto: julgamento antecipado da lide. Ônus da prova e cerceamento de defesa. Responsabilidade civil e seus critérios de imputação. Autonomia privada e dever de informar. Autonomia privada e risco social. Situações de agravamento voluntário do risco. *In*: LOPEZ, Teresa Ancona (Coord.). *Estudos e pareceres sobre livre-arbítrio, responsabilidade*

obrigadas a praticar qualquer ato processual e todos os atos envolvem escolhas e decisões da parte que os pratica ou deixa de praticar[72]. Em matéria probatória, as partes escolhem se irão se desincumbir do ônus probatório que recai sobre elas e, se optarem por produzir provas, tomam decisões quanto aos documentos que irão trazer aos autos, os quesitos que serão apresentados ao perito, o rol de testemunhas, as perguntas que formularão a elas etc.

Nesse aspecto, cumpre fazer uma ressalva necessária: a finalidade da prova não é apenas convencer o juiz[73], mas também convencer as próprias partes de que são – ou não – titulares de situações jurídicas que creem ter[74]. Assim, o juiz não é o único destinatário da prova, devendo essa servir também às partes e demais interessados[75].

Como dito, não há obrigação de provar, mas, ao não se desincumbir desse ônus, a parte assume consequências que poderão ser levadas em consideração pelo juiz ao sentenciar a demanda. E é na sentença que se verifica a relevância do aspecto objetivo do ônus da prova.

---

e produto de risco inerente. O paradigma do tabaco. Aspectos civis e processuais. Rio de Janeiro: Renovar, 2009, p. 380).

72 "A propositura da demanda é facultativa, a contestação é facultativa, a impugnação à contestação é facultativa, o requerimento de provas é facultativo, o comparecimento no depoimento pessoal é facultativo, *todos* os recursos são facultativos etc. Evidentemente, a parte que deixa de praticar determinado ato pode ser prejudicada por essa decisão, mas ainda assim essa é uma escolha *sua*. [...] Além disso, *todos* os atos praticados envolvem escolhas e decisões da parte. Na contestação, p.ex., o demandado pode negar os fatos constitutivos da pretensão do demandante; pode alegar fatos extintivos, impeditivos ou modificativos que impeçam o acolhimento dessa mesma pretensão; pode confessar todos os fatos constitutivos, mas rejeitar que eles produzam os efeitos jurídicos pretendidos pelo demandante, desenvolvendo toda e qualquer argumentação jurídica que o ordenamento jurídico lhe permitir (sempre de forma proba e leal) para convencer o Estado-juiz de que a pretensão deduzida pelo autor é infundada. De igual modo, os recursos podem ser parciais ou totais e, ainda quando houver uma pluralidade de *errores in procedendo* ou de *errores in iudicando*, cabe ao recorrente escolher quais deles irá utilizar como fundamento para a invalidação ou reforma da decisão. Na produção de provas, as partes podem escolher aquelas que serão produzidas para demonstrar a veracidade de suas alegações fáticas, podem escolher os quesitos que serão respondidos pelo perito e as questões que serão formuladas as testemunhas; e mesmo depois de requerer a sua produção, podem dela desistir se assim o quiserem" (LUCCA, Rodrigo Ramina de. *A Disponibilidade Processual: os interesses privados das partes diante da natureza pública do processo*. Tese de Doutorado. Faculdade de Direito. Universidade de São Paulo, 2018, p. 53-54).

73 Não se nega o interesse das partes em convencer o juiz, mas deve-se admitir que elas podem ter outros interesses que a esse se sobreponham, como, por exemplo, a redução de custos ou a celeridade no julgamento da demanda.

74 DIDIER JR., Fredie; BRAGA, Paula Sarno; OLIVEIRA, Rafael Alexandria de. *Curso de direito processual civil*: teoria da prova, direito probatório, ações probatórias, decisão, precedente, coisa julgada e antecipação dos efeitos da tutela. 14 ed. Salvador: Juspodivm, 2019, v. 2, p. 63.

75 Sobre o tema, cf. o teor do Enunciado 50 do FPPC: "Os destinatários da prova são aqueles que dela poderão fazer uso, sejam juízes, partes ou demais interessados, não sendo a única funcão influir eficazmente na convicção do juiz".

Mesmo diante de um quadro de incerteza, o juiz deve resolver a causa, atribuindo responsabilidades às partes pelo estado de indefinição probatória, razão pela qual a função do ônus da prova em seu aspecto objetivo é possibilitar a decisão mesmo em um contexto de insuficiência probatória[76].

Assim, o viés *objetivo* do ônus da prova é uma técnica de julgamento que permite ao juiz, após o encerramento da fase instrutória – daí incluída a atividade probatória realizada pelas partes, bem como a realizada de ofício pelo juiz, quando for o caso – sentenciar o processo ainda que a parte responsável pela prova não tenha se desincumbido de seu ônus[77].

Ambos os aspectos relativos ao ônus da prova – subjetivo e objetivo – possuem relevância na análise das convenções processuais probatórias.

No que se refere ao aspecto subjetivo do ônus da prova, havendo convenção probatória válida que limite os meios de prova – dispondo, por exemplo, que o processo só comportará prova documental – ou que restrinja a amplitude aqueles que podem ser produzidos – reduzindo, por exemplo, o número de quesitos destinados ao perito ou a quantidade de testemunhas que podem ser ouvidas no processo –, as partes, no exercício da autonomia privada, assumem os riscos advindos de possível insuficiência probatória[78].

É um risco consciente que, provavelmente, funda-se em alguma vantagem vislumbrada pelas partes – seja econômica, temporal ou até mesmo pessoal. E, conforme já apontado na presente pesquisa,

---

76 GODINHO, Robson Renault. *Negócios processuais sobre o ônus da prova no novo CPC*. São Paulo: RT, 2015, p. 142.

77 BONIZZI, Marcelo José Magalhães. *Fundamentos da Prova Civil: teoria geral da prova e provas em espécie segundo o novo CPC*. São Paulo: RT, 2017, p. 59-60.

78 Interessante exemplo é trazido por Paulo Osternack Amaral: "imagine-se que as partes pactuem que não será admissível a produção de prova técnica no processo, em que se discute um acidente de trânsito. No curso do processo, constata-se a existência de uma controvérsia técnica acerca da velocidade de um dos automóveis no momento da colisão. A alegação de excesso de velocidade foi feita pelo réu. A elucidação se mostrou concretamente relevante para se verificar o responsável pelo acidente e consequentemente quem vencerá causa. Mas isso exigiria a realização de uma perícia. Contudo, a prova técnica não poderá ser produzida. Essa foi a vontade das partes, contemplada no negócio processual. Agora deve suportar as consequências de sua escolha. Diante do estado de dúvida acerca da controvérsia técnica, a decisão será tomada com base nas regras sobre ônus da prova, em que o juiz aferirá a quem incumbia a prova daquele fato relevante, que ao final não ficou comprovado. Julgará então a favor da parte contrária" (AMARAL, Paulo Osternack. *Provas: atipicidade, liberdade e instrumentalidade*. São Paulo: RT, 2017, p. 155-156).

não cabe ao juiz analisar a conveniência das convenções, atendo-se a aplicar a norma jurídica válida.

Dessa forma, por meio do acordo processual que limite a produção de provas, as partes assumem o risco de eventual insuficiência probatória, não cabendo ao juiz produzir novas provas de ofício, mas sentenciar a demanda com base no ônus da prova em seu aspecto objetivo.

Tal solução parece equilibrar os papéis exercidos pelos sujeitos do processo, viabilizando o julgamento da demanda, bem como prestigiando a autonomia privada das partes.

6.1.4.2 Ônus temporal e financeiro da prova

Ao tratarmos de convenções processuais que limitam a produção de provas, não se pode perder de vista o fato de que, além do ônus da prova em seu aspecto subjetivo recair sobre as partes, também é delas o ônus de praticar os atos necessários à sua produção[79].

Tal ônus implica o custeio da prova, que, em se tratando de prova pericial, não raras vezes ultrapassa o valor dado à própria causa. Provas documentais e testemunhais também geram custos.

Além do custo, a produção de provas demanda tempo. Uma prova pericial, além de ensejar o dispêndio de valor expressivo, pode vir a se alongar por anos, diante da possibilidade de arguição de impedimento ou suspeição, pedido de redução de honorários e parcelamento da verba, pedido de esclarecimentos, além do próprio prazo necessário à elaboração do laudo. A prova testemunhal segue o mesmo ritmo, dependendo, ainda, da disponibilidade de pauta do juiz para realização de audiência.

Assim, o ônus da prova, não apenas em seu sentido subjetivo, mas também em sentido financeiro e temporal, recai sobre as partes.

Por tal razão, diante de uma convenção probatória por meio da qual as partes abrem mão da produção de determinadas provas, não deve prosperar decisão judicial no sentido de tais provas serem necessárias[80].

---

79 CÂMARA, Alexandre Freitas. *O novo processo civil brasileiro*. 3 ed. São Paulo: Atlas, 2017, p. 127.

80 CÂMARA, Alexandre Freitas. *O novo processo civil brasileiro*. 3 ed. São Paulo: Atlas, 2017, p. 127.

Impor às partes a produção de provas de que elas, convencionalmente e conscientemente, abriram mão significaria imputar-lhes ônus financeiros e temporais com os quais, expressamente, não estão dispostas a arcar[81] e, que, frisa-se, não recairão sobre o juiz.

Assim, o fato de que o ônus da prova – em todos os aspectos – recai sobre as partes é elemento que aponta para uma resposta positiva ao questionamento sobre a preponderância de convenção que limite a produção de provas no processo em detrimento do poder instrutório conferido pela legislação ao juiz.

6.2 PRETENSOS ÓBICES ÀS CONVENÇÕES PROCESSUAIS PROBATÓRIAS QUE LIMITAM A ATUAÇÃO DO MAGISTRADO NA PRODUÇÃO DE PROVA DE OFÍCIO

Importa, ainda, verificar os principais óbices apontados pela doutrina como aspectos limitadores à atuação privada diante dos poderes instrutórios do magistrado, dentre os quais se destacam: (i) a natureza de direito público do processo e a existência de interesses público atrelados ao processo, (ii) a vedação à convenção sobre poderes de terceiros e (iii) a necessária busca pela verdade.

6.2.1 Natureza de direito público do processo e a existência de interesses públicos atrelados à solução do conflito

Um dos principais argumentos utilizados pela doutrina para afastar a prevalência de uma convenção processual em face dos poderes instrutórios do magistrado é a natureza de direito público reconhecida ao processo e a existência de interesses públicos atrelados à resolução do litígio[82].

---

81 Nesse aspecto, não se pode perder de vista as implicações negociais relacionadas à convenção processual que versa sobre a renúncia à prova. Talvez as partes prefiram pagar mais por duas provas periciais, para alcançar a resolução do conflito pautados em prova eminentemente técnica; por outro lado, podem optar por uma decisão mais célere, ainda que em prejuízo da oitiva de testemunhas ou da realização da prova pericial, razão pela qual pode ser conferido um abatimento negocial do preço de um produto, por exemplo.

82 "Isso porque existe um interesse público no reconhecimento dos direitos subjetivos, na obtenção da justa definição da controvérsia, acarretando a atribuição de poderes instrutórios ao juiz, independentemente da natureza do direito [...] O processo é um instrumento mediante o qual se exerce uma função pública, havendo predominante interesse do Estado em seu desenvolvimento" (BEDAQUE, José Roberto dos Santos. *Poderes Instrutórios do Juiz*. 2 ed. rev. e ampl. São Paulo: RT, 1994, p. 92-95). No mesmo sentido, MARINONI, Luiz Guilherme. *El acuerdo sobre la prueba y los objetivos del proceso civil*. Barcelona: Atelier, 2018, p. 80).

Todavia não parece correto afirmar que, pelo fato de estar inserido historicamente como ramo de direito público, o processo deva ser conduzido visando apenas a satisfação dos interesses públicos nele contidos[83], especialmente em demandas que versam sobre direitos que admitem autocomposição, nas quais o interesse dos particulares é manifesto[84].

Na verdade, o pensamento deve caminhar em sentido oposto: é justamente por ser um ramo de direito público que o processo deve se sujeitar aos princípios gerais de continuidade, igualdade e eficiência, abrindo-se às novas tendências inerentes ao paradigma democrático e cooperativo, a fim de cumprir a missão dada à jurisdição no sentido de solucionar crises de direito material em tempo razoável e de maneira efetiva[85].

E, para que seja efetivo, o processo deve atender àquilo que foi convencionado pelas partes, destinatárias da decisão final de mérito e diretamente afetadas pelo custo – temporal e financeiro – do processo. Frisa-se: a efetividade do processo perpassa pelo atendimento daquilo que as partes convencionaram e, desde que tal convenção não implique onerosidade excessiva ao Judiciário, não cabe ao juiz a análise de conveniência do que foi acordado.

O que se verifica, hodiernamente, é a relação de coexistência entre núcleos públicos e privados, não parecendo correta a interpretação de que, em qualquer hipótese, os interesses públicos devam prevalecer

---

83 Remo Caponi defende que o direito processual civil deve ser visto como um ramo intermediário entre o público e o privado (CAPONI, Remo. Autonomia privata e processo civile: gli accordi processuale. *In:* CABRAL, Antonio do Passo; NOGUEIRA, Pedro Henrique (Coord.). *Negócios processuais*. 2. ed. rev. Atual. e ampl. - Salvador: Juspodivm, 2016, p. 217).

84 "Sem embargo, o publicismo não significa que o processo seja exclusivamente conduzido no interesse público. A lógica da prevalência e da hierarquia entre os objetivos públicos e privados na jurisdição não parece ser a tônica do Estado contemporâneo. As finalidades do processo e da jurisdição devem ser concebidas como um ponto de partida para avaliar a técnica adequada para a tutela, mas não devem representar nem um ponto de chegada nem a prevalência absoluta de um escopo sobre o outro. Apesar de o processo ser um ramo do direito público, dada a presença do Estado na relação jurídica processual, disso não decorre que não existam interesses privados no processo, especialmente naqueles procedimentos em que debatidos direitos disponíveis" (CABRAL, Antonio do Passo. *Convenções Processuais*. 2 ed. rev., atual. e ampl. Salvador: Juspodivm, 2018, p. 169-170).

85 ANDRADE, Érico. A "Contratualização" do Processo. *In:* THEODORO JUNIOR, Humberto (Coord.). JAYME, Fernando Gonzaga; GONÇALVES, Gláucio Maciel; FARIA, Juliana Cordeiro de; FRANCO, Marcelo Veiga; ARAÚJO, Mayara de Carvalho; CREMASCO, Suzana Santi (Org.). *Processo Civil Brasileiro:* Novos Rumos a partir do CPC/2015. Belo Horizonte: Del Rey, 2016, p. 49-50.

sobre os interesses dos particulares[86]. Tampouco esse parece ter sido o desígnio do legislador ao ampliar no CPC/15 as possibilidades de convenções típicas e confirmar a possibilidade de realizarem-se convenções atípicas, em notável demonstração de abertura do processo civil ao consenso.

Ressalta-se que as convenções possuem fundamento no princípio dispositivo que garante às partes poderes de disposição e renúncia[87], equilibrando a natureza pública do processo e os interesses privados nele contidos.

Assim, apesar do caráter público do processo, especialmente no âmbito do direito processual civil, que muitas vezes lida com pretensões materiais próprias do direito privado, deve-se reconhecer que ninguém melhor que os próprios litigantes para adequar o procedimento às peculiaridades do caso concreto.

Deve-se buscar, portanto, o conjunto de soluções mais adequadas ao problema, pautando-se no atual contexto de evolução do processo civil, de forma a não ignorar a autonomia das partes sob o pretexto de proteger interesses públicos abstratos e, não raras vezes, inexistentes.

---

86 "Não há como afirmar que o 'interesse público' prevalece sobre o interesse do particular no processo judicial. Simplesmente inexiste essa hierarquia. O processo contemporâneo, forjado em superação ao publicismo e privatismo processuais, possui como balizas a coexistência de núcleos públicos e privados, que vivem em simbiose. Admitir que certa convenção seja inválida por atender ao interesse público, especialmente em processos que envolvam direitos disponíveis, seria propagar a prevalência do público sobre o privado, o que - repita-se -, em se tratando de processo civil, é inaceitável na contemporaneidade" (RETES, Tiago A. Leite. *Limites às convenções processuais na sistemática recursal do processo civil democrático*. 2018. 140 p. Dissertação (Mestrado em Direito) – Universidade Federal de Minas Gerais, Belo Horizonte, 2018, p. 59-60).

87 "O princípio dispositivo é um princípio de liberdade que traduz o necessário respeito e preservação da autonomia privada no âmbito processual. Ele concentra garantias, faculdades e características do Direito Processual voltadas a assegurar a liberdade do jurisdicionado antes, durante e depois do processo contra intromissões indevidas do poder jurisdicional. [...] o princípio dispositivo é um postulado de liberdade pelo qual o Estado respeita a autodeterminação do indivíduo no ambiente jurisdicional e lhe concede uma esfera de disponibilidade para que exerça, ou não, as suas faculdades e poderes processuais da maneira que lhe parecer mais adequada, desde que respeitadas as formas e prazos previstos em lei" (LUCCA, Rodrigo Ramina de. *A Disponibilidade Processual: os interesses privados das partes diante da natureza pública do processo*. Tese de Doutorado. Faculdade de Direito. Universidade de São Paulo, 2018, p. 38). Ainda sobre o princípio dispositivo cf. ALBUQUERQUE, Maria do Carmo Seffair Lins de. *O princípio dispositivo, a instrução probatória e aos poderes do juiz*. São Paulo: USP/Faculdade de Direito, 2014; RAATZ, Igor. *Autonomia privada e processo*: liberdade, negócios jurídicos processuais e flexibilização procedimental. 2ª ed. rev., atual. e ampl. - Salvador: Juspodivm, 2019, especialmente capítulo 1.6 e CABRAL, Antonio do Passo. *Convenções Processuais*. 2 ed. rev., atual. e ampl. Salvador: Juspodivm, 2018, p. 155.

6.2.2 Impossibilidade de interferir nos poderes de terceiros mediante convenção processual

Parte da resistência à limitação das provas pelas partes se ampara no argumento de que elas não poderiam interferir nos poderes instrutórios conferidos pela lei ao juiz, dado estarem convencionando sobre poderes de terceiros, o que seria vedado[88].

Importa ressaltar que não se rejeita a iniciativa probatória do juiz – autorizada no CPC/15 em diversas oportunidades, assim como em legislações antecedentes[89]. Os poderes instrutórios do juiz decorrem não apenas da herança legislativa, mas também do atual cenário processual cooperativo, no qual todos os atores do processo devem atuar em igualdade de condições na construção da solução de mérito[90].

Da mesma maneira, não se nega a possibilidade de participação do juiz na produção de prova requerida pelas partes, pois impedi-lo de fazer perguntas à testemunha arrolada pelas partes ou de solicitar esclarecimentos ao perito, por exemplo, não parece se coadunar com o modelo cooperativo de processo.

O que se propõe, destarte, não é a exclusão do poder conferido ao juiz[91], mas sim uma releitura de tal poder à luz do modelo cooperativo de processo, no qual o protagonismo se converte em

---

88 Paulo Henrique dos Santos Lucon defende que, embora as partes possam negociar limitações probatórias, tal convenção não terá o condão de impedir que o juiz determine, de ofício, a produção de prova eventualmente excluída por meio do acordo processual, a fim de preservar os poderes instrutórios do juiz: "Como sujeitos capazes não podem disputar entre si a respeito da esfera jurídica de um terceiro, não podem as partes querer revogar poderes do juiz conferidos pela lei" (LUCON, Paulo Henrique dos Santos. Capítulo XII. Das Provas. *In*: CABRAL, Antonio do Passo; CRAMER, Ronaldo (Coord.). *Comentários ao novo Código de Processo Civil.* Rio de Janeiro: Forense, 2015, p. 575). Neste mesmo sentido, Victória Hoffman e Juliene Peixoto: "[...] o exercício dos poderes instrutórios pelo juiz não pode ser limitado por negócio jurídico processual, simplesmente porque o próprio art. 190 do CPC/2015 afirma ser impossível acordo procedimental que tenha como objeto poderes e faculdades de terceiros, só podendo as partes convencionar sobre seus próprios poderes e faculdades, o que é natural que assim seja [...]" (MOREIRA, Victória Hoffmann; PEIXOTO, Juliene de Souza Peixoto. Negócios jurídicos processuais e os poderes instrutórios do juiz. *In*: MARCATO, Ana; GALINDO, Beatriz; GÓES, Gisele Fernandes; BRAGA, Paula Sarno; APRIGLIANO, Ricardo; NOLASCO, Rita Dias (Coord.). *Negócios Processuais: coletânea mulheres no processo civil brasileiro.* Salvador: Juspodivm, 2017, p. 622).

89 CPC/39: art. 117, CPC/73: art. 130, CPC/15: art. 370.

90 CÂMARA, Alexandre Freitas. *O novo processo civil brasileiro*. 3 ed. São Paulo: Atlas, 2017, p. 228.

91 "A convenção processual sobre os meios de prova não pode ser vista como excludente dos poderes instrutórios do juiz, E nem o contrário. Ambas são passíveis de coexistência harmônica no direito brasileiro: em regra, o juiz pode determinar, de ofício e com temperança, a produção dos meios de prova que entende imprescindíveis para o melhor desfecho da controvérsia judicial (art. 370); sem embargo disso, se as partes convencionarem sobre quais meios de prova pretendem produzir, os poderes instrutórios do juiz restam, sim, limitados pela vontade das partes (art. 190)" (VAUGHN, Gustavo Fávero; BRAZIL, Renato Caldeira Grava; RAVAGNANI, Giovani dos Santos. *As convenções*

equilíbrio dos poderes conferidos aos sujeitos processuais, especialmente diante do já citado abandono da concepção de jurisdição apenas como exercício de poder. A diferença está, basicamente, na *possibilidade de negociar o cenário probatório e não em negociar o poder instrutório do juiz.*

Tal releitura perpassa pelo pilar da valorização da autonomia privada no processo[92], devendo o poder instrutório do magistrado se adequar ao cenário probatório negociado entre as partes. Repisa-se: as partes não negociam o poder instrutório do juiz, mas sim a produção de provas do processo.

No que se refere ao suposto óbice quanto à interferência das partes nos poderes instrutórios do magistrado, é possível afirmar que toda convenção processual repercute, em maior ou menor medida, na atividade do juiz[93] e, diga-se, talvez seja essa a sua grande finalidade[94].

Veja-se, por exemplo, as convenções de arbitragem por meio das quais as partes afastam a competência do juiz estatal para julgar determinada demanda ou, ainda, aquelas relativas à suspensão do processo, durante a qual é vedada a prática de qualquer ato processual não urgente, inclusive por parte do juiz. A própria eleição de foro afeta o poder do juiz que, apesar de naturalmente ser aquele que julgaria a demanda, não o fará, em razão da convenção realizada entre as partes que elege comarca diversa para a solução do litígio.

E mais: ao verificarmos as convenções processuais típicas que versam sobre matéria probatória – a exemplo da distribuição consensual do ônus da prova (art. 373, §3º, CPC/15) e da escolha do perito pelas partes (art. 471, CPC/15) –, percebe-se que a lei autoriza,

---

processuais vistas como um possível limite aos poderes instrutórios do juiz. São Paulo: RT, 2018, n. 989, p. 377 - 404).

92 DIDIER JR., Fredie; BRAGA, Paula Sarno; OLIVEIRA, Rafael Alexandria de. *Curso de direito processual civil: teoria da prova, direito probatório, ações probatórias, decisão, precedente, coisa julgada e antecipação dos efeitos da tutela.* 14 ed. Salvador: Juspodivm, 2019, v. 2, p. 105.

93 "[...] todo e qualquer negócio jurídico processual repercute inexoravelmente na atividade do juiz. Trata-se de uma consequência inerente e automática" (GODINHO, Robson Renault. A possibilidade de negócios jurídicos processuais atípicos em matéria probatória. *In*: CABRAL, Antonio do Passo; NOGUEIRA, Pedro Henrique (Coord.). *Negócios processuais.* 2. ed. rev. Atual. e ampl. - Salvador: Juspodivm, 2016, p. 550).

94 DIDIER JR., Fredie; BRAGA, Paula Sarno; OLIVEIRA, Rafael Alexandria de. *Curso de direito processual civil*: teoria da prova, direito probatório, ações probatórias, decisão, precedente, coisa julgada e antecipação dos efeitos da tutela. 14 ed. Salvador: Juspodivm, 2019, v. 2, p. 638.

expressamente, a interferência das partes nos poderes instrutórios do juiz, vinculando-o àquilo que foi acordado[95].

Todas essas convenções visam a limitação da atuação do juiz, que deverá observá-las, não lhe cabendo exercer controle de conveniência do acordo, mas tão somente de validade, conforme disposto no parágrafo único do art. 190 do CPC/15.

Portanto o simples fato de uma convenção processual probatória limitar o poder conferido ao juiz não parece ser suficiente a afastar a prevalência da norma convencionada sobre os poderes instrutórios do magistrado.

Quanto à disposição sobre poderes de terceiros, conforme já defendido no presente estudo, é possível verificar que a iniciativa probatória do juiz é subsidiária e complementar à prova realizada por força do requerimento das partes. Assim, eventual limitação probatória que recaia sobre as partes, por consectário, também recai sobre os poderes instrutórios do juiz. Percebe-se que, ao elaborar convenção processual restritiva aos meios de prova, as partes não estão negociando sobre poderes de terceiro, mas sim convencionando sobre o cenário probatório do processo e sobre seus próprios ônus.

Nesse contexto, adverte-se que a própria legislação restringe o poder instrutório do juiz ao estabelecer limitações probatórias a certos procedimentos, como no caso do mandado de segurança e do procedimento de inventário[96], nos quais é vedado ao juiz e às partes a produção de provas diversas daquelas previstas em lei.

Destarte, as convenções processuais são apenas mais uma forma de limitação aos poderes instrutórios do juiz[97], desta vez consensual e, na mesma medida, prevista pela legislação[98].

---

95 Adequado o entendimento de Robson Godinho no sentido de que a eficácia da convenção sobre ônus da prova é imediata e independe de homologação do juiz (GODINHO, Robson Renault. *Negócios processuais sobre o ônus da prova no novo CPC*. São Paulo: RT, 2015, p. 261-262).

96 CÂMARA, Alexandre Freitas. *O novo processo civil brasileiro*. 3 ed. São Paulo: Atlas, 2017, p. 127.

97 Sobre as diversas limitações probatórias existentes no ordenamento jurídico brasileiro, cf. GRECO, Leonardo. Limitações probatórias. *In*: NETTO Fernando Gama de Miranda; MEIRELLES, Delton Ricardo Soares. (Org.). *Direito Processual em debate*. Rio de Janeiro: Eduff, 2011, p. 60-61.

98 FERRADEIRA, Mariana. A prova emprestada como objeto de negócio jurídico processual. *In*: MARCATO, Ana; GALINDO, Beatriz; GÓES, Gisele Fernandes; BRAGA, Paula Sarno; APRIGLIANO, Ricardo; NOLASCO, Rita Dias (Coord.). *Negócios Processuais*. Salvador: Juspodivm, 2017, p. 404.

6.2.3 A busca pela verdade como suposto óbice à preponderância das convenções processuais

Outro argumento levantado pela doutrina que nega a prevalência dos acordos processuais em face dos poderes instrutório do juiz é que a prestação jurisdicional deve se fundar na adequada convicção do juiz sobre a verdade[99], a fim de assegurar o direito fundamental à decisão justa[100-101].

Nesse ponto cabem algumas considerações, ressaltando-se, contudo, que no estreito escopo do presente trabalho não há intenção de se proceder a análise do conceito de justiça ou de verdade no âmbito do processo. Visa-se, tão somente, demostrar qual é a linha de raciocínio seguida quanto a esses dois aspectos, a fim de contribuir para a compreensão do tema proposto.

Falar em justiça é sempre um desafio, especialmente por se tratar de conceito altamente subjetivo: o que é justo para um nem sempre parece justo ao outro. No contexto do processo, a decisão justa pode ser considerada como aquela proferida de acordo com a aplicação

---

99 Nesse sentido, cf. MARINONI, Luiz Guilherme. *El acuerdo sobre la prueba y los objetivos del proceso civil*. Barcelona: Atelier 2018, p. 79-104; TARUFFO, Michele. *Uma simples verdade. O juiz e a construção dos fatos*. Tradução de Vitor de Paula Ramos. São Paulo: Marcial Pons, 2012; MÜLLER, Julio Guilherme. *Negócios processuais e desjudicialização da produção da prova: análise econômica e jurídica*. São Paulo: RT, 2017, p. 272; Diogo Rezende Assumpção de Almeida, também neste sentido, defende que a busca pela verdade, aí incluído o poder do juiz de determinar provas de ofício, integra a ordem pública processual e limita a autonomia privada das partes, sendo vedado convencionar de forma a restringir ou anular os poderes instrutórios do magistrado (ALMEIDA, Diogo Assumpção Rezende de. *Das convenções Processuais no Processo Civil*. Tese de Doutorado em Direito. Rio de Janeiro: Faculdade de Direito da Universidade do Estado do Rio de Janeiro. 2014, p. 218). Ainda nesse sentido, Marinoni defende que as partes possuem direito fundamental à tutela judicial fundada na adequada convicção da verdade obtida pelo magistrado, razão pela qual não poderiam renunciar à produção de provas por meio de convenções processuais (MARINONI, Luiz Guilherme. *El acuerdo sobre la prueba y los objetivos del proceso civil*. Barcelona: Atelier, 2018, p. 90-92).

100 MOREIRA, Victória Hoffmann; PEIXOTO, Juliene de Souza Peixoto. Negócios jurídicos processuais e os poderes instrutórios do juiz. *In*: MARCATO, Ana; GALINDO, Beatriz; GÓES, Gisele Fernandes; BRAGA, Paula Sarno; APRIGLIANO, Ricardo; NOLASCO, Rita Dias (Coord.). *Negócios Processuais*: coletânea mulheres no processo civil brasileiro. Salvador: Juspodivm, 2017, p. 609-630.

101 Marcelo José Magalhães Bonizzi atenta para os riscos do autoritarismo com relação ao uso de cativantes conceitos como a busca pela verdade ou a decisão justa: "[...] o risco de autoritarismo apontado pela doutrina é real, afinal, o argumento da busca pela verdade ou da busca pela decisão justa é sempre cativante. Com esses fundamentos, aliás, praticamente tudo parece ser justificável, inclusive a invasão da esfera de autonomia das partes" (BONIZZI, Marcelo José Magalhães. *Fundamentos da Prova Civil*: teoria geral da prova e provas em espécie segundo o novo CPC. São Paulo: RT, 2017, p. 43).

de regras corretas aos fatos que foram devidamente demostrados nos autos[102].

A noção de decisão justa afasta-se de uma visão estritamente formal – frequentemente relacionada ao respeito ao procedimento –, passando a ser compreendida como a decisão acertada que não apenas respeita as garantias processuais, interpreta e aplica corretamente o direito[103], mas que leva em consideração a realidade dos fatos[104].

À primeira vista, tal noção leva a crer que a justiça da decisão está diretamente atrelada à apuração da verdade dos fatos[105] e que, portanto, não poderia haver qualquer óbice negocial à realização de provas no processo.

Contudo deve-se ter em mente que a decisão justa também consiste na prestação de tutela jurisdicional efetiva, adequada e tempestiva, que satisfaça o direito material, na medida em que respeita as garantias fundamentais do processo[106]. E, atualmente, uma das questões a ser considerada para a justiça da decisão é exatamente o respeito ao autorregramento da vontade no processo.

Nesse ponto, a decisão proferida em atenção às disposições firmadas pelas partes atende ao conceito de decisão justa, especialmente porque as convenções processuais estão previstas na legislação, ou seja, figuram como mecanismo válido de alteração do procedimento e de disposição sobre situações jurídicas processuais.

Sobre o conceito de verdade, importa saber que no contexto processual alguns defendem que ela existe, é objetiva e sua busca

---

102 CAPPELLETTI, Mauro, e GARTH, Bryant. Acesso à Justiça. Trad. Ellen Gracie Northflleet. Porto Alegre, Fabris: 1988, p. 93.

103 DIDIER JR., Fredie; BRAGA, Paula Sarno; OLIVEIRA, Rafael Alexandria de. *Curso de direito processual civil*: teoria da prova, direito probatório, ações probatórias, decisão, precedente, coisa julgada e antecipação dos efeitos da tutela. 14 ed. Salvador: Juspodivm, 2019, v. 2, p. 60-61.

104 ANDRADE, Érico. *O Mandado de Segurança:* A busca da verdadeira especialidade: proposta de releitura à luz da efetividade do processo. Rio de Janeiro: Lumen Juris, 2010, p. 129.

105 "De hecho, parece evidente, con el debido respeto de los nostálgicos del liberalismo decimonónico y la concepción del proceso civil como una exclusiva cosa privada de las partes, que um amplio ejercicio de poderes instructorios del juez es esencial para alcanzar uma decisión justa em cuanto esté fundada en la correcta valoración de todas las pruebas disponibles, hasta el punto de que parece configurable un deber del juez de disponer la adquisición de todas estas pruebas" (FENNOL, Jordi Nieva; BELTRÁN, Jordi Ferrer; GIANNINI, Leandro J. *Contra la carga de la prueba*. Madrid: Marcial Pons, 2019, p. 21).

106 FRANCO, Marcelo Veiga. *O processo justo como fundamento de legitimidade da jurisdição*. Dissertação de mestrado. Universidade Federal de Minas Gerais, Faculdade de Direito. 2012, p. 154.

consiste na grande finalidade do processo[107]; outros entendem que é inalcançável[108], ou que o processo possui outras finalidades mais relevantes como a resolução eficiente da crise de direito material[109].

A doutrina buscou escapar do problema gerado pela inaptidão do processo em alcançar a verdade absoluta criando dois conceitos distintos: a chamada verdade real – ou material – e a verdade formal – ou processual[110]. A verdade real seria aquela correspondente ao que ocorreu no mundo. A verdade formal, por sua vez, consistiria na verdade que se obtém no processo como resultado da atividade probatória e que não necessariamente corresponde à verdade material. Portanto, para o processo, interessaria a verdade formal, ou seja, aquela assim reconhecida em sentença e obtida a partir da prova dos autos. Uma vez solucionado o caso concreto, a verdade material se tornaria juridicamente irrelevante.

Essa velha dicotomia foi rechaçada por importantes vozes doutrinárias em meados do sec. XX[111] e, hodiernamente, parte da

---

107 Vitor de Paula Ramos defende, por exemplo, que a verdade existe e é objetiva, e que o consenso não tem força de criar a realidade, ou seja, a verdade independente do que as pessoas acreditam. Para ilustrar tal pensamento, o autor salienta que, apesar de as pessoas, por muitos anos, acreditarem que a terra era plana, tal crença não tem o condão de alterar a realidade (RAMOS, Vitor de Paula. *Ônus da prova no processo civil:* do ônus ao dever de provar. 2. ed. São Paulo: RT, 2018, p. 27-31 e 34).

108 "Deve-se, portanto, excluir do campo de alcance da atividade jurisdicional a possibilidade de verdade substancial. Jamais o juiz poderá chegar a esse ideal, ao menos tendo a certeza de que o atingiu. O máximo que permite a sua atividade chegar a um resultado que se assemelha à verdade, um conceito aproximativo, baseado muito mais na convicção do juiz de que esse é o ponto mais próximo da verdade que pode atingir do que, propriamente, um critério objetivo [...] é preciso convencer os processualistas de que a descoberta da verdade é mito e de que o processo trabalha (e sempre trabalha, embora veladamente), com a verossimilhança e com a argumentação" (MARINONI, Luiz Guilherme; ARENHART, Sérgio Cruz. *Prova*. São Paulo: RT, 2010, p. 41 e 48-49).

109 "*Tant'è vero che alla domanda se lo scopo del processo civile debba essere quello di tutelare le posizioni sostanziali in gioco o invece quello dell'accertamento della verità, può rispondersi in una sola maniera: e cioè che quello dell'accertamento della verità deve essere il modo attraverso cui il processo raggiunge lo scopo di comporre la lite. Cioè che è indispensabile è che il processo raggiunga tale scopo con rapidità ed efficienza. E del resto questa è la reale esigenza che si deve privilegiare in tempi come questi, in cui la giustizia, per varie ragioni che qui non è possibile menzionare, procede con il passo di tartaruga. Pertanto, fatta salva nel processo civile l'imprescindibile necessità del rispetto del principio dispositivo, che nessun ordinamento che voglia dirsi liberale potrà mai abolire e fatta altresì salva la tutela del contraddittorio, ogni forma processuale che consenta di raggiungere lo scopo in tempo ragionevoli, può considerarsi buona*" (RICCI, Edoardo Flavio. *Il processo civile fra ideologie e quotidianità. Rivista Trimestrale di Diritto e Procedura Civile*. Milão, v. LIX, p. 77-103, 2005, p. 94-95).

110 BELTRÁN, Jordi Ferrer. *Prova e verdade no direito*. Trad. Vitor de Paula Ramos. São Paulo: RT, 2017, p. 66.

111 Conforme citado por Beltrán, um dos autores que exerceram maior influência para o abandono da distinção entre verdade material e verdade forma foi Carnelutti, defendendo que a verdade era única, de forma que, ou a verdade formal coincide com a verdade material, ou não é mais

doutrina trabalha com o conceito de verdade relativa e contextual[112], a chamada *verdade possível*[113].

Independentemente do conceito que se adote, fato é que a finalidade da *prova* é permitir alcançar o conhecimento acerca da verdade dos enunciados fáticos do caso – não necessariamente da verdade dos fatos em si[114]. Contudo, a busca por tal desígnio não pode se dar de maneira desenfreada[115]. Alguns limites devem ser considerados, como a imparcialidade do juiz, o custo e o tempo do processo – afinal de contas, ele precisa terminar[116].

Atualmente, a busca pela verdade precisa ser ressignificada à luz da influência da autonomia privada no processo. Isso porque, além dos elementos frequentemente utilizados para limitar a busca desmedida pela verdade, o atual cenário impõe a observância de mais um fator: a vontade das partes.

---

verdade (BELTRÁN, Jordi Ferrer. *Prova e verdade no direito*. Trad. Vitor de Paula Ramos. São Paulo: RT, 2017, p. 69).

112 Nesse sentido, cf. DIDIER JR., Fredie; BRAGA, Paula Sarno; OLIVEIRA, Rafael Alexandria de. *Curso de direito processual civil: teoria da prova, direito probatório, ações probatórias, decisão, precedente, coisa julgada e antecipação dos efeitos da tutela*. 14 ed. Salvador: Juspodivm, 2019, v. 2, p. 61 e GODINHO, Robson Renault. *Negócios processuais sobre o ônus da prova no novo CPC*. São Paulo: RT, 2015, p. 155.

113 "A tendência atual inclina-se, decididamente, no sentido de libertar o juiz de cadeias formalísticas tanto na avaliação da prova quanto na investigação dos fatos da causa, facilitando a formação de sua convicção com a verdade possível, própria da condição humana, que ganha no domínio processual a dimensão de pura verossimilhança" (OLIVEIRA, Carlos Alberto Álvaro. *Do formalismo no processo civil*. São Paulo: Saraiva, 2. ed., 2003, p. 147-148). Também utiliza o termo verdade possível NEVES, Daniel Amorim Assumpção. *Manual de Direito Processual Civil*. Volume único. 8. Ed. Salvador: Juspodivm, 2016, p. 647-648.

114 Veja-se parte da proposição realizada por Beltrán, que defende haver distinção entre algo "ser verdadeiro" e "ser tido por verdadeiro": "[...] creio que uma boa forma de apresentar o problema da relação entre prova e verdade é esta: a finalidade da prova como instituto jurídico é a de permitir alcançar o conhecimento acerca da verdade dos enunciados fáticos do caso. Quando os meios de prova específicos incorporados ao processo aportam elementos de juízo suficientes a favor da verdade de uma proposição (o que não deve ser confundido com a proposição ser verdadeira), então se pode considerar que a proposição está provada. Nesse caso, o juiz deve incorporar ela a seu raciocínio decisório e tê-la por verdadeira. Em todo caso, poder-se-ia acrescentar que, a posteriori da decisão judicial, uma vez transitada a sentença e salvo exceções, para fins jurídicos o que importará será aquilo que o juiz tiver entendido por verdadeiro, perdendo relevância aquilo que é verdadeiro (caso não coincidirem). Entretanto, esse é um problema unicamente de atribuição de efeitos jurídicos, que não tem relação com a verdade de qualquer proposição" (BELTRÁN, Jordi Ferrer. *Prova e verdade no direito*. Trad. Vitor de Paula Ramos. São Paulo: RT, 2017, p. 79).

115 Apesar de defender que a verdade é a finalidade do processo, Vitor de Paula Ramos assevera que isso não a torna o seu único fim, tampouco justifica sua busca a qualquer preço (RAMOS, Vitor de Paula. *Ônus da prova no processo civil: do ônus ao dever de provar*. 2. ed. São Paulo: RT, 2018, p. 47).

116 OLIVEIRA, Carlos Alberto Álvaro. *Do formalismo no processo civil*. São Paulo: Saraiva, 2. ed., 2003, p. 145-148.

O direito à prova não pode ser visto como um direito fundamental absoluto[117] e irrenunciável[118]. Conforme já dito, provar é um ônus, não um dever da parte; em razão disso, produzir prova é um direito que lhe assiste. Dessa forma, não se pode exigir que a parte, para livrar-se do ônus da prova ou para exercer esse direito, almeje revelar a verdade[119].

Assim, se as partes – maiores interessadas na solução da crise de direito material[120] e profundas conhecedoras do litígio – não se comprometerem com a descoberta da verdade, buscando alcançar objetivos que lhes são mais caros, não cabe ao juiz persegui-la a todo o custo.

Ademais, percebe-se que o próprio sistema processual não parece privilegiar a busca pela verdade, renunciando-a em prol de fatores como a segurança jurídica e a duração razoável do processo.

Isso porque, além das diversas limitações probatórias legais[121] – como no caso do mandado de segurança – e das desonerações probatórias – a exemplo dos arts. 388 e 404 do CPC/15, que autorizam a parte a não prestar depoimento pessoal e a não exibir documentos ou coisas em situações específicas –, o sistema prevê presunções e

117 DIDIER JR., Fredie; BRAGA, Paula Sarno; OLIVEIRA, Rafael Alexandria de. *Curso de direito processual civil*: teoria da prova, direito probatório, ações probatórias, decisão, precedente, coisa julgada e antecipação dos efeitos da tutela. 14 ed. Salvador: Juspodivm, 2019, v. 2, p. 53.

118 Sobre a possibilidade de renúncia a direitos fundamentais, cf. ADAMY, Pedro Augustin. *Renúncia a direito fundamental*. São Paulo: Malheiros, 2011; CABRAL, Antonio do Passo. *Convenções Processuais*. 2 ed. rev., atual. e ampl. Salvador: Juspodivm, 2018, p. 37 e 160; GODINHO, Robson Renault. *Negócios processuais sobre o ônus da prova no novo CPC*. São Paulo: RT, 2015, p. 247-256.

119 Até porque a prova pode lhe ser desfavorável e a parte não tem obrigação de produzir prova contra si, nos termos do art. 379 do CPC/15. Entendimento em contrário, defendendo que não existe no âmbito cível um direito fundamental à não produção de provas contra si mesmo: RAMOS, Vitor de Paula. *Ônus da prova no processo civil: do ônus ao dever de provar*. 2. ed. São Paulo: RT, 2018, p. 114.

120 "É certo que o processo não equivale ao direito privado e que a participação do Estado nesta relação jurídica, de essencialidade social, reclama uma tratativa específica. Todavia, não há de se esquecer que os maiores interessados na solução da relação material posta à decisão são as próprias partes, que podem, sendo o caso, dispor do bem da vida do processo como bem entenderem. É dizer, dependendo da normatização do direito material em questão, podem os sujeitos processuais, caso tenham legitimidade para tanto, dispor do direito afirmado, transacionando, renunciando a ele ou reconhecendo sua existência e cumprindo-o" (MACÊDO, Lucas Buril; PEIXOTO, Ravi de Medeiros. Negócio processual acerca da distribuição do ônus da prova. *Revista de processo*. São Paulo: RT, n. 241, fev. 2015, 463-487).

121 GRECO, Leonardo. Limitações probatórias. *In*: NETTO Fernando Gama de Miranda; MEIRELLES, Delton Ricardo Soares. (Org.). *Direito Processual em debate*. Rio de Janeiro: Eduff, 2011, p. 58.

preclusões[122] que muitas vezes impedem o conhecimento da verdade dos fatos, que é, naturalmente, limitado[123].

Da mesma forma, a previsão de prazo decadencial para a propositura de ação rescisória - inclusive quando a decisão de mérito se fundar em prova falsa - mostra que a legislação privilegia a segurança jurídica em prol da descoberta da verdade.

A possibilidade de utilização do ônus da prova como regra de julgamento da demanda quando o cenário probatório estiver incompleto, também aponta para a despreocupação sistêmica com a busca pela verdade[124]. E, mesmo que o juiz use de poderes instrutórios para determinar a produção de provas em complementação àquelas trazidas pelas partes, isso não significa que a verdade será alcançada, situação que exigirá, ainda assim, a utilização das regras de distribuição do ônus da prova para o julgamento da causa[125].

Demais disso, em se tratando de demanda que verse sobre direitos que admitem autocomposição, parece que a produção da prova e a busca pela verdade interessam muito mais às partes - receptoras do provimento de mérito - do que ao juiz. Interessam ainda menos a terceiros e à sociedade[126], na medida em que não são eles que suportam os ônus temporais e financeiros da prova.

Ademais, a aceitável analogia entre a arbitragem e as convenções processuais em matéria probatória parece desaguar no sentido de

---

122 "Outra importantíssima manifestação da disponibilidade fática é a preclusão da produção de provas para demonstrar a veracidade de uma alegação, criando, mais uma vez, uma *verdade processual*. O caráter teleológico do processo impõe que ele caminhe para frente, extinguindo-se as faculdades processuais não exercidas no momento adequado" (LUCCA, Rodrigo Ramina de. *A Disponibilidade Processual:* os interesses privados das partes diante da natureza pública do processo. Tese de Doutorado. Faculdade de Direito. Universidade de São Paulo, 2018, p. 341).

123 GODINHO, Robson Renault. *Negócios processuais sobre o ônus da prova no novo CPC*. São Paulo: RT, 2015, p. 152.

124 "As regras sobre o ônus da prova e sua distribuição constituem uma inerência do princípio dispositivo. Onde se tivesse um processo puramente inquisitivo, não se cogitaria do *onus probandi*, nem das consequências do seu descumprimento, simplesmente porque ao juiz incumbiria a busca da verdade dos fatos e a cooperação das partes seria pelo menos dispensável e sequer haveria como sancioná-la pela omissão de provar" (DINAMARCO, Cândido Rangel. *A instrumentalidade do processo*. 6ª ed. rev. e ampli. São Paulo: Malheiros, 1998, p. 247-248).

125 GODINHO, Robson Renault. *Negócios processuais sobre o ônus da prova no novo CPC*. São Paulo: RT, 2015, p. 179.

126 Nesse sentido, Marinoni entende que a sociedade e os terceiros também devem ser tidos como destinatários da prova, com o que, em se tratando de processos que versem sobre direitos que admitam autocomposição, não se pode concordar (MARINONI, Luiz Guilherme. *El acuerdo sobre la prueba y los objetivos del proceso civil*. Barcelona: Atelier, 2018, 93-94).

autorizar as partes a interferirem no poder instrutório do magistrado por meio de acordos de procedimento.

Nesse ponto, não se pode esquecer que no procedimento arbitral é dado às partes a possibilidade de interferir nos poderes oficiosos do árbitro, restringindo as provas a serem produzidas no procedimento. Quando pouco, as partes podem substituir o árbitro e eleger outro que respeite a convenção probatória entre elas firmada. E, tendo a sentença arbitral sido equiparada à sentença estatal (art. 515, VII do CPC/15 e art. 18 lei 9.307/96), aponta-se para a inexistência de qualquer preocupação sistêmica no sentido de tornar inválida sentença pautada no não conhecimento de todos os fatos pelo juiz ou da não descoberta da "verdade".

Conclui-se, portanto, que a busca pela verdade não parece ser o único escopo do processo e, certamente, não deve consistir em óbice para o respeito à convenção processual em matéria probatória[127].

127 Adotando o mesmo entendimento: JOBIM, Marco Félix; MEDEIROS, Bruna Bessa De. O impacto das convenções processuais sobre a limitação de meios de prova. *Revista Eletrônica de Direito Processual-REDP*. Vol. 18, ano 11, n. 1. Rio de Janeiro: 2017, p. 325-345.

CONCLUSÃO

A presente pesquisa buscou, inicialmente, investigar os diferentes graus de aceitação da autonomia privada no processo civil em cada um dos modelos de processo adotado ao longo dos anos, verificando-se quais as tendências sobre o tema no âmbito do direito estrangeiro e brasileiro.

Concluiu-se que há uma crescente propensão de abertura do processo civil ao consenso, e que tal inclinação se coaduna com o atual paradigma cooperativo de processo inaugurado pelo CPC/15, que, além de ampliar os poderes do juiz no que tange ao gerenciamento processual, ampliou as hipóteses de convenções processuais típicas e inaugurou cláusula geral de negociação processual atípica.

Em seguida, a fim de adentrar no tema relativo às convenções processuais, traçaram-se apontamentos acerca da teoria dos fatos, atos e negócios jurídicos, tanto no âmbito do direito civil, quanto do processo civil, a fim de conceituar as convenções processuais e, posteriormente, classificá-las em (i) convenções dispositivas e obrigacionais e (ii) em típicas e atípicas.

Após, analisaram-se os requisitos gerais de existência, validade e eficácia das convenções processuais, concluindo-se pela necessária observância dos seguintes limites: (i) agente capaz (capacidade verificada a partir da corregulação entre os requisitos de direito material e de direito processual); (ii) declaração de vontade válida, baseada em consentimento livre e informado; (iii) objeto lícito, possível e determinado ou determinável; (iv) direito substancial passível de autocomposição; (v) respeito à boa-fé objetiva; (vi) forma livre, desde que não prescrita em lei ou pelas partes; (vii) nulidade em caso de inserção abusiva em contrato de adesão; (viii) ausência de manifesta situação de vulnerabilidade de uma das partes (paridade de armas); (ix) a impossibilidade de convencionar acerca das hipóteses em que há reserva de lei para a norma processual; (x) vedação de transferência de custos e externalidades a terceiros e ao Judiciário; (xi) observância da homologação quando prevista pela lei ou pela vontade das partes; (xii) verificação da ocorrência de condição, termo ou encargo contratualmente previstos; e (xiii) observância aos limites subjetivos do negócio jurídico.

Delineados os limites gerais aplicados às convenções processuais, passou-se à verificação acerca da possibilidade de elaboração de convenções em matéria probatória, concluindo-se que, além de serem plenamente admitidas pelo sistema processual brasileiro, podem ser importante instrumento na busca pela efetividade, na medida em que ampliam a participação das partes na condução do processo.

Após se confirmar a possibilidade de realização de convenções processuais probatórias, verificou-se em que medida alguns limites seriam a elas aplicáveis, a saber: a indisponibilidade do direito material envolvido na demanda, a renúncia genérica aos meios de prova e a renúncia geral.

Quanto à indisponibilidade do direito material, concluiu-se que isso não configura óbice automático à realização de convenções processuais, sendo possível a restrição probatória consensual mesmo nas demandas que versem sobre direito indisponível, desde que, no caso concreto, a convenção reforce a proteção a tal direito e facilite o debate, não o dificulte ou o impeça. Defendeu-se que o ponto central não está na restrição probatória em si, mas nas consequências de tal restrição no contexto de demanda que verse sobre direitos indisponíveis.

No que se refere à renúncia genérica, concluiu-se que ela não é, *a priori*, inválida, podendo ser invalidada casuisticamente, a depender da análise do caso concreto, perpassando pela verificação de previsibilidade da situação levada à juízo no ato em que a convenção foi firmada.

No que se refere à renúncia geral à produção de provas, concluiu-se pela invalidade de tais convenções, pois obstam completamente o direito à defesa, criando situação de extrema desvantagem e direcionando o julgamento da demanda.

Além disso, abordaram-se alguns parâmetros extraídos das convenções processuais probatórias típicas a fim de verificar se seriam aplicáveis às convenções atípicas, concluindo-se que a indisponibilidade do direito e a excessiva dificuldade de uma das partes exercitar o direito de defesa nem sempre são limites aplicáveis a todas as convenções probatórias.

Delineados os requisitos a serem observados, passou-se à análise do papel do juiz diante das convenções processuais, concluindo-se que, além de poder ser parte, eventualmente, de uma convenção processual, o magistrado deve exercer o controle de validade e, quando for o caso, homologar as convenções. Além disso, o magistrado deve fomentar o consenso e respeitar as convenções processuais como normas válidas.

Passando-se à investigação do problema central da presente pesquisa, verificaram-se algumas balizas interpretativas, quais sejam: (i) o necessário respeito e fomento ao consenso, (ii) o respeito à máxima *in dubio pro libertate*, (iii) o abandono da ideia de jurisdição apenas como manifestação de poder, (iv) a participação das partes como co-gestoras do processo, (v) o necessário gerenciamento de recursos públicos a fim de prestar um serviço público efetivo, (vi) a interpretação das convenções conforme a vontade das partes, (vii) a subsidiariedade da intervenção judicial e (viii) a excepcionalidade da revisão contratual.

Além das diretrizes acima compiladas – que sinalizam para a vinculação do juiz às convenções processuais probatórias que limitam ou restrinjam os meios de prova – deve-se considerar que as convenções processuais são admitidas apenas em causas que versem sobre direitos que admitem autocomposição e, na mesma medida em que podem desistir da ação ou, em certos casos, renunciar ao próprio direito material, as partes também o poderiam fazer em relação às provas.

Além disso, defendeu-se que, apesar de a lei conceder ao juiz o poder de determinar a produção de provas de ofício, é das partes o ônus da prova – não apenas em seu sentido processual, mas também em sentido financeiro e temporal –, bem como o ônus da prática de atos necessários à sua produção. Assim, não caberia ao Estado, diante de expressa renúncia das partes à prova, determinar a produção de provas de ofício, cujos ônus recairiam apenas sobre os litigantes.

Ademais, pontuou-se que a iniciativa probatória do juiz possui natureza subsidiária e complementar à prova realizada por força do requerimento das partes, razão pela qual a convenção probatória que restringe ou suprime os meios de prova vincula o juiz, na medida em que seu poder não é autônomo, mas decorre do poder das partes de delimitação do objeto litigioso e das provas que pretendem produzir.

Nesse ponto, concluiu-se que a atividade probatória oficiosa do juiz deve respeitar os seguintes parâmetros: (i) o poder instrutório do juiz deve ser complementar à atividade probatória das partes, (ii) deve se restringir aos fatos controvertidos e alegados nos autos, (iii) deve se dar apenas em processos que versem sobre direitos indisponíveis, sob pena de comprometer a isonomia e macular a imparcialidade, (iv) deve ocorrer após oportunizado o exercício efetivo do contraditório, (v) deve se dar mediante decisão fundamentada e (vi) deve considerar *as disposições contidas em eventual convenção probatória.*

Quanto aos pretensos óbices levantados pela doutrina no que tange à prevalência da convenção processual em face dos poderes instrutórios dados ao juiz, verificou-se que eles não subsistem.

O primeiro deles, relacionado à natureza de direito público do processo e à existência de interesses públicos atrelados à solução do litígio, restou afastado na medida em, que justamente por estar inserido no contexto de direito público, o processo deve aderir às tendências de maior abertura ao consenso, garantindo a participação das partes no alcance da mais efetiva solução da crise de direito material.

No que se refere à suposta impossibilidade de negociar sobre poderes de terceiros, não se defende a exclusão do poder conferido ao juiz, mas sim uma releitura de tal poder à luz do modelo cooperativo de processo, que confere às partes maior autonomia na condução do procedimento. Fala-se, então, na possibilidade de negociar o cenário probatório e não de negociar o poder instrutório do juiz.

Ademais, pontuou-se que toda convenção processual repercute, em maior ou menor medida, nos poderes do juiz, a exemplo das convenções processuais típicas que versam sobre matéria probatória. Nesse aspecto, a própria legislação restringe, em diversas oportunidades, os poderes instrutórios do juiz, razão pela qual as convenções representam apenas mais uma forma de limitação de tais poderes, desta vez consensual e, igualmente, prevista em lei.

Por fim, refutou-se o argumento de que os acordos processuais não deveriam prevalecer diante dos poderes instrutórios do juiz em razão da necessária busca pela verdade e do direito fundamental à decisão justa. Isso porque a decisão justa também consiste na prestação de tutela jurisdicional efetiva, adequada e tempestiva, que satisfaça o direito material, na medida em que respeita as garantias fundamentais do processo. E, atualmente, uma das questões a ser considerada para a justiça da decisão é o respeito ao autorregramento da vontade no processo.

Da mesma forma, a busca pela verdade precisa ser ressignificada à luz da influência da autonomia privada no processo, devendo observar um importante fator: a vontade das partes. Ademais, demonstrou-se que a investigação sobre a verdade dos fatos não é o único escopo do processo. Isso porque o próprio sistema processual renuncia à verdade em prol de outros fatores, como a duração razoável do processo e a segurança jurídica, estabelecendo preclusões, limitações probatórias legais, desonerações probatórias, presunções e prazos decadenciais que, não raras vezes, impedem a busca pela "verdade".

Da mesma forma, percebe-se a inexistência de qualquer preocupação sistêmica no sentido de invalidar julgamento pautado no não conhecimento de todos os fatos pelo juiz diante da equivalência entre a sentença estatal e a sentença arbitral, sendo que a última pode ser proferida ainda que haja restrições probatórias impostas pelas partes e, mesmo assim, não é considerada injusta.

Conclui-se, portanto, que, diante de convenção existente, válida e eficaz que limite ou restrinja os meios de prova, cabe ao juiz respeitá-la, abstendo-se de determinar a produção de provas de ofício, julgando o feito com base nas regras atinentes ao ônus da prova.

Foram estas as principais conclusões alcançadas pela pesquisa, sem prejuízo daquelas que foram enunciadas ao longo do trabalho.

REFERÊNCIAS

ABREU, Rafael Sirangelo de. A igualdade e os negócios processuais. *In:* CABRAL, Antonio do Passo; NOGUEIRA, Pedro Henrique (Coord.). *Negócios processuais*. 2. ed. rev. Atual. e ampl. - Salvador: Juspodivm, 2016, p. 281-302.

ADAMY, Pedro Augustin. *Renúncia a direito fundamental*. São Paulo: Malheiros, 2011.

ALBUQUERQUE, Maria do Carmo Seffair Lins de. *O princípio dispositivo, a instrução probatória e aos poderes do juiz*. São Paulo: USP/ Faculdade de Direito, 2014.

ALMEIDA, Diogo Assumpção Rezende de. *Das convenções Processuais no Processo Civil*. Tese de Doutorado em Direito. Rio de Janeiro: Faculdade de Direito da Universidade do Estado do Rio de Janeiro. 2014.

ALMEIDA, Diogo Rezende Assumpção de. As convenções processuais na experiência francesa e no novo CPC. *In:* CABRAL, Antonio do Passo; NOGUEIRA, Pedro Henrique (Coord.). *Negócios processuais*. 2. ed. rev. Atual. e ampl. - Salvador: Juspodivm, 2016, p. 333-356.

ALVES, Tatiana Machado. *Gerenciamento processual no novo CPC*: mecanismos para gestão cooperativa da instrução. Salvador: Juspodivm, 2019.

ALVES, Tatiana Machado. Ensaio sobre a classificação das convenções probatórias. *In:* CABRAL, Antonio do Passo; NOGUEIRA, Pedro Henrique (Coord.). *Negócios processuais*. Tomo II. Salvador: Juspodivm, 2020, p. 327-338.

ALVIM, Arruda. Questões controvertidas sobre os poderes instrutórios do juiz, a distribuição do ônus probatório e a preclusão *pro judicato* em matéria de prova. *In*: DIDIER JR., Fredie; NALINI, José Renato; RAMOS, Glauco Gumerato; LEVY, Wilson (Coord.). *Ativismo judicial e garantismo processual*. Salvador: Juspodivm, 2013.

ALVIM, Arruda. *Direito Processual Civil*. 4. ed. rev., atual. e ampl. São Paulo: RT, 2012.

AMARAL, Paulo Osternack. *Provas*: atipicidade, liberdade e instrumentalidade. São Paulo: RT, 2017.

AMBI, Eduardo; NEVES, Aline Regina das. Flexibilização procedimental no novo Código de Processo Civil. *In*: DIDIER JR, Fredie (Coord.). *Coleção novo CPC doutrina selecionada*: parte geral. Salvador: Juspodivm, v. 1, 2015.

AMRANI-MEKKI, Soraya. *Le temps et le procès civil*. Paris: Dalloz, 2002.

ANDRADE, Érico. *O Mandado de Segurança:* A busca da verdadeira especialidade: proposta de releitura à luz da efetividade do processo. Rio de Janeiro: Lumen Juris, 2010.

ANDRADE, Érico. A "Contratualização" do Processo. *In*: THEODORO JUNIOR, Humberto (Coord.). JAYME, Fernando Gonzaga; GONÇALVES, Gláucio Maciel; FARIA, Juliana Cordeiro de; FRANCO, Marcelo Veiga; ARAÚJO, Mayara de Carvalho; CREMASCO, Suzana Santi (Org.). *Processo Civil Brasileiro:* Novos Rumos a partir do CPC/2015. Belo Horizonte: Del Rey, 2016, p. 47-65.

ANDRADE, Érico. As novas perspectivas do gerenciamento e da "contratualização" do processo. *Revista de processo*, São Paulo: RT, ano 35, nº 193, 2011, p. 167-200.

ANDRADE, Érico. A atuação judicial e o contraditório: o art. 10 do CPC/2015 e as consequências da sua violação. *Revista de Processo*, n. 283, São Paulo: Ed. RT, set/2018, p. 55-106.

ANDRADE, Érico. Gestão processual flexível, colaborativa e proporcional: a importância dos negócios processuais para a implementação das novas tendências no CPC/2015. *In:* CABRAL, Antonio do Passo; NOGUEIRA, Pedro Henrique (Coord.). *Negócios processuais*. Tomo II. Salvador: Juspodivm, 2020, p. 55-85.

ASCENSÃO, José de Oliveira. *Direito Civil* – Teoria Geral. Coimbra: Coimbra, v. 2, 1999.

ATAÍDE JÚNIOR, Jaldemiro Rodrigues de. Negócios jurídicos materiais e processuais – existência, validade e eficácia – campo-invariável e campos-dependentes: sobre os limites dos negócios jurídicos processuais. *In:* CABRAL, Antonio do Passo; NOGUEIRA, Pedro Henrique (Coord.). *Negócios processuais*. 2. ed. rev. Atual. e ampl. - Salvador: Juspodivm, 2016, p. 255-280.

AVELINO, Murilo Teixeira. A posição do magistrado em face dos negócios jurídicos processuais – já uma releitura. *In:* CABRAL, Antonio do Passo; NOGUEIRA, Pedro Henrique (Coord.). *Negócios processuais*. 2. ed. rev. Atual. e ampl. - Salvador: Juspodivm, 2016, p. 367-390.

AZEVEDO, Antônio Junqueira. *Negócio jurídico*: existência, validade e eficácia. 4ª ed. atual. de acordo com o novo Código Civil (Lei n. 10.406, de 10-1-2002). São Paulo: Saraiva, 2002.

BARREIROS, Lorena Miranda. *Convenções processuais e poder público*. Salvador: Juspodivm, 2016.

BEDAQUE, José Roberto dos Santos. *Poderes Instrutórios do Juiz*. 2 ed. rev. e ampl. São Paulo: RT, 1994.

BEDAQUE, José Roberto dos Santos. *Efetividade do processo e técnica processual*. 3 ed. São Paulo: Malheiros, 2010.

BELTRÁN, Jordi Ferrer. *Prova e verdade no direito*. Trad. Vitor de Paula Ramos. São Paulo: RT, 2017.

BIAVATI, Paolo. Flexibilidade, simplificação e gestão do processo civil: A perspectiva Italiana. *In*: ZUFELATO, Camilo; BONATO, Giovanni; SICA, Heitor Vitor Mendonça; CINTRA, Lia Carolina Batista (Org.). *I Colóquio Brasil-Itália de direito processual civil*. Salvador: Juspodivm, 2016, p. 225-243.

BONIZZI, Marcelo José Magalhães. *Fundamentos da Prova Civil*: teoria geral da prova e provas em espécie segundo o novo CPC. São Paulo: RT, 2017.

BRAGA, Paula Sarno. Primeiras reflexões sobre uma teoria do fato jurídico processual: plano da existência. *Revista de Processo*. Disponível em https://www.google.com/url?sa=t&rct=j&q=&esrc=s&source=web&cd=1&cad=rja&uact=8&ved=2ahUKEwi30pid2e_lAhWELLkGHVONAP4QFjAAegQIARAC&url=https%3A%2F%2Fwww.unifacs.br%2Frevistajuridica%2Farquivo%2Fedicao_maio2008%2Fdocente%2Fdoc2.doc&usg=AOvVaw0sUu3R8H91dWfQVJL6gQHd. Acesso em 10/09/2019.

CABRAL, Antonio do Passo. A resolução nº 118 do Conselho Nacional do Ministério Público e as convenções processuais. *In*: CABRAL, Antonio do Passo; NOGUEIRA, Pedro Henrique (Coord.). *Negócios processuais*. 2. ed. rev. Atual. e ampl. - Salvador: Juspodivm, 2016, p. 677-693.

CABRAL, Antonio do Passo. *Convenções Processuais*. 2 ed. rev., atual. e ampl. Salvador: Juspodivm, 2018.

CABRAL, Antonio do Passo. O papel do juiz diante das convenções processuais. *In*: CABRAL, Antonio do Passo; NOGUEIRA, Pedro Henrique (Coord.). *Negócios processuais*. Tomo II. Salvador: Juspodivm, 2020, p. 137-158.

CABRAL, Antonio do Passo. Convenções sobre os custos da litigância (I): admissibilidade, objeto e limites. *Revista de processo*, n. 277. São Paulo: Ed. RT, mar. 2018, p. 47-78.

CABRAL, Antonio do Passo. *Nulidades no processo moderno:* contraditório, proteção da confiança e validade prima facie dos atos processuais. Rio de Janeiro: Forense, 2ª Ed., 2010.

CABRAL, Antonio do Passo. Teoria das nulidades processuais no direito contemporâneo. *Revista de Processo* n. 255, São Paulo: RT, mai. 2016, p. 117-140.

CABRAL, Antonio do Passo; NOGUEIRA, Pedro Henrique (Coord.). *Negócios processuais*. 2. ed. rev. Atual. e ampl. - Salvador: Juspodivm, 2016.

CABRAL, Trícia Navarro Xavier. Reflexos das convenções em matéria processual nos atos judiciais. *In*: CABRAL, Antonio do Passo; NOGUEIRA, Pedro Henrique (Coord.). *Negócios processuais*. 2. ed. rev. Atual. e ampl. - Salvador: Juspodivm, 2016, p. 303-332.

CABRAL, Trícia Navarro Xavier. *Limites da liberdade processual*. Indaiatuba: Editora Foco, 2019.

CADIET, Loïc. *Perspectivas sobre o Sistema de Justiça Civil Francesa – Seis Lições Brasileiras*. São Paulo: RT, 2017.

CADIET, Loïc. Les conventions relatives au procès en droit français sur la contractualisation du règlement des litiges. *Revista de Processo*. São Paulo: RT, n. 160, 2008, p. 61-82.

CALAMANDREI, Piero. *Direito Processual Civil*. v. I. Campinas: Bookseller, 1999.

CALMON DE PASSOS, José Joaquim. *Esboço de uma teoria das nulidades aplicada às nulidades processuais*. Rio de Janeiro: Forense, 2002.

CÂMARA, Alexandre Freitas. *Lições de direito processual civil*. 25. ed., São Paulo: Atlas, v. 1, 2014.

CÂMARA, Alexandre Freitas. *O novo processo civil brasileiro*. 3 ed. São Paulo: Atlas, 2017.

CAMBI, Eduardo. *A prova civil. Admissibilidade e relevância*. São Paulo: RT, 2006.

CANELLA, Maria Giulia. Gli accordi processuali francesi volti alla “regolamentazione collettiva” del processo civile. In: *Rivista Trimestrale di Diritto e Procedura Civile*, 2010, p. 549-580.

CAPPELLETTI, Mauro, e GARTH, Bryant. *Acesso à Justiça*. Trad. Ellen Gracie Northflleet. Porto Alegre, Fabris: 1988.

CAPONI, Remo. O princípio da proporcionalidade na justiça civil: primeiras notas sistemáticas. *Revista de processo*. São Paulo: RT, n. 192, fev. 2011, p. 397-415.

CAPONI, Remo. Autonomia privata e processo civile: gli accordi processuale. *In:* CABRAL, Antonio do Passo; NOGUEIRA, Pedro Henrique (Coord.). *Negócios processuais*. 2. ed. rev. Atual. e ampl. - Salvador: Juspodivm, 2016, p. 205-219.

CARNELUTTI, Francesco. *Istituzioni del nuovo processo civile italiano*. Roma: Il Foro Italiano, 2ª Ed., 1941.

CARNELUTTI, Francesco. *Sistema di diritto processuale civile*, Padova: CEDAM, v. 1, 1936.

CARVALHO, Jorge Morais. *Os limites à liberdade contratual*. Lisboa: Almedina, 2017.

CARVALHO, Orlando de. *Teoria Geral do Direito Civil*. 3. ed. Coimbra: Ed. Coimbra, 2012.

CASTRO, Torquato. *Teoria da situação jurídica em direito privado nacional*. São Paulo: Saraiva, 1985.

CHATEAUBRIAND FILHO, Hindemburgo. *Negócio de acertamento*: uma abordagem histórico-dogmática. Belo Horizonte: Del Rey, 2004.

CHIOVENDA, Giuseppe. *Principios de derecho procesal civil*. Jose Casais y Santaló. Tomo II. Madrid: Instituto Editorial Reus, 2000.

CINTRA, Antônio Carlos de Araújo; DINAMARCO, Cândido Rangel; GRINOVER, Ada Pellegrini. *Teoria geral do processo*. 15 ed., São Paulo: Malheiros, 1999.

CIPRIANI, Franco. Il processo civile nello Stato democratico. *In*: *Il Processo Civile nello Stato Democratico*. Napoli: Edizioni Scientifiche Italiane, 2010.

COMOGLIO, Luigi Paolo. *Le prove civili*. 2. ed. Torino: Utet, 2004.

COSTA, Adriano Soares da. Para uma teoria dos fatos jurídicos processuais. *Revista de Processo* n. 270. São Paulo: Ed. RT, ago. 2017.

COSTA, Eduardo José da Fonseca. Calendarização processual. *In*: CABRAL, Antonio do Passo; NOGUEIRA, Pedro Henrique (Coord.). *Negócios processuais*. 2. ed. rev. Atual. e ampl. - Salvador: Juspodivm, 2016, p. 477-493.

COSTA, Eduardo José da Fonseca. *Breves meditações sobre o devido processo legal*. Disponível em: https://emporiododireito.com.br/leitura/abdpro-15-breves-meditacoes-sobre-o-devido-processo-legal. Acesso em 16/12/2019.

COSTA, Marília Siqueira da. *Convenções processuais sobre intervenção de terceiros*. Salvador: Juspodivm, 2018.

CREVELD, Martin Van. *Ascensão e declínio do Estado*. São Paulo: Martins Fontes, 2004.

CUEVA, Ricardo Villas Bôas. Flexibilização do procedimento e calendário processual no novo CPC. *In*: CABRAL, Antonio do Passo; NOGUEIRA, Pedro Henrique (Coord.). *Negócios processuais*. 2. ed. rev. Atual. e ampl. - Salvador: Juspodivm, 2016, p. 495-507.

CUNHA, Leonardo Carneiro da. Negócios jurídicos processuais no processo civil brasileiro. *In*: CABRAL, Antonio do Passo; NOGUEIRA, Pedro Henrique (Coords.). *Negócios processuais*. 2. ed. rev. Atual. e ampl. - Salvador: Juspodivm, 2016, p. 39-74.

CUNHA, Leonardo Carneiro da. Calendário Processual: negócio típico previsto no art. 191 do CPC. *In*: MARCATO, Ana; GALINDO, Beatriz; GÓES, Gisele Fernandes; BRAGA, Paula Sarno; APRIGLIANO, Ricardo; NOLASCO, Rita Dias (Coord.). *Negócios Processuais*. Salvador: Juspodivm, 2017, p. 299-311.

CUNHA, Leonardo Carneiro. *A atendibilidade dos fatos superveniente no processo civil:* uma análise comparativa entre o sistema português e o brasileiro. Coimbra: Almedina, 2012.

DAVIS, Kevin E.; HERSHKOFF, Helen. Contracting for procedure. *In*: CABRAL, Antonio do Passo; NOGUEIRA, Pedro Henrique (Coord.). *Negócios processuais*. 2. ed. rev. Atual. e ampl. - Salvador: Juspodivm, 2016, p. 143-190.

DIDIER JR. Fredie. Produção antecipada da prova. *In*: MACÊDO, Lucas Buril de; PEIXOTO, Ravi; FREIRE, Alexandre. *Processo de Conhecimento – Provas*. Salvador: Juspodivm, 2015.

DIDIER JR., Fredie. *Curso de direito processual civil*. 17 ed. Salvador: Juspodivm, v. 1, 2015.

DIDIER JR., Fredie. *Ensaios sobre os Negócios Jurídicos Processuais*. Salvador: Juspodivm, 2018.

DIDIER JR., Fredie; BRAGA, Paula Sarno; OLIVEIRA, Rafael Alexandria de. *Curso de direito processual civil:* teoria da prova, direito probatório, ações probatórias, decisão, precedente, coisa julgada e antecipação dos efeitos da tutela. 14 ed. Salvador: Juspodivm, 2019, v. 2.

DIDIER JR., Fredie; NOGUEIRA, Pedro Henrique Pedrosa. *Teoria dos fatos jurídicos processuais*. Salvador: Juspodivm, 2ª ed., 2012.

DIDIER JR., Fredie; CABRAL, Antonio do Passo; CUNHA, Leonardo Carneiro da. *Por uma nova teoria dos procedimentos especiais* – dos procedimentos às técnicas. Salvador: Juspodivm, 2018.

DIDIER JR., Fredie. Sobre dois importantes, e esquecidos, princípios do processo: adequação e adaptabilidade do procedimento. Disponível em http://www.abdpc.org.br/abdpc/artigos/fredie%20didier_3_-%20 formatado.pdf. Acesso em 15/11/2019.

DIDIER JR., Fredie. Princípio do respeito ao autorregramento da vontade no processo civil. *In*: CABRAL, Antonio do Passo; NOGUEIRA, Pedro Henrique (Coord.). *Negócios Processuais*. 2 ed. rev., atual. e ampl. - Salvador: Juspodivm, 2016, p. 31-37.

DINAMARCO, Cândido Rangel. *Instituições de direito processual civil*. 6. ed. rev. e atual, v. II, São Paulo: Malheiros, 2009.

DINAMARCO, Cândido Rangel. *Instituições de direito processual civil*. 6. ed. rev. e atual, v. III, São Paulo: Malheiros, 2009.

DINAMARCO, Cândido Rangel. *A instrumentalidade do processo*. 6ª ed. rev. e ampli. São Paulo: Malheiros, 1998.

DINAMARCO, Cândido Rangel; LOPES, Bruno Vasconcelos Carrilho. *Teoria geral do novo processo civil*. São Paulo: Malheiros, 2016.

DOTTI, Rogéria; LUNARDI, Thais A. Paschoal. Evidência negociada e poderes instrutórios do juiz. In: DIDIER JR., Fredie; JOBIM, Marco Félix; FERREIRA, William Santos (Coord.). *Direito Probatório*. 3. ed. rev., e ampl. – Salvador: Juspodivm, 2018.

DUARTE, Antônio Aurélio Abi Rama. *O novo código de processo civil, os negócios processuais e a adequação procedimental*. Disponível em: http://www.tjrj.jus.br/documents/10136/30191/novo-codigo-processo-civil--negocios-adeguacao-procedimental.pdf. Acesso em: 01/04/2019.

ECHANDÍA, Hernando Devis. *Teoria general de la prueba judicial*. Tomo I. 5ª ed. Bogotá: Temis, 2002.

ECHANDÍA, Hernando Devis. *Teoria General del Proceso - Aplicable a toda clase de procesos*. Buenos Aires: Editorial Universidad, 1997.

ESTORNINHO, Maria João. *A fuga para o direito privado: contributo para o estudo da actividade de direito privado da Administração Pública*. Coimbra: Almedina, 1999.

FARIA, Guilherme Henrique Lage. *Negócios Processuais no modelo constitucional de processo*. Salvador: Juspodivm, 2016.

FARIA, Juliana Cordeiro de; MARX NETO, Edgard Audomar. Negócios jurídicos processuais unilaterais? *In:* CABRAL, Antonio do Passo;

NOGUEIRA, Pedro Henrique (Coord.). *Negócios processuais*. Tomo II. Salvador: Juspodivm, 2020, p. 111-135.

FARIA, Marcela Kohlbach de. Vinculación del juez a las convenciones en materia de prueba. *In*: NOGUEIRA, Pedro Henrique; CAVANI, Renzo (Coord.). *Convenciones procesales: estudios sobre negocio jurídico y proceso*. Lima: Raguel, 2015.

FENNOL, Jordi Nieva; BELTRÁN, Jordi Ferrer; GIANNINI, Leandro J. *Contra la carga de la prueba*. Madrid: Marcial Pons, 2019.

FERRADEIRA, Mariana. A prova emprestada como objeto de negócio jurídico processual. *In*: MARCATO, Ana; GALINDO, Beatriz; GÓES, Gisele Fernandes; BRAGA, Paula Sarno; APRIGLIANO, Ricardo; NOLASCO, Rita Dias (Coord.). *Negócios Processuais:* coletânea mulheres no processo civil brasileiro. Salvador: Juspodivm, 2017, p. 387-408.

FERRAJOLI, Luigi. *Los fundamentos de los derechos fundamentales*. Madrid: Editorial Trotta, 2001.

FERRI, Luigi. *La autonomia privada*. Trad. Luis Sancho Mendizabal. Madrid: Granada, 2001.

FILHO, Vicente Greco. *Direito Processual Civil Brasileiro*.17 ed. São Paulo: Saraiva, v. 1, 2003.

FIUZA, César. Contratos Empresariais e negócios processuais. *In*: PERUCCI, Felipe Falconi; MAIA, Felipe Fernandes Ribeiro; LEROY, Guilherme Costa (Org.). *Os impactos do novo CPC no direito empresarial*. Belo Horizonte: D'Plácido, 2017, p. 29-49.

FRANCO, Marcelo Veiga. *O processo justo como fundamento de legitimidade da jurisdição*. Dissertação de mestrado. Universidade Federal de Minas Gerais, Faculdade de Direito. 2012.

GAJARDONI, Fernando da Fonseca; DELLORE, Luiz; ROQUE, André Vasconcelos; OLIVEIRA JR., Zulmar Duarte de. *Teoria Geral do Processo:* Comentários ao CPC de 2015. Rio de Janeiro: Forense, 2015.

GAJARDONI, Fernando da Fonseca. Os princípios da adequação e da adaptabilidade (flexibilidade) procedimental na teoria geral do processo. *In*: ZUFELATO, Camilo; YARSHELL, Flávio Luiz. *40 anos da Teoria Geral do Processo no Brasil*. São Paulo: Malheiros, 2013, p. 305-325.

GODINHO, Robson Renault. A autonomia das partes e os poderes do juiz entre o privatismo e o publicismo do processo civil brasileiro. *Civil Procedure Review*, v. 4, n. 1, jan-abr. 2013.

GODINHO, Robson Renault. Reflexões sobre os poderes instrutórios do juiz: o processo não cabe no "leito do Procusto". *Revista de processo* n. 235. São Paulo: RT, 2014.

GODINHO, Robson Renault. A possibilidade de negócios jurídicos processuais atípicos em matéria probatória. *In*: CABRAL, Antonio do Passo; NOGUEIRA, Pedro Henrique (Coord.). *Negócios processuais*. 2. ed. rev. Atual. e ampl. - Salvador: Juspodivm, 2016, p. 545-554.

GODINHO, Robson Renault. *Negócios processuais sobre o ônus da prova no novo CPC*. São Paulo: RT, 2015.

GÓES, Gisele Santos Fernandes. *Proposta de sistematização das questões de ordem pública processual e substancial*. Tese (Doutorado) – Pontifícia Universidade Católica, São Paulo, 2007.

GÓES, Gisele Santos Fernandes. Distribuição convencional do ônus da prova. *In*: MARCATO, Ana; GALINDO, Beatriz; GÓES, Gisele Fernandes; BRAGA, Paula Sarno; APRIGLIANO, Ricardo; NOLASCO, Rita Dias (Coord.). *Negócios Processuais*. Salvador: Juspodivm, 2017, p. 203-218.

GONÇALVES, Gláucio Maciel; BRITO, Thiago Carlos de Souza. Gerenciamento dos processos judiciais: notas sobre a experiência processual civil na Inglaterra pós-codificação. *Revista da Faculdade de Direito UFMG*. Belo Horizonte, n. 66, jan/jun, 2015, p. 291-326.

GRECO, Leonardo. Os atos de disposição processual – primeiras reflexões. *In*: MEDINA, José Miguel Garcia et al. (Coord.). *Os poderes do juiz e o controle das decisões judiciais:* estudos em homenagem à professora Teresa Arruda Alvim Wambier. São Paulo: RT, 2008.

GRECO, Leonardo. Os atos de disposição processual – primeiras reflexões. Rio de Janeiro: *Revista Quaestio Iuris*, v. 4, n. 1, 2007, p. 720-746.

GRECO, Leonardo. Limitações probatórias. *In*: NETTO Fernando Gama de Miranda; MEIRELLES, Delton Ricardo Soares. (Org.). *Direito Processual em debate*. Rio de Janeiro: Eduff, 2011.

GRECO, Leonardo. *Instituições de processo civil:* introdução ao direito processual civil. 5. ed. rev., atual. e ampl. Rio de Janeiro: Forense, v. 1, 2015.

GRECO, Leonardo. *Instituições de processo civil:* introdução ao direito processual civil. 3. ed. rev., atual. e ampl. Rio de Janeiro: Forense, v. 2, 2015.

GRINOVER, Ada Pellegrini. *Ensaio sobre a processualidade:* fundamentos para uma nova teoria geral do processo. Brasília: Gazeta Jurídica, 2016.

GRINOVER, Ada Pellegrini. Conferência sobre arbitragem na tutela dos direitos difusos e coletivos. *Revista de Processo*. São Paulo: RT, n. 136, jun/2006, p. 249-267.

GRINOVER, Ada Pellegrini. *O Processo constitucional em marcha*. São Paulo: Max Limonad, 1985.

GRINOVER, Ada Pellegrini. Verdade real e verdade formal?: um falso problema. *In*: PEREIRA, Flavio Cardoso (Coord.). *Verdade e prova no processo penal: estudo em homenagem ao professor Michele Taruffo*. Brasília: Gazeta Jurídica, 2016.

JAYME, Fernando Gonzaga; FRANCO, Marcelo Veiga. O princípio do contraditório no projeto do novo código de processo civil. *Revista de Processo*. São Paulo: RT, n. 227, 2014, p. 335-359.

JOBIM, Marco Félix; MEDEIROS, Bruna Bessa De. O impacto das convenções processuais sobre a limitação de meios de prova. *Revista Eletrônica de Direito Processual – REDP*. Vol. 18, ano 11, n. 1. Rio de Janeiro: 2017, p. 325-345.

JUNOY, Joan Picó i. *O juiz e a prova: estudo da errônea recepção do brocardo iudex iudicare debet secundum allegata et probata, non secundum conscientiam e sua repercussão atual*. Tradução de Darci Guimarães Ribeiro. Porto Alegre: Livraria do Advogado, 2015.

KERN, Cristoph A. Procedural contracts in Germany. *In*: CABRAL, Antonio do Passo; NOGUEIRA, Pedro Henrique (Coord.). *Negócios processuais*. 2. ed. rev. Atual. e ampl. - Salvador: Juspodivm, 2016, p. 191-203.

LIMA, Marcellus Polastri; DIAS, Luciano Souto, Reflexões e proposições sobre a audiência de saneamento compartilhado no Código de Processo Civil de 2015. *Revista de Processo*. São Paulo: RT, n. 268, jun/2017, p. 71-97.

LUCCA, Rodrigo Ramina de. *A Disponibilidade Processual:* os interesses privados das partes diante da natureza pública do processo. Tese de Doutorado. Faculdade de Direito. Universidade de São Paulo, 2018.

LUCCA, Rodrigo Ramina de. Liberdade, autonomia e convenções processuais. *In*: CABRAL, Antonio do Passo; NOGUEIRA, Pedro Henrique (Coord.). *Negócios processuais*. Tomo II. Salvador: Juspodivm, 2020, p. 21-54.

LUCON, Paulo Henrique dos Santos. Capítulo XII. Das Provas. *In*: CABRAL, Antonio do Passo; CRAMER, Ronaldo (Coord.). *Comentários ao novo Código de Processo Civil*. Rio de Janeiro: Forense, 2015.

LUPOI, Michele Angelo. *Tra flessibilità e semplificazione* – Un embrione di case management all'italiana? Bologna: Bononia *University Press*, 2018.

MACÊDO, Lucas Buril; PEIXOTO, Ravi de Medeiros. Negócio processual acerca da distribuição do ônus da prova. *Revista de processo*. São Paulo: RT, n. 241, fev. 2015, p. 463-487.

MARINONI, Luiz Guilherme. *El acuerdo sobre la prueba y los objetivos del proceso civil*. Barcelona: Atelier, 2018, p. 79-104.

MARINONI, Luiz Guilherme; ARENHART, Sérgio Cruz. *Prova*. São Paulo: RT, 2010.

MARINONI, Luiz Guilherme; ARENHART, Sérgio Cruz; MITIDIERO, Daniel. *Novo código de processo civil comentado*. São Paulo: RT, 2015.

MARTEL, Letícia de Campos Velho. *Direitos fundamentais indisponíveis:* limites e padrões do consentimento para a autolimitação do direito à vida. Tese de Doutorado, UERJ, 2010, Disponível em: http://pct.capes.gov.br/teses/2010/31004016015P4/TES.PDF. Acesso em: 03/01/2020.

MELLO, Marcos Bernardes de. *Teoria do fato jurídico*: plano da existência. 18. ed. São Paulo: Saraiva, 2012.

MELLO, Marcos Bernardes de. *Teoria do fato jurídico:* plano da eficácia – 1ª parte. São Paulo: Saraiva, 2011.

MELLO, Marcos Bernardes de. *Teoria do fato jurídico:* plano da validade. 7ª ed. São Paulo: Saraiva, 2006.

MIRANDA, Pontes de. *Tratado de Direito Privado*, II. São Paulo: RT, 1974.

MIRANDA, Pontes de. *Tratado de Direito Privado*, IV. Rio de Janeiro: Borsoi, 1954.

MITIDIERO, Daniel. *Colaboração no processo civil*: pressupostos sociais, lógicos e éticos. São Paulo: RT, 2009.

MITIDIERO, Daniel. Processo justo, colaboração e ônus da prova. Revista do Tribunal Superior do Trabalho, São Paulo, v. 78, n. 1, p. 67-77, jan./mar. 2012. Disponível em: https://juslaboris.tst.jus.br/bitstream/handle/20.500.12178/29621/003_mitidiero.pdf?sequence=4&isAllowed=y. Acesso em 02/04/2019.

MITIDIERO, Daniel. *Comentários ao Código de Processo Civil*. São Paulo: Memória Jurídica, 2005, t. 2.

MOREIRA, José Carlos Barbosa. *Convenções das partes sobre matéria processual*. Temas de direito processual, 3ª série, São Paulo: Saraiva, 1984, p. 87-98.

MOREIRA, José Carlos Barbosa. *Os poderes do juiz na direção e na instrução do processo*. Temas de direito processual, 4ª série, São Paulo: Saraiva, 1989.

MOREIRA, José Carlos Barbosa. *Temas de direito processual*: 9ª série. São Paulo: Saraiva, 2007.

MOREIRA, Victória Hoffmann; PEIXOTO, Juliene de Souza Peixoto. Negócios jurídicos processuais e os poderes instrutórios do juiz. *In*: MARCATO, Ana; GALINDO, Beatriz; GÓES, Gisele Fernandes; BRAGA, Paula Sarno; APRIGLIANO, Ricardo; NOLASCO, Rita Dias (Coord.). *Negócios Processuais*: coletânea mulheres no processo civil brasileiro. Salvador: Juspodivm, 2017, p. 609-630.

MÜLLER, Julio Guilherme. O acordo processual e a gestão compartilhada do procedimento. *In*: FREIRE, Alexandre; DANTAS, Bruno; NUNES, Dierle; DIDIER JR., Fredie; MEDINA, José Miguel Garcia; FUX, Luiz; CAMARGO, Luiz Henrique Volpe; OLIVEIRA, Pedro Miranda de (Coord.) *Novas tendências do processo civil*: estudos sobre o projeto do novo Código de Processo Civil. Salvador: Juspodivm, 2014, v. 3, p. 147-159.

MÜLLER, Julio Guilherme. *Negócios processuais e desjudicialização da produção da prova:* análise econômica e jurídica. São Paulo: RT, 2017.

io

NERY JR., Nelson. Ações de indenização fundadas no uso de tabaco. Responsabilidade civil pelo fato do produto: julgamento antecipado da lide. Ônus da prova e cerceamento de defesa. Responsabilidade civil e seus critérios de imputação. Autonomia privada e dever de informar. Autonomia privada e risco social. Situações de agravamento voluntário do risco. *In*: LOPEZ, Teresa Ancona (Coord.). *Estudos e pareceres sobre livre-arbítrio, responsabilidade e produto de risco inerente.* O paradigma do tabaco. Aspectos civis e processuais. Rio de Janeiro: Renovar, 2009.

NEVES, Daniel Amorim Assumpção. *Manual de Direito Processual Civil.* Volume único. 8. Ed. Salvador: Juspodivm, 2016.

NOGUEIRA, Pedro Henrique. *Negócios jurídicos processuais.* 2 ed. rev., ampl e atual. Salvador: Juspodivm, 2016.

NUNES, Dierle José Coelho. *Processo jurisdicional democrático.* Curitiba: Jaruá, 2008.

OLIVEIRA, Carlos Alberto Álvaro. *Do formalismo no processo civil.* São Paulo: Saraiva, 2. ed., 2003.

OLIVEIRA, Paulo Mendes de. Negócios processuais e o duplo grau de jurisdição. *In*: CABRAL, Antonio do Passo; NOGUEIRA, Pedro Henrique (Coord.). *Negócios Processuais*. 2 ed. rev., atual. e ampl. - Salvador: Juspodivm, 2016, p.555-580.

PASSOS, Calmon. *Comentários ao Código de Processo Civil*. 9. ed. Rio de Janeiro: Forense, v. 3, 2005.

PEREIRA, Caio Mário da Silva. *Instituições de Direito Civil*. 23 ed. Rio de Janeiro: Forense, v. 1, 2009.

PEREIRA, Caio Mário da Silva. *Instituições de Direito Civil*. 17 ed. Rio de Janeiro: Forense, v. 3, 2013.

PEREIRA, Lara Dourado Mapurunga. As presunções como objeto de negócios jurídicos processuais. *In:* CABRAL, Antonio do Passo; NOGUEIRA, Pedro Henrique (Coord.). *Negócios processuais*. Tomo II. Salvador: Juspodivm, 2020, p. 339-361.

PEREIRA, Lara Dourado Mapurunga. *Negócios jurídicos processuais sobre presunções*. Salvador: Juspodivm, 2020.

PEZZANI, Titina Maria. *Il regime convenzionale delle prove*. Milão: Giuffrè, 2009.

PINTO, Paulo Mota. *Declaração tácita e comportamento concludente no negócio jurídico*. Coimbra: Almedina, 2005.

PISANI, Andrea Proto. Pubblico e privato nel processo civile. *Revista de Processo*. São Paulo: RT, n. 207, 2012.

PONTE, Marcelo Dias; ROMÃO, Pablo Freire. Negócio jurídico processual e flexibilização do procedimento: as influências da autonomia privada no paradigma publicista do direito processual civil. *Revista eletrônica de Direito Processual* – REDP, v. 16, 2015.

PONTES DE MIRANDA, Francisco Cavalcanti. *Tratado de Direito Privado*. 4. ed. São Paulo: RT, 1974. t. III.

PUNZI, Carmine. Dalla crisi del monopolio statale della giurisdizione al superamento dell'alternativa contrattualità – giurisdizionalità della'arbitrato. *Rivista di Diritto Processuale*, n. 1, jan-fev, 2014.

RAATZ, Igor. *Autonomia privada e processo:* liberdade, negócios jurídicos processuais e flexibilização procedimental. 2ª ed. rev., atual. e ampl. - Salvador: Juspodivm, 2019.

RAMOS, Vitor de Paula. *Ônus da prova no processo civil:* do ônus ao dever de provar. 2. ed. São Paulo: RT, 2018.

RANGEL, Rui Manoel de Freitas. *O ônus da prova no processo civil*. 2ª ed. Coimbra: Almedina, 2002.

REDONDO, Bruno Garcia. Negócios processuais: necessidade de rompimento radical com o sistema do CPC/1973 para a adequada compreensão da inovação do CPC/15. *In:* CABRAL, Antonio do Passo; NOGUEIRA, Pedro Henrique (Coord.). *Negócios processuais*. 2. ed. rev. Atual. e ampl. - Salvador: Juspodivm, 2016, p. 357-366.

REDONDO, Bruno Garcia. Negócios jurídicos processuais. *In*: WAMBIER, Luiz Rodrigues; WAMBIER, Teresa Arruda Alvim (Coord.). *Temas essenciais do novo CPC*: análise das principais alterações do sistema processual civil brasileiro. São Paulo: RT, 2016, p. 227-236.

REDONDO, Bruno Garcia. Negócios jurídicos processuais: existência, validade e eficácia. *In*: LUCON, Paulo Henrique dos Santos; OLIVEIRA, Pedro Miranda de (Coord.). *Panorama atual do novo CPC*. Florianópolis: Empório do Direito, 2016.

RETES, Tiago Augusto Leite. *Convenções processuais sobre recursos*. Rio de Janeiro: Lumen Juris, 2019.

RIBEIRO, Sérgio Luiz de Almeida. Por que a prova de ofício contraria o devido processo legal? *In*: DIDIER JR., Fredie; NALINI, José Renato; RAMOS, Glauco Gumerato; LEVY, Wilson (Coord.). *Ativismo judicial e garantismo processual*. Salvador: Juspodivm, 2013, p. 639-647.

RICCI, Edoardo Flavio. Il processo civile fra ideologie e quotidianità. *Rivista Trimestrale di Diritto e Procedura Civile*. Milão, v. LIX, p. 77-103, 2005.

SANTOS, Ernane Fidélis dos. *Manual de direito processual civil:* processo de conhecimento. 13. ed., São Paulo: Saraiva, v. 1, 2009.

SANTOS, Moacyr Amaral. *Primeiras linhas de direito processual civil*. 12. ed. São Paulo: Saraiva, v. 2, 1989.

SILVA, Beclaute Oliveira. Verdade como objeto do negócio jurídico processual. *In*: CABRAL, Antonio do Passo; NOGUEIRA, Pedro Henrique (Coord.). *Negócios processuais*. 2. ed. rev. Atual. e ampl. - Salvador: Juspodivm, 2016, p. 521-544.

SILVA, Paula Costa e. *Pactum de non petendo*: exclusão convencional do direito de acção e exclusão convencional da pretensão de direito material. *In*: CABRAL, Antonio do Passo; NOGUEIRA, Pedro Henrique (Coord.). *Negócios processuais*. 2. ed. rev. Atual. e ampl. - Salvador: Juspodivm, 2016, p. 409-446.

SILVA, Paula Costa e. *Acto e Processo:* o dogma da irrelevância da vontade na interpretação e nos vícios do acto postulativo. Coimbra ed., 2003.

SOUSA, Miguel Teixeira de. *Estudos sobre o novo processo civil.* Lisboa: Lex, 1997.

STRECK, Lênio Luiz; NUNES, Dierle; CUNHA, Leonardo Carneiro da. *Comentários ao Código de Processo Civil.* São Paulo: Saraiva, 2016.

STRECK, Lênio Luiz. Limites do juiz na produção de prova de ofício no artigo 370 do CPC. Disponível em https://www.conjur.com.br/2016-set-15/senso-incomum-limites-juiz-producao-prova-oficio--artigo-370-cpc. Acesso em 13/12/2019.

TALAMINI, Eduardo. *Um processo para chamar de seu:* nota sobre os negócios jurídicos processuais. Disponível em: http://www.migalhas.com.br/dePeso/16,MI228734,61044-Um+processo+pra+chamar+de+seu+nota+sobre+os+negocios+juridicos. Acesso em: 10/03/2019.

TALAMINI, Eduardo. A (in)disponibilidade do interesse público: consequências processuais (composições em juízo, prerrogativas processuais, arbitragem, negócios processuais e ação monitória) – versão atualizada para o CPC/2015. *Revista de Processo* n. 264. São Paulo: Ed. RT, fev. 2017, p. 83-107.

TARTUCE, Flávio. *O novo CPC e o Direito Civil:* impactos, diálogos e interações. São Paulo: Método, 2015.

TARUFFO, Michele. *Uma simples verdade.* O juiz e a construção dos fatos. Tradução de Vitor de Paula Ramos. São Paulo: Marcial Pons, 2012.

TARUFFO, Michele. Poteri probatori delle parti e del giudice in Europa. *Revista trimestrale di diritto e procedura civile*, n. 2, 2006.

TARUFFO, Michele. *Addio alla motivazione?* Rivista trimestrale di diritto e procedura civile, v. 68, n. 1, 2014, p. 375-388.

TARUFFO, Michele. Verdade negociada? Trad. Pedro Gomes de Queiroz. *Revista eletrônica de Direito Processual* – REDP, v. 13, 2014, p. 634-657. Disponível em: https://www.e-publicacoes.uerj.br/index.php/redp/article/view/11928/9340. Acesso em 31/12/2019.

THEODORO JÚNIOR, Humberto. *Curso de Direito Processual Civil* – Teoria geral do direito processual civil, processo de conhecimento e procedimento comum. 58 ed. rev., atual. e ampl. Rio de Janeiro: Forense, v. 1, 2017.

THEODORO JÚNIOR, Humberto; NUNES, Dierle; BAHIA, Alexandre Melo Franco; PEDRON, Flávio Quinaud. *Novo CPC: Fundamentos e Sistematização.* 2ª ed. Rio de Janeiro: Forense, 2015.

THEODORO JÚNIOR, Humberto. *O processo civil brasileiro*: no limiar do novo século. 2ª ed. Rio de Janeiro: Forense, 2002.

THEODORO JR., Humberto. Prova - princípio da verdade real - poderes do juiz - ônus da prova e sua eventual inversão - provas ilícitas - prova e coisa julgada nas ações relativas à paternidade (dna). *Revista de Direito Privado*, São Paulo, v. 17, jan. 2004.

THEODORO JR., Humberto; ANDRADE, Érico. Impactos da Constituição Federal na evolução do processo civil. *In*: *30 anos da Constituição Federal e o direito brasileiro*. Rio de Janeiro: Forense-Gen, 2018, p. 303-355.

VAUGHN, Gustavo Fávero; BRAZIL, Renato Caldeira Grava; RAVAGNANI, Giovani dos Santos. *As convenções processuais vistas como um possível limite aos poderes instrutórios do juiz*. São Paulo: RT, 2018, n. 989, p. 377-404.

VENTURI, Elton. Transação de direitos indisponíveis? *Revista de Processo*. São Paulo: RT, n. 251, jan. 2016, p. 391-416.

YARSHELL, Flávio Luiz. *Antecipação da prova sem o requisito da urgência e direito autônomo à prova*. São Paulo: Malheiros, 2009.

YARSHELL, Flávio Luiz. Convenção das partes em matéria processual: rumo a uma nova era? *In*: CABRAL, Antonio do Passo; NOGUEIRA, Pedro Henrique (Coord.). *Negócios processuais*. 2. ed. rev. Atual. e ampl. - Salvador: Juspodivm, 2016, p. 75-92.

YARSHELL, Flávio Luiz. Breves considerações acerca dos poderes do juiz em matéria probatória (exame à luz de proposta inserta no projeto de Código Comercial). *In*: DIDIER JR., Fredie; NALINI, José Renato; RAMOS, Glauco Gumerato; LEVY, Wilson (Coord.). *Ativismo judicial e garantismo processual*. Salvador: Juspodivm, 2013.

ZUFELATO, Camilo. Flexibilização procedimental e gestão processual no direito brasileiro. *In*: ZUFELATO, Camilo; BONATO, Giovanni; SICA, Heitor Vitor Mendonça; CINTRA, Lia Carolina Batista (Org.). *I Colóquio Brasil-Itália de direito processual civil*. Salvador: Juspodivm, 2016, p. 245-264.

EDITORA JusPODIVM
www.editorajuspodivm.com.br
RENOVA GRAF
www.renovagraf.com.br